教育的著力點

鄭崇趁　著

心理出版社

✎ 作者簡歷

鄭崇趁　1953 年生　台灣省雲林縣人

學歷

　　國立政治大學教育學博士（1999）

　　國立高雄師範大學教育學碩士（1989）

　　國立台灣師範大學教育學學士（1986）

　　省立台北師範專科學校畢業（1974）

經歷

　　國民小學教師 5 年（1976～1981）

　　教育部行政職務 19 年（1982～2000）

　　　　經任幹事、秘書、組主任、專門委員

　　國立台北教育大學副教授（2000 起）、主任秘書（2001-2004）

現職

　　國立台北教育大學教授（2006 起）

　　　　教育政策與管理研究所所長（2004 起）

　　　　教育經營與管理學系系主任（2006 起）

　　　　中小學校長培育與專業發展中心主任（2003 起）

榮譽

　　高等考試教育行政人員（1981）

　　榮獲教育部 1991 年及 2000 年優秀公務員

專長

　　教育計畫、教育評鑑、教育政策與行政。

著作

　　2006 教育的著力點（本書）

　　2006 國民中小學校務評鑑指標及實施方式研究

　　1998 教育計畫與評鑑（增訂本）

　　1998 教育與輔導的軌跡（增訂本）

　　1991 教育與輔導的發展取向

教育的著力點

✎ 序

　　「經營大台灣」、「尋找著力點」是兩本書的書名，約六年前遠流出版社懸掛在羅斯福路上的巨幅廣告。當時筆者仍在教育部服務，下班之後回家的路上總會看到，幾乎每看一次，內心都會有一些「悸動」，除了認同之外，個人不斷地反思，從事教育工作一輩子，「教育的著力點」究竟在哪裡？

　　這本書的出版，嘗試著回答這一問題。它包括筆者六年來陸續發表的五十二篇文章，分成四部份「教改脈絡篇」、「政策解析篇」、「經營策略篇」以及「彩繪生命篇」，各篇蒐集的文章篇數與文字長短雖不一致，旨趣則一，台灣「教育」的發展，本書的四個篇名，或許就是具體的「著力點」。

　　教改脈絡篇共有七篇獨立的文章，整體而言，除了分析教育改革以來的重要文獻之外，主張先行確定教育之核心價值與政策發展趨勢，再深入描繪四個重點政策——「計畫」、「評鑑」、「十二年國教」與「校長證照」（核心能力）。

　　政策解析篇共有八篇關於「教訓輔三合一方案」深層分析的文章，「教訓輔三合一方案」是筆者服務教育部期間，努力促成的教改十二行動方案之一，對學校教育實際具有一定的影響力，這八篇文章在註解一個觀念——「優質的教育計畫是理論結合實務最好的實踐」。教訓輔三合一方案即為明顯的範例，它具有豐厚的教育意涵，值得教育同仁深入的品味。

　　經營策略篇係筆者發表在國語日報「學者觀察站」系列文章的集合（三十篇），屬於較短而偏於「實務」的論述，也嘗試地指陳教育經營上可行的「著力點」，為政策規劃者與學校經營者提供具體的建言。最後一篇（第四十七篇）則以四大根基五大政策來統整這些較為個別性的論點。

　　彩繪生命篇包括五篇關於生命教育與弱勢族群教育的文章，從生命教育的目標與策略開始，闡述青少年人格教育的政策發展，一般青少年的生涯輔導，中輟生教育的具體措施，進而以多元智慧理論，論述「教育孩子的著力點」。希能協助教師與家長們，共同彩繪學生（孩子）們亮麗的人生。

　　這本書以文章集合的形態出版，雖經筆者重新整編，仍有部分不夠嚴謹及主題統整不足的缺點，敬請讀者海涵，姑且從另一個角度來看，適得以呈現筆者對於教育事業的多元關切與核心觀點，尚祈　方家　指導斧正。

鄭崇趁 誌於

國立台北教育大學 2006.2.20

教育的著力點

✎ 目次

◎彩繪生命篇 313

教改脈絡篇

風風雨雨的教育改革

充滿弔詭　得失難斷

找回　教育的核心價值

賦與　政策的教育意涵

正是　您我

重新啟航　的　方向

教育的著力點

1

教育政策的核心價值與發展趨勢

壹、緒言——教育政策在實踐教育的核心價值

教育的目的在教「人之所以為人」，教育的功能在培育我們大家心目中理想的「人」，我們大家心目中理想的「人」是什麼？具有那些內涵？由於大家的體認不一，觀點有別，意見頗為分歧，莫衷一是。是以，最近在企業領導行為上，以及學校領導組織變革上均強調「建立形塑共同願景」，「剖析核心價值」，其主要的作用即在為組織的「決策」找到更為高遠、深層而可資遵循的原則及方向。教育領域亦然，即使大家對於理想中的「人」解讀或有不同，一個人活得「有意義」、活得「有尊嚴」、活得「有價值」，似可以當作教育人的共同「核心價值」，提供教育政策規畫的方向與判準的依據，教育政策即在實踐此一教育的核心價值。

每一個國家的教育政策因應時代的需求與社會變遷之事實均不一致，究其原因，其所遵循的「核心價值」時有差異，亦為主要因素之一。本文限於篇幅及研究進程關係，尚未能比較各國教育核心價值之異同，而僅就我國現階段教育政策所依循之核心價值及發展趨勢做申論。

貳、教育政策的核心價值

我國教育發展歷程中，現階段為大家討論最多，運用最廣的核心價值有五：人文、適性、均等、優質、卓越。簡要分析其意涵，及其對教育政策的啟示如次。

一、人文

「人文」是現階段教育最重要的核心價值，人文主義教育主張以人為本的教

育，認為任何教育措施，均應回歸到以學生之價值、利益、尊嚴為最終考量，必須對於學生有幫助，有利於學生成長發展者，才是教育活動，反之，可能不利於學生發展者，或可能產生不良影響者均不能視為正常教育活動。

「人文」的意涵隨著時代的發展，亦有不同重點的強調，例如民國初年到台灣教改運動之前，「群性的人本思維」優先於「個性的人本思維」，合群、整齊、守法、紀律、一致、合作是當時的信念，能夠幫助班級或學校爭取團體榮譽，是最有出息的學生，受到的獎勵最多，教育措施多基於此一考量，規畫推動。1990 年以後，台灣教育現場，配合教育改革的進程，「個性化的人本思維」逐漸被重視，個性、多元、創意、品味、自主變成新的信條，而最明顯的不同是嘗試跳脫「形式訓練」的窠臼，進化到「基本能力」的培育，國民中小學九年一貫課程的推動與實施，林清江部長曾言：「讓學生放下揹不動的書包，教給學生帶得走的基本能力。」應是最佳寫照。

美國 1982 年由人文主義大師 M. J. Adler 為首，出版「派迪亞報告」（The Paideia Proposal），主張只要是人，均有能力接受十二年完整的基本教育。為全體國民規畫完善的十二年基本「公立」學校的教育，是政府應有的責任，同時也是每一位國民基本人權之一，此一主張為人文主義之教育政策作最深刻的註解。

✏ 二、適性

由於多元智慧理論的流行，多元價值的普遍認同，「適性」已成為現階段教育政策的第二個核心價值。教育政策的作為在調整教育設施，為學生搭建一個可「適性發展」的教育平台，「適性」指順應學生個別之性向需求，讓個體的潛能得到最徹底的「明朗化」，彰顯每一位學生的秉性專長，創造多元價值共存，和諧共榮，交互輝映的社會景象。

適性的教育意涵，包括兩個層面：一指學校教育設施，要能夠針對學生之不同背景與性向，提供適合其學習的環境。另一層面則指，學校本身之教育，也要能夠增進學生適性發展，更上層樓之意。針對第一個層面而言，近似我國傳統上所強調之「有教無類，因材施教」。針對第二個層面而言，其內涵則類似美國 2001 年「沒有落後孩子法案」，或我國 2005 年全國教育博覽會所強調的主題「讓每個孩子都成功」，其所共同追求的精神。

✏ 三、均等

「教育機會均等」，一直是先進國家教育政策所要追求的核心價值之一，均

等的意涵也包括兩大層面：「入學機會的均等」以及「受教過程的均等」。入學機會的均等強調「全民教育」，在政策積極投資之下，沒有不可教的孩子，基本教育應全民入學，且不斷延長其年限至十二年。「受教過程均等」強調「標準教育」，凡是提供基本教育的學校，均要有符合標準的師資、設備及環境條件，要為每一位學生提供一樣好的教育歷程。

「均等」與「適性」兩者交互依存，均等是適性的基礎之一，適性也是均等的進階意涵之一，唯就教育改革的規畫依據而言，「均等」較重視政策「輸入」層面，強調「提供均等的設施」，而適性較重視政策「輸出」層面，強調「培育適性發展的孩子」。一言以蔽之，教育機會及過程要均等，而教育結果要能使學生適性發展。

✏ 四、優質

現階段我國教育政策所追求的第四核心價值為「優質」，也就是「精緻」、「高品質」的教育。優質的意涵從政策的輸入層面而言，強調提供「夠（高）水準」、「符合國際指標」的教育環境，教師教學能夠有效引導學生積極學習，師生互動和諧溫馨，人性化的校園氣氛，有效果的學習活動，更有全面品質管理的行政服務。

從政策的輸出層面而言，每位學生均能得致教師職工妥適的照顧，學校有多元型態的課程設計，能夠滿足優秀學生及弱勢族群學生不同需求，學校能夠徹底執行「領域補救教學」，保證每位學生在七大領域的學習，都能獲得「帶得走的基本能力」，把每個孩子「帶上來」，沒有一位「落後」。

✏ 五、卓越

「卓越」係最近教育行政單位及多數學校經常強調的另一核心價值，卓越指教育政策的作為，能夠造就成功而表現傑出的學生，「卓越」的範圍不僅是少數優秀的學生，目前的潮流已趨向「普遍卓越」，今年我國教育博覽會標榜的主題「讓每個孩子都成功」即是明證。

「卓越」的意涵有三個層面的不同註解：㈠對每一個學生而言，學到卓越的基本能力為最基礎的意涵；㈡參照多元智慧理論，每位學生經由教育導引之後，優勢智慧明朗化，每一位學生在社會群體大環境中均有「相對優勢」的卓越表現（行行出狀元），此為第二層面的意涵；㈢整個學校教育環境，從教師的觀念態度、課程安排、設施配合，到成績考評之整體設計，能夠提供學生高品質教育，

有效帶動所有學生適性發展，邁向卓越，此為第三階段的意涵。

　　教育在成就「人之所以為人」，教育政策旨在針對當時環境的最需要推出最合宜的作為，以協助學生順利成長發展，把每一個人都教育成我們心目中「共同理想的人」。我們的「共同理想」在哪裡，就是核心價值之所在。就現階段而言，我國教育政策所依循的核心價值有人文、適性、均等、優質、卓越五個，其內涵已概如前述，而此五者之結構，似可以人體來作隱喻。

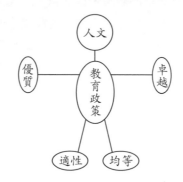

圖 1-1　教育政策的核心價值（隱喻圖像）

・以人體作隱喻，「人文」為頭，居總指揮，「適性」與「均等」為雙腳，是政策規畫的基本前提，「優質」及「卓越」為雙手，是政策實施的進階指標。
・我國現階段之教育政策以「人文」的思維引導，踏著「適性」、「均等」的腳步前進，展現「優質」、「卓越」的歷程與成果。

參、我國教育政策發展趨勢

　　教育政策在針對各階段教育環境的最需要，推出最合適的作為，因此，教育政策必須順應社會的變遷與時代的需求，而有不同但持續的作為。我國教育政策以前述的核心價值為基礎，配合當前的環境需求，承續教育改革總諮議報告主張，以及教育改革十二行動方案之具體行為，在 2004 年底，由教育部發布施政四大主軸（綱領）及配套措施三十三個行動方案，並且於 2005 年初舉辦全國教育博覽會，大會主題標題「讓每個孩子都成功」，並由部長發表專文「創意台灣，全球布局──培養各盡其才新國民」註解其意涵。參觀人潮十分踴躍，為歷年少見。筆者曾全程參與北區活動，並協助主持「教育大家談」九場研討會之規

畫與執行，印象至為深刻。教育部頒布之四大主軸（綱領）及三十三個行動方案已為當前教育政策重新聚焦定調，將為原本紛擾不安的國內教育環境，產生整合發展的作用，為原本陰霾的教育天空露出一道希望的曙光。

承續「教育核心價值」及我國教育政策發展的概要說明，本文擬就當前我國各階段教育政策重點，分析其發展趨勢，以求「核心價值」與「政策作為」連結，為教育政策的發展作深層內涵分析。

一、落實均等優質的國民教育

國民教育又稱基本教育，是人民的權利義務，也是國家的重要責任之一，國民教育階段的政策作為，最重視機會均等與優質精緻，期待能將每位國民教育成為有教養而具有產能的人。

就當前教育部施政四大主軸中，「現代國民」及「社會關懷」，充分反映均等優質的國民教育政策發展趨勢，「111 推動師生英檢」、「112 提升國家語文能力」、「121 建構數位化學習環境」、「411，412，413 輔助弱勢學生學習」、「431 縮短中小學城鄉數位落差」、「頒布國民中小學九年一貫課程綱要」、「推動教育優先區計畫」、「五年 200 億全面更新 57 年校舍計畫」等，就配套行動方案及中長期計畫內涵分析，在「入學機會均等」方面，強調優質而沒有落差的師資及設備。在「教育結果均等」方面，強調學生學得語文、數學及生活的基本能力，在社會上是一個具有產能、有教養的現代國民。

二、回歸基本綜合的高中教育

當前我國高級中學教育分為高中及高職，均為三年，承續國中，為中等教育的後階段教育。在 1968 年實施九年國民教育之後，高中及高職開始分流教育人才，高中為大學的預備教育，高職則為培育技術人員的終結教育。唯後來國內技職教育體系蓬勃發展，技術學院、科技大學普遍設立，其學生來源以高職學生優先，高職教育的發展也逐漸演變成預備教育性質。

國內七○、八○年代推動綜合中學及縣立完全中學，是中等教育重大變革，綜合中學以「課程選修」替代「學校分流」，完全中學嘗試將中等教育回歸到基本教育範圍，中學應屬地方（直轄市及縣市）權責，並且要設法與國中教育階段有效銜接。

政府及學者多次倡議「延長十二年國民基本教育」，雖未具體實現，當前持續推動的重要政策如多元入學方案、高中職社區化方案、高中職課程改革等，事

實上均在為延長十二年國民基本教育預作準備。今後之高級中等教育政策發展，會回歸到以縣市主辦，銜接國中教育，成為基本教育的一環，並且以綜合中學型態為主，或以區域性三、五所高中高職策略聯盟，共同招收學生為輔，吸引全民入學。而政策的內涵，則在提供適性選讀課程機會，強調優質、卓越的教育歷程，達成人文主義教育的理想目標。

☞ 三、發展多元適性的技職教育

「普通教育國道」、「技職教育國道」、「進修教育國道」號稱三條教育國道，此三條教育國道同時強調係近十年來教育政策的重要發展途徑之一，「國道」即高速公路，意謂可以「直取高級學位」之涵意。三條教育體系（管道）均可以攻讀碩博士學位。尤其「技職教育國道」，鼓勵學生接受國民中小學基本教育之後，選擇就讀高職，高職畢業升讀五專或技術學院，技術學院畢業有發展潛力者再續讀科技大學，現在多所科技大學已開設碩士及博士學位學程。

技職教育與普通教育之不同在「職業專業導向」的教育目標，培養學生一技之長，具有生產能力且符合其性向興趣為辦學之最高旨趣。教改十二行動方案之一「技職教育精緻化中程計畫」實施之後，技職教育體系空前活絡，選讀之學生已不再有「二流學生」、「二流教育」之想法，整個社會的人力需求與接納程度，也逐漸調整重視「實用專業導向」，歡迎技職教育畢業學生就業。

☞ 四、兼顧卓越普及的高等教育

自從 1994 年民間教育改革聯盟提出「廣設高中大學」為四大訴求之一後，十年來高等教育的擴增大家有目共睹，公私立普通大學及技術學院、科技大學的增設，完全滿足一般學生想要接受高等教育的心願與需求。甚至於量的擴充已近於飽和，有識之士已建議教育部發展校務評鑑，早日建立退場機制，為高等教育普及化之後教育政策預為籌謀。

教育部在1998年頒布「大學卓越計畫」，獎勵各大學發展整合型研究計畫，提升大學研究競爭力，俾以接軌國際發展脈絡，2005 年更以五年五百億之巨額經費投資，獎助台大、成大及部分策略聯盟研究計畫，希望台灣有一、兩所大學早日躍升為全球百大之內。大學是培育知識份子的主要場所，大學教育品質的持續提升，是國家知識份子良窳最重要的關鍵，大學的研究、教學及推廣服務均須與國際接軌、同步成長，始能帶動國家百業興隆，生機活絡，確保國家競爭力。

在同一所大學之內，校務經營目標同時要兼顧卓越發展及普及需求，或許相

互矛盾，很難融合實施。唯就國家整體的高等教育體系政策而言，卓越而普及的導引確有需要。將國內所有大學（含科技大學）輔導發展不同的服務重點（如研究型大學、教學型大學、推廣型大學），已成為兼顧兩大發展趨勢下勢須採行的做法。

五、規範能力導向的師資培育

我國師資培育制度在 1994 年以前為計畫培育時期，中小學教師一律由師範校院培育，唯有考上師範校院順利畢業者才能取得教師資格，且政府依據五年之師資需求核定各師範校院招生名額，展現計畫培育之具體政策。1994 年頒行《師資培育法》，開放各大學設教育學程（1999 年改稱師培中心）與傳統師範校院共同培育中小學師資，且師範校院公費學生員額減半並逐年減少。2005 年師範學院全面改名教育大學，教育部核准六所師院改名教育大學之兩個附帶條件：㈠師資培育員額減半；㈡積極與鄰近大學整併。就第一個條件而言，主要目的在促進師範學校轉型為一般大學；就第二個條件而言，主要目的在實踐卓越高等教育的追求，將師範視為高等教育的範圍，且以策略引導邁向卓越發展。

1994 年以後的師資培育政策可名之為能力導向時期，其稱之為「能力導向」，乃基於下列措施引導培育能力本位中小學師資：㈠今後各大學學生必須在各系所表現優異之學生，通過各校規定之程序甄選，始得修習國小或國中教育學程，成績優異（有能力）才有資格參加培育；㈡選修師資培育學程學生，必須順利修畢大學本科系及學程所有學分（有能力），才能取得教育（教學）實習資格；㈢教育（教學）實習視為養成教育之一，學生必須繳交四個學分之學分費，完成大學與實習學校的實習輔導實施計畫（有能力），才能取得參加教師資格檢定考試（成為合格教師）資格；㈣通過教師資格檢定考試（有能力）取得教師證書，才能參加各縣市中小學教師遴選，獲聘為正式教師；㈤目前取得合格教師人數已供過於求，也要表現傑出（有能力）才能出類拔萃，取得聘任，成為真正的學校教師。以上五個明確的關卡，持續地檢驗學生，如何才能成為具有豐厚能力的教師，實為能力導向的師資培育政策。

六、營造人性和諧的學生輔導

「教育→輔導→管教→懲戒」係傳統學校中，老師管教學生的慣用方法，1995 年《教師法》頒行後，明確規定教師的責任之一為「輔導與管教」學生，沒有懲戒權。

近二十年來的政策發展，均在實踐「訓育原理輔導化」、「輔導目標人性化」，以營造和諧的校園組織文化，輔助教育功能的發揮。諸如 1990～1996 年推動教育部輔導工作六年計畫，1997～2002 年實施青少年輔導計畫，1998 年起持續推動兩性平等教育實施計畫、中輟學生通報及復學輔導計畫、建立學生輔導新體制──教學、訓導、輔導三合一整合實驗方案、國民中小學民主法治教育中程計畫、人權教育實施方案，以及推動生命教育中程計畫等，用以引導政策指標之實踐。迄 2004 年整合為「友善校園總體營造計畫」，並列為教育部四大施政主軸──關懷社會弱勢六大行動方案之一。

　　今天的學生輔導必須能有效地融合傳統的訓育管教觀念，教育政策的引導勢必明確規範一般教師輔導學生的責任（義務），建立學校專業協助適應困難，行為偏差以及弱勢族群學生的整體機制。學校如何建置輔導網絡資源則需要有法源的支持，因此，教育部與中國輔導協會有必要積極策動「訂頒《學生輔導法》」，實踐人性和諧的學生輔導政策。

☛七、結合休閒才藝的全民體育

　　推動全民運動，以運動提升國民體適能，帶動邁向健康優質的實質生活，一直是體育政策的主要目標。1990 年以來，教育部加強體適能觀念與具體做法的宣導之後，「333 體適能」的口號與績效已逐漸彰顯，2004 年頒布「挑戰 2008 國家發展計畫──E 世代人才培育計畫」，將「活力青少年養成計畫」列為五大教育政策之一，活力青少年養成計畫推動一人一技藝、一人一運動、一校一團隊等，休閒才藝結合增進學生體適能措施，對於全民運動的終極目標，具有相當程度促動作用。

　　教育部 2005 年起推動學生及全國民眾之健康護照，除強調養成良好衛生習慣，如勤洗手、勤運動、生活規律、飲食均衡、增進免疫力、有效預防禽流感及SARS 等流行性疾病外，實宜進一步結合體適能護照之基礎，並將休閒才藝之活動列為增進體適能與健康好習慣策略之一，突顯結合休閒才藝的全民體育政策。

☛八、實施融合取向的特殊教育

　　身心障礙學生的教育，由回歸主流的強調到融合教育的實施，是整個國際的潮流趨勢，我國 1997 年修訂《特殊教育法》，亦將融合取向的政策做為特殊教育的基調。

　　所謂「融合」包括「對象」、「師資」、「課程」、「教學」以及「環境」

五大層面的融合。對象的融合指障礙學生與一般學生融合，盡量在同一個班級上課；師資的融合指一般級任教師亦具備基本的特殊教育知能，能夠同時教育一般學生及特殊學生；課程的融合指學校各年級的課程規畫與實施，能夠同時兼顧一般學生以及特殊學生之不同需求；教學的融合指教師在實施班級教學時，能夠均衡關照一般學生及特殊學生之有效學習；環境的融合指學校應為無障礙環境設施，特殊障礙學生在校內之學習沒有任何的環境限制。

融合取向的特殊教育政策除要求教育人員及所有學校師生職工，要接納認同特殊學生之外，亦強調建立身心障礙學生本身的自我效能提升，以健康積極的態度超越己身的有形限制。是以各類資源教室的設置，關懷照護網絡系統的建立亦是另一個發展重點。

☛ 九、接軌國際脈絡的教育設施

近十年來，國際化或全球化的潮流席捲世界各文明國家，台灣教育也無法免俗，隨著政府加入 WTO 而大談全球化教育議題，以全球化問題為主題的各項學術研討會五年內不下百場。2005～2008 年教育施政主軸已將「全球視野」列為四大綱領之一，強調政策作為的三項策略：「推動教育國際化」、「展現創意與特色」，以及「擴大雙向留學」。

國內教育要接軌國際脈絡關鍵有四：「設施」、「師資」、「課程」、「活動」，均要有國際同步的水準，教育始能真正全球化。就設施而言，學校的數位化科技環境設施應優先充實至先進國家的水準；就師資而言，中小學教師至少均應具英檢中級以上之水準；就課程設計而言，應將國際主流文化的精華與本土中華文化的精華有效融合，學生的學習能夠兼顧本土化的根基，又能兼具「放眼世界」的器識修養；就教育活動而言，應將教育的場域優先接軌國際，鼓勵中小學與各國學校策略聯盟或簽訂姊妹學校，增進交流互訪與各種型態的遊學課程，讓部分學生在中小學階段即有廣泛接觸各國文化的機會，拓增為學視野。

接軌國際脈絡另有效策略為，鼓勵各級學校行銷學校特色，讓國內具特色學校有機會出國表演或提供國外團體到校觀摩學習，使優質卓越的教育成果聯接國際舞台。

☛ 十、推動永續創意的環境教育

環保教育的實施近十年來也有具體的成果，學校綠建築認證，垃圾分類，資源回收，永續經營的自然環境使用計畫，均已在多數的學校中滋長生根，隨著少

子化時代的來臨，政府教育投資的穩定成長，強調優質、卓越的教育歷程與成效的帶動，環境教育政策的理想將更有可能實施。

環境教育政策一方面應維持永續經營的理念引導，自然資源的運用遵循「可回收」、「再利用」、「耗能最少」、「傷害最小」、「改變自然風貌最小」、「生產最大教育意涵」、「回歸自然循環系統」、「可長久運作經營」等原則進行規畫。另一方面則鼓勵學校師生開發創意，以學校自然環境及鄉土文物為基礎，配合教師專長及社區人力資源，開創學校永續經營的個殊生態環境教育設施，提倡全校學生及社區民眾環境教育的具體素材，實踐永續創意的環境教育政策。

肆、結語

教育政策的規畫與實施在實踐教育的核心價值，現階段教育政策的核心價值有五：人文、適性、均等、優質、卓越。我國當前之教育政策在核心價值引導之下，配合當前整體教育環境系統思考，各階段教育，呈現下列發展趨勢：落實均等優質的國民教育、回歸基本綜合的高中教育、規範能力導向師資培育、營造人性和諧的學生輔導、結合休閒才藝的全民體育、實施融合取向的特殊教育、接軌國際脈絡的教育設施，以及推動永續創意的環境教育。此十大教育政策趨勢，將彩繪二十一世紀我國教育天空，繽紛燦爛可期，大家拭目以待。

（本文原刊載於：《國民教育》46 卷 2 期，2005 年 12 月，頁 4-12。）

2

探尋教育改革的發展脈絡

壹、緒言——教育改革有脈絡可尋

教育改革在國內的發展，約可分為三個時期——倡導期、研議期以及行動期，就其大要略述如后。

㈠倡導期：1994 年教改會成立之前為倡導期。當時國內菁英人士不斷倡議教育改革，要求政府面對教育困境，從根解決教育沉痾，規畫教育未來發展。其中以 1994 年 410 教改團體聯合提出之四大訴求較為具體。

㈡研議期：1994 年至 1996 年間為研議期。1994 年教育部召開第七次全國教育會議，閉幕時宣布成立行政院教育改革審議委員會，以兩年為期（1994.9.21～1996.12.02）完成四期教育改革諮議報告及總諮議報告，成果堪稱豐碩。

㈢行動期：1996 年底迄今為行動期。1996 年底教改會完成階段任務後，行政院另成立教育改革推動小組，並由副院長兼任召集人，主要部會首長會同學者專家擔任委員，督責並協助教育部實際推動執行教改工作。此期間，教育部曾融合《教育改革總諮議報告書》，及 1995 年出版之《中華民國教育報告書——邁向二十一世紀教育遠景》（教育白皮書），於 1997 年 7 月頒行「教育改革總體計畫綱要」，復於 1998 年 5 月頒布「教育改革十二行動方案」，並向行政院爭取一千五百億餘元經費，以五年為期，優先執行。

貳、教育改革的基本素材

探討教育改革的基本素材，重要者包括 410 民間教改團體的四大訴求、第七次全國教育會議之決議、教育白皮書、教育改革總諮議報告書、教育改革十二行動方案，以及新近甫完成立法之《教育基本法》。分析其主要內涵如下。

一、410 民間教改團體四大訴求

1994 年教育部籌畫辦理第七次全國教育會議，會議之前，民間教育改革團體於 4 月 10 日聯合集會遊行，提出教育改革四大訴求，希望與會代表慎重研議。此四大訴求為：㈠實施小班小校；㈡訂定《教育基本法》；㈢廣設高中大學；㈣提升教育品質。

此四大訴求，迄今仍為當前教育改革之基調。《教育基本法》已於 1999 年 6 月 4 日完成立法，進而頒行，將主導我國教育在二十一世紀的實際發展。小班小校已成為教育政策努力的具體指標，自 85 學年度起從小學一年級開始，落實每班不逾三十五人高限，六至九年國小、國中全面實施，高中部分則以每班四十人規畫。鼓勵縣市廣設完全中學，並實施高級中學多元入學方案，輔導技職校院升格改制，配合普設公私立大學校院，全面提升高中、大學階段國民就學率。也從課程改革、教學設施資訊化、調整師資培育制度、增加教育投資等方面，提升教育品質，邁向精緻、卓越。

二、中華民國教育報告書（教育白皮書）

1994 年 4 月底教育部召開第七次全國教育會議，本次會議時機敏感，國人寄望殷切，參與代表含括各界人士、兼容並蓄，代表們也發言熱烈，士氣高昂。會議閉幕時，當時行政院長蕭會致詞，宣布行政院成立教育改革審議委員會，以兩年為期研議教育改革具體措施。第七次全國教育會議之各項結論，教育部同仁也特別關注，形成 1995 年頒布「中華民國教育報告書」（教育白皮書）之藍本。因此我國第一本教育白皮書，可以說是第七次全國教育會議主要成果。概要如次：

「中華民國教育報告書」主要內涵

● 以公元 2000 年為基準，規畫我國教育遠景。

● 主要內涵

1. 十大目標（遠景展望）
2. 十大策略（未來教育革新的原則）
3. 分十一個階層設定教育核心工作 107 項
   幼兒教育・國民教育・高中教育・技職教育・大學教育・社會教育・師資教育・體育衛生・訓育輔導・文教交流・支援系統

教育白皮書的優點有三：具有統觀，觀照全面，並能夠結合理論與實務。教育白皮書初稿出自教育部各單位菁英手筆，且以第七次全國教育會議決議為基礎，又經過教育學者專家統合調整，所提各項措施，具有統整思考。分十二個章節提一百零七項建議，觀照全面。同時也是結合教育理論與實務的具體成果。

　　教育白皮書的缺點亦有三：㈠鉅細靡遺，難顯重點；㈡分章節撰述，類似定期施政報告，降低其應有之關注；㈢宣導不易。

三、教育改革總諮議報告書（1996 年）

　　「教育改革總諮議報告書」主要之教育改革理念有四：㈠教育鬆綁；㈡學習權的保障；㈢父母教育權的維護；㈣教育專業自主權的維護；並以達成教育現代化方向（人本化、民主化、多元化、科技化、國際化）為主要標的。茲以教育計畫規格摘要如次（鄭崇趁，1998a：211-215）。

一、計畫目標（教育改革的目標）

　㈠達成現代化教育的目標。

　㈡滿足個人與社會的需求。

　㈢邁向終身學習的社會。

　㈣促成教育體系的改造。

二、計畫策略

　㈠教育鬆綁：解除對教育的不當管制。

　㈡發展適性適才的教育：帶好每位學生。

　㈢打開新的「試」窗：暢通升學管道。

　㈣好還要更好：提升教育品質。

　㈤活到老學到老：建立終身學習社會。

三、計畫項目（綜合建議）

　㈠教育鬆綁方面

　　1. 調整中央教育行政體系。

　　2. 重整中小學教育行政和教學。

　　3. 保障教師專業自主權。

　　4. 促進中小學教育的鬆綁。

　　5. 促進高等教育的鬆綁。

　　6. 促進民間興學和辦學的鬆綁。

探尋教育改革的發展脈絡

7. 促進社會觀念的鬆綁。

㈡帶好每位學生方面

1. 改革課程與教學。

2. 縮小學校規模和班級規模。

3. 落實學校自主經營。

4. 激發學校內在自生力量。

5. 協助每位學生具有基本學力。

6. 建立補救教學系統。

7. 加強生涯輔導，提供多元進路。

8. 重建學生行為輔導新體制。

9. 加強身心障礙教育。

10. 重視原住民教育。

11. 落實兩性平等教育。

12. 保障幼兒教育品質。

㈢暢通升學管道方面

1. 朝綜合高中發展。

2. 發展各具特色的高等教育學府。

3. 推動多元入學制度。

㈣提升教育品質方面

1. 提升教師專業素質。

2. 強化教育研究與評鑑。

3. 合理分配教育資源。

4. 提升高等教育品質。

5. 促進技職教育多元化、精緻化。

㈤建立終身學習社會方面

1. 終身學習理念的推廣。

2. 終身教育體系的統整。

3. 學校教育改革的配合。

4. 回流教育制度的建立。

5. 行政措施的配合。

四、改革之優先次序與目標

（一）優先考量的原則

1. 興利重於除弊，以便為教育改革打下深厚的基礎。
2. 可引發教育改革參與熱誠的項目應優先考量。
3. 讓有意願學習的國民皆可順利進入學習的管道。
4. 教育內容是教育的核心，宜及早規畫改革。
5. 立法與修法應先立其大，故應先制定《教育基本法》和修訂《教育部組織法》。
6. 教育改革以各級學校為主幹，惟亦應顧及家庭與社會雙方面的教育功能。

（二）優先考量的項目（分近程、中程、長程設定具體目標）

1. 修訂教育法令與檢討教育行政體制。
2. 改革中小學教育。
3. 普及幼兒教育與發展身心障礙教育。
4. 促進技職教育的多元化與精緻化。
5. 改革高等教育。
6. 實施多元入學方案。
7. 推動民間興學。
8. 建立終身學習社會。

五、永續教改機制之建立

1. 行政院成立「教育改革推動委員會」，落實執行本報告書之各項建議。
2. 宜透過宣傳、遊說與動員等方式爭取政府民間認同，並培育教育改革種子做長期推動。
3. 建立教育改革資訊管道及促進教師進修之制度，鼓勵教師投入永續教育改革。
4. 推動民間與各級學校成立研究與監督組織，獎勵優良教育改革方案，設立國家級教育研究院，研究重大教育改革議題，供教育決策之用。
5. 建立評鑑制度，評估教育行政機關和學校推動教育改革之成效。
6. 教育及其他行政部門應建立研議、規畫與決策之內部妥適機制，使教育決策專業化和制度化。

7. 召開年度性全國教育改革檢討會議，評估教育改革執行成效和改進方向。

8. 行政院宜就全國關切之重點教育改革項目，予以核定、列管和執行。

9. 行政院院長每年應就全國關切之教育改革項目、執行成就和未來藍圖，提出教育改革施政報告。總統亦宜於適當時機表達對教育改革和人才培育的關切。

10. 為促使教育改革的永續發展，社會全民的監督力量若能隨時透過立法院予以表現，當能獲致更有效的成果。立法院教育委員會宜發揮監督功能，適時反應民眾需求。

教改會總諮議報告發表後，亦未如預期般引致國人普遍共鳴，主要原因有三：㈠所提改革仍過於龐鉅（三十五大項），很難在短時間內看出改革重點；㈡對於教育行政組織的調整，建議之變革幅度太大，等於行政體系再造，就實務層面而言，還要配合政府整體行政組織再造及運作，可行性不高；㈢教育部回應不及，長期找不到著力點，拉長國人觀望期，進而逐漸淡忘。

唯教改會之貢獻仍十分具體，其發表之四期諮議報告及總諮議報告，無論將來是否完全實現或部分實現，均可當作教育措施「檢核」或「深度（細步）規畫」之藍本。

☛ 四、教育改革十二項行動方案

教育改革十二行動方案於 1998 年 5 月，經過教改推動小組第七次會議審議通過，並提報行政院院會報告，奉核定實施，並以五年一千五百億餘元經費優先支援。茲摘要如次：

教育改革十二行動方案

一、健全國民教育。

二、普及幼稚教育。

三、健全師資培育與教師進修制度。

四、促進技職教育多元化與精緻化。

五、追求高等教育卓越發展。

六、推動終身教育及資訊網路教育。

七、推展家庭教育。

八、加強身心障礙學生教育。

九、強化原住民學子教育。

十、暢通升學管道。

十一、建立學生輔導新體制。

十二、充實教育經費與加強教育研究。

　　教改十二項行動方案之頒行具有兩大時代意義：㈠整體教育改革的重點（著力點）從此定案，以此十二項為優先工作項目；㈡經費支援與人力需求得突破既有藩籬束縛，增加了實質改革的可行性。

☛ 五、《教育基本法》

　　從 1994 年民間教改團體所提四大訴求起，是否要訂定《教育基本法》原有爭議，例如部分教育學者曾主張，《憲法》基本國策章已有教育文化專節十條，其乃教育之基本方針，不宜再另訂《教育基本法》。然在《憲法》修訂不易，修憲國代不關心教育的現實下，立法與行政部門，終在民間團體壓力下，於 1999 年 6 月 4 日完成《教育基本法》之三讀立法。《教育基本法》俗稱「準教育憲法」，全文十七條，將實際影響我國新世紀教育之發展，茲摘其大要如次：

《教育基本法》的主要內涵

㈠提示教育主體與教育目標（人民為主體，培養國家意識及世界觀之現代國民為目標）。

㈡提示教育實施原則
　1. 有教無類、因材施教原則。
　2. 教育機會平等原則。
　3. 中立原則。
　4. 國民教育小班小校原則。

㈢保障教育經費來源（另以法令定之）。

㈣規範中央及地方教育權責（有地方分權之趨勢）。

㈤地方教育行政之運作，由首長制兼採合議制（直轄市、縣市設教育審議委員會）。

㈥鼓勵私人興學（獎補助私立學校、公校委託私營）。

㈦強調教師專業自主及學生學習權之保障。

㈧對於學力鑑定有提示性之規範。

參、教改脈絡解析

1991 年以來，探討教育改革的文章汗牛充棟，已有非常豐富的資料。本文僅參據前述五大基本素材，以及長期以來涉入教育行政之心得，從「意識形態」、「教育目標」、「學制趨勢」、「師資培育」、「課程發展」、「教學方法」、「學校設施」、「學校管理」、「師生關係」、「學生本質」、「訓輔措施」、「應變機制」等十二個面向，解析其發展脈絡。

✒ 一、意識形態

♠(一)大中國意識到本土化意識

意識形態乃民族文化的根由，是一般人民對事務的基本看法，也是心理學上「集體潛意識」的傳承與發展。我國國情特殊，台灣歷經「割讓日本」、「光復回歸祖國」、「政府播遷來台」、「二二八事件」、「反攻大陸激情」、「兩岸會談」、「重返聯合國」、「特殊國與國關係」、「政權輪替」等重大事件發展，意識形態隨之轉變，「新台灣人」是大家共同可以接受的時代名詞。反映在教育上，從大中國意識到本土化意識確為一大發展脈絡。例如以往國語文、歷史、地理等教科書內容，係以大中國為核心編輯，取材偏重古老中國到現代的傳承，先教大陸再兼顧台灣。目前教科書內容已大幅改變，本土化傾向取代了原有的大中國意識形態，語文教材台灣本土作品大幅增加，歷史地理先由社區鄰里教起，再教台灣，然後兼及大陸。

♠(二)群性化的人本思想到個性化的人本思想

從意識形態談教育，尚須探討教育的哲學基礎，長久以來，影響教育實際最深遠的教育思想為人文主義教育思潮，也就是強調實施以人為本的教育，教育在教導人之所以為人，教育目標人性化，人本永遠是教育最重要的本質，也是教育學者長期用來引導人民，對於教育基本看法的意識形態之一。然而民國以來，國家經歷了軍政時期→訓政時期→憲政時期，三階段發展，憲政時期在教改倡議期之前又屬於「戒嚴」階段，真正的國家政治發展，可謂從八十年代之後，才進入民主憲政時代。

因此，八○年代之前教育的人本思想較重視「理性的培養」、「群性優於個性」，以符應時代需求。一直到最近受到教改人士不斷地呼籲、引導之後，大家

愈來愈重視學生（孩子）本身的性向、興趣與需求，以多元智慧的觀點實施孩子的「適性」教育，強調給孩子喜歡的、樂於學習的，遠比固定的知識或技能重要，此之為「個性化」的人本思維。「堂堂正正的中國人」到「活活潑潑的好學生」，似乎就是此一發展脈絡最好的寫照。

二、教育目標

(一)三民主義教育到世界觀教育

1999 年《教育基本法》頒布之前，我國教育目標以實現三民主義之教育為主，教育宗旨（1929年）一直是各級學校共同遵循的教育目標。內容如下：「中華民國之教育根據三民主義，以充實人民生活，扶植社會生存，發展國民生計，延續民族生命為目的，務期民族獨立、民權普通、民生發展，以促進世界大同。」《教育基本法》對於我國教育目標的陳述，已不再強調三民主義教育，改以「培養國家意識及世界觀之現代國民」為主要目標。可謂三民主義教育已完成階段性目標，新世紀的教育發展，將以世界觀為主軸的教育目標。

(二)形式訓練教育到生活實用教育

以學生為主體談教育目標，涉及到教育的過程到底是要培養學生的「理性發展」，抑或是教給學生獲得「實用技能」。就我國教育實際受到教改激盪情形觀之，過去，培養學生「理性發展」之形式訓練教育受到較大的關注，升學主義的潮流更與之交互影響，導致學校偏重知識學科教學，而較少關照學生生活實用知能。現在，配合多項教改措施之引導（如多元入學方案、廢除高中聯考、改進大學聯招、九年一貫課程、三條教育國道、改善技職教育體系、回流教育……等），學校教育已逐漸重視實用、符合學生興趣的教育，強調技職取向，一技在身走遍天下，因此，設計與學生生活攸關的課程與教材，優先於理性發展的形式訓練。

三、學制趨勢

(一)單軌多支到多軌多支

我國學制從 1922 年頒行「新學制」以來，變動不大，「六—三—三—四」制的發展延用至今，1968年延長國民教育為九年之後，學制確立為「單軌多支」形態。亦即國民教育階段（小學六年、國中三年）由政府「統一」辦理（私校例外）為單軌，國民教育之上（高中、大學）主要者為三條教育國道，至少「普通

教育國道」、「技職教育國道」及「進修教育國道」多軌並行,是為「單軌多支」的具體寫照。

《教育基本法》重新鼓勵私人興學,且鼓勵私人興辦國民教育階段學校,提列一般學校「公辦民營」法源,配合「教育券」之實施,人民教育選擇權之尊重,國民教育階段也將形成多軌發展;私人興辦國小、國中會大幅增加,實驗性質的學校也會不斷增加(如森林小學、毛毛蟲學校、種籽學校……等)。家長可以選擇孩子就讀私校,甚至「在家自行教育」,政府不但承認其學籍與教育成果,且應按公立學校學生教育單位成本發給「教育券」,以補助其教育費用。「多軌多支」的學制趨勢將為新世紀的教育彩繪多彩多姿的豐富內涵,也將從此突破「國民教育」由政府統一辦理的傳統窠臼。

♠(二)直達式教育到回流教育

過去,大多數的父母親「望子成龍」、「望女成鳳」心切,都希望自己孩子一口氣從小學→國中→高中→大學念到畢業,甚至念到碩士、博士為止,大多數的學生也多跟著做,大學畢業或拿到高級學位之後,才正式進入社會、進入就業職場,此之謂直達式教育。現在,整個教育環境已明顯改變,尤其是三條教育國道的強調,以及「回流教育」管道打通之後,家長及莘莘學子的觀念已大幅調整,更多的人鼓勵學生「中途就業」,就業一段時間後再透過回流進修體系,逐步攻讀更高級的學位,回流教育所頒授的學位也不再被歧視為二等學位。是以今後的大學教育(設施及人力),配合回流教育趨勢,將以「四分之一至三分之一」的比率投入回流進修體系的規畫與執行。

➡ 四、師資培育

♠(一)封閉式到開放式

《師資培育法》(1994年)頒布前,我國中小學師資培育屬封閉式體制,僅有九所師範學院、三所師大及政大教育系學生,得以從事教職,無其他管道。《師資教育法》頒行後,各公私立大學均可設教育學程,共同培育中小學師資,形成「開放式」師資培育體制。今後,師資培育開放式的走向將更徹底,師範學院將逐步地與一般大學合併,而一般大學也有多所設教育研究所或教育學系,擴大原教育學程之基礎,「開放而融合」之趨勢愈加明確。

♠(二)計畫培育到能力本位

師資素質的管制是師資培育制度的另一個焦點，過去封閉式的師範教育時代，師資素質的管制在學校本身，以前要考入師範校院非常困難，師範校院可以挑選到非常優秀學生這是第一個管制點，另一個管制點即在學校所有課程的設計與實施，如果學生能夠完成學校規定之普通學科、專門學科、專業學科及教育實習，順利畢業即能取得合格教師資格，這一套整體流程，稱之為「計畫培育」。目前師範校院畢業的學生已經沒有「計畫培育」之優遇保護，必須與一般大學教育學程畢業生一起參加「教師甄試」，有能力錄取者，始能成為合格教師，取得教師證書。此一師資素質管制點的設計，強調學生畢業之後有真正優秀能力的人，才有機會擔任教師，稱之為「能力本位」。

由於目前師範校院及大學教育學程師資培育設計，受到「經費資源」、「實習體制」及「實習教授不足」影響，並未落實師資培育法的雙重檢核制度，改以各校申請入校及「入教育學程」管制，只要能進入學程及師範校院，百分之九十以上學生均能順利取得教師資格，反而近於「計畫培育」。「能力本位」的新法制，仍有待修訂師資培育法及其施行細則時予以實現。

就合宜比例而言，四分之三畢業生（含學程及師院生）可以取得實習教師資格，四分之三實習生可以取得正式教師資格，未取得正式教師資格之第二年以上實習教師，得優先擔任代理代課教師。是以，中小學應按學校規模（班級數）設置固定員額的實習教師，且配合教師分級制之規畫，明確設定一般教師有效教學、輔導學生及輔導實習教師的職責。

☛ 五、課程發展

♠(一)學科課程到統合課程（領域規範學科）

九年一貫課程已公布第一學習階段暫行綱要，除非新政府來個大轉彎，重彈老調：否則以七大領域統合國小、國中各學科，培養學生可以帶著走的十大能力為課程目標大致不會再變，新世紀教育的課程發展，學科課程到統合課程，逐漸以領域統合規範學科的脈絡亦已十分明顯。

♠(二)統編教材到自主教材（教師自編教材）

與課程發展有關的另一面向為教科書的編輯與使用，以往中小學教科書採「統編本」，再逐步開放藝能科目採「審訂本」，至目前幾乎全面採「審訂本」。就九年一貫課程綱要之基本精神而言，教師有能力專業自主，亦即凡是合

探尋教育改革的發展脈絡

格中小學教師，均有能力針對其所任教的領域（學科），因應學生之發展需要，提供最佳教材。因此，今後的教科書，將以多元形態存在於市面（版本眾多），政府也不一定審查，但均是教師，教學前的參考書籍，教師決定教給學生什麼，由教師完全自主決定，多數老師將採用自編教材，通常沒有固定版本（如有亦予尊重，但屬例外）。

最近中小學教師寒暑假應不應該上班，如不上班是否可予扣薪，引起教育界人士討論。教師自編教材實施後，中小學教師必須運用寒暑假進修、研究，準備下學期上課之教材。做這些工作，在學校、學術單位、圖書館、家裡均可進行，唯必須要登錄報備，並拿出真正的東西（成績報告、研究成果或教材教具）。似可為寒暑假不一定上班作合理解釋與規範。

六、教學方法

(一)分科教學到主題教學

迄至目前為主，各級學校均採學科課程及分科教學，每位教師均按每一學科課本所編定的教材順序教授學生學習，此為分科教學，亦稱學科教學。九年一貫課程綱要所強調的另一特點在發展「主題教學」，主張跨越科目，找到多科目共同主題（如環保、水資源之旅、選舉、電傳視訊……等）統合教給學生完整的主題知識（這些知識通常在同領域而跨越多個學科）。新世紀的課程設計既然以領域統合學科，從分科教學到主題教學亦是一重要發展脈絡。

(二)粉板教學到資訊媒體教學

過去，有很多教師描述自己的生涯，常這般表達——「那一段拾粉筆的日子」或「伴著粉筆黑板過一生」，教師的主要教學形態為粉板教學。最近教學形態逐次多元化，投影片、幻燈片、錄影帶教學已經常出現在一般教室。隨著 E 世代資訊時代的來臨，電腦及通訊媒體在教學上將被廣泛運用，並由於可提升教學效果，將逐漸成為主流。教師不會使用資訊媒體教學將逐次被時代所淘汰。

七、學校設施

(一)圍牆教育到開放教育

以前的學校通常用厚實的牆圍起來，圍牆之內的設施用來教育學生，圍牆也代表學校，學校教育指的就是圍牆之內的教育。因為以前的學校設施即為學生探尋知識的主要殿堂，學生知識的吸收很難在學校之外，是以圍牆教育有一定的歷

史價值。當前資訊發達，學生的學習範圍逐漸突破學校圍牆藩籬，進而完全開放。必須要有更多社區設施與之配合，或透過網路系統摘取他國資料庫以作教學，整個地球村資源均可與學校設施串聯。此一開放教育之發展，學校教師更須發揮其專業素養，將此浩瀚無涯之「文化材」轉化為「教育材」。

♠㈡象牙之塔到社區中心

以前的學校是知識的堡壘，學校的學術研究，師生教學，得獨立於社區之外，好像象牙之塔，是社區民眾欣羨觀望之對象而很少互動。現在的學校既是學術的殿堂，也應是社區民眾進修的最佳資源，設置得宜的學校，學校是社區文化的中心，同時學校也應與社區同步規畫，發展其特色，學校與社區總體營造結合，才是其安身立命場域。

➡ 八、學校管理

♠㈠科層體制到多元參與

以前的學校，管理的形態與內涵受到傳統科層體制管理學派之影響頗大，學校管理階層及權責分明：校長→主任→組長→教師→學生。教學活動及學生服務事項，多依此階層機制運作，很難跨越。現代的學校，管理形態雖然承續科層體制的表面優點，然而已兼顧權變理論及動態平衡、激勵保健學派之論點，強調多元參與的管理，也就是校長領導管理扁平化，校長領導學校，如要作最好的決策、最好的經營措施，應以類似「變形蟲」的形態，有多元管道與「學生」、「教師」直接接觸，聽取意見，再參酌「家長」、「專家學者」、「社區代表」、「行政人員」之多方參與意見而成。

♠㈡教師主體到學生主體

以前，學校行政的經營管理大多強調，行政為老師服務，教師為學生服務，學校經營的主體是老師，老師再透過教學為學生服務，學生反成為經營的客體。目前的趨勢則強調：行政人員及教師均應直接為學生服務，如有雙趨或趨避衝突，應以學生為優先，教師次之。因為當前的學校管理日益強調：有學生才有老師，有學生才需要行政，有學生才需要校長，校長、行政人員及教師均應直接為學生服務。

☛ 九、師生關係

♠㈠父兄關係到友伴關係

　　「一日為師，終身為父」一直是我國教育界的美談，過去的老師，受到的尊敬，可謂無以復加，祇要教過、提攜過的學生，多對老師如父如兄姊般地看待，具有永恆而權威地尊重。現代社會，時過境遷，多元發展結果，教師與學生之間也產生實質變化，互為師生者比比皆是，終身學習的場或，學生年齡高於教師者，隨處可見。今日為師、明日為生者亦所在皆有，是以，師生關係逐漸發展以「友伴關係」為主流，且隨著社會多元變遷愈形明顯。

♠㈡權威角色到專家角色

　　傳統的教師，對學生具有權威影響力，教師的話學生必須接近「無條件」之遵循，老師的見解，學生大多依順（合理與否，對錯均聽）。對照前述「一日為師，終身為父」的情形，在我國的傳統教師的確擁有權威角色。當代的教師要獲得學生的尊重與敬愛，除了身為教師之基本條件素養優於學生之外，必須在實際教學或輔導學生上，真正給與學生珍貴的知能或感動學生內在的心靈。要讓學生感受到真正的幫助與協助，能夠增進學生成長發展的老師，學生才會喜歡，才會尊敬，也就是說：專業的具體表現，才是維護師生關係的重要因素，而不只是因為我是他老師。

☛ 十、學生本質

♠㈠升學主義到適性發展

　　對於學生（孩子）的基本看法也在轉變，以前的父母「望子成龍，望女成鳳」心切，總希望孩子在讀書為學路上有所成就，不管家庭背景如何，也不計孩子本身的性向、興趣、資質如何，一味期待他，小學讀完讀好的國中，國中畢業升讀明星高中，高中畢業再升讀大學，「升學主義」好像是所有父母親的「教育共同願景」，此一升學主義洪流幾乎淹沒了三、四十年來台灣教育實際，導致教育的目的（求知、人格培養）與手段（升學）倒置，教育庸俗功利化、物化，學生長期生活在高升學壓力之下，失去了活潑快樂的童年，除了升學考試學科知能外，其他多元潛能也被「麻痺化」。教師配合家長不當期待，嚴苛之管教（如成績未達標準的責打）亦長期存在。

　　當代的父母，由於受到教育普及德澤，知識分子比例日益增加，一般家庭的

經濟能力，社會地位大幅向上提升，對孩子的基本期待也產生了實質的改變，我們已多次聽到家長這般要求他孩子的教師：「老師啊！多謝您願意教我的孩子，我的孩子能給您教到是我們的福氣，我知道我的孩子資質不夠好，成績不理想，請老師多鼓勵他，千萬別罵他、打他，成績不好我不會在意，只要他能夠健康的成長，快樂的學習就好。」也就是說，「適性發展」的教育已經不只是教育學者所強調的「理想」，它已逐漸落實到家長與老師共同努力要做的「實際」，這一事實的轉變營造了教育改革更有利的環境，也是重大發展脈絡之一。

♠(二) IQ取向到多元智慧

以前的父母很在意孩子聰明與否，功課好不好，常強調自己的孩子是「巧囝仔」（智力水準高），並以孩子在學校的成績表現來代表 IQ。是以一味地要求（期待）孩子的課業表現，也是長期以來前述升學主義的重要緣由之一。現代比較先進的家長，已能運用多元智慧的觀點，注重孩子的性向與教育的配合，希望學校的教育措施，能夠發展孩子的多元智慧，提供孩子「優勢智慧」明朗化經驗，避免「麻痺化」，也比較相信「行行出狀元」、「職業無貴賤」、「能夠成功快樂的事業，就是孩子的職業原鄉」、「適配生涯，孩子的天空才能多彩絢爛」。多元智慧的觀念及其在教育實際上的運作，將引導新世紀教育改革的內涵，也是重要發展脈絡之一。

☛十一、訓輔措施

♠(一)訓輔分流到訓輔整合

學校的訓育輔導措施，先有訓導，後來才慢慢有輔導，自高中職及國中設輔導單位以後，訓導與輔導行政分流，而有所謂「訓導嚴父，輔導慈母」之解讀，整體業務之劃分與執行，往往被批判為「分工而不合作」，嚴重違離「合力助人」之本意。從最近教育部推動「教育部輔導工作六年計畫」、「青少年輔導計畫」相關措施，以及教育改革總諮議報告之建議：「學校應行訓輔整合，建立學生行為輔導新體制」，無不強調：「訓育原理輔導化」，「用輔導的觀念與看法執行訓育工作」，訓輔整合的教改脈絡已十分清晰。

♠(二)教輔融合到教訓輔三合一

以前學校輔導工作強調「輔導工作配合各科教學」，「輔導理念融入教學」，每位教師皆負輔導學生職責，除了高中職專任輔導教師不上課，負責較為

專業的學生輔導工作（如個別諮商、小團輔、測驗）之外，事實上輔導與教學困難區隔，可稱之為「教輔融合」。然而「教輔融合」迄至目前為止仍未實現教師的兩大天職——有效教學及輔導學生。

　　教育部配合教改十二行動方案之實施，1998 年 8 月頒行「建立學生輔導新體制——教學、訓導、輔導三合一整合實驗方案」，帶動學校以輔導為軸心整合四大核心工作：激勵教師全面參與輔導工作、增進教師有效教學措施、整合訓輔行政組織運作、建立學校輔導網絡。由去年的小型（二十八校）實驗，至今年的中型（一百二十校）實驗，明年將擴大至更多區域實驗，評估結果將作修法（各級學校法訓輔組織部分）的基礎，預計 91 學年度前全面實施，教訓輔三合一為訓輔整合及教輔融合找到更好的發展脈絡。

☛ 十二、應變機制

♠ (一)常態功能到危機處理

　　以前的學校經營，重視學校教、訓、輔、總個別功能的發揮，強調學校本身做好教學、輔導、訓育、總務支援工作，學生即能得到妥適之照顧，所謂教學正常化，所謂教育常態功能的伸張最為重要。然而當前社會日趨複雜，學校師生每天面對的學習問題、生活適應問題、生涯發展問題，其複雜與深入層次幾與社會發展同步，學生與老師們所發生的困擾與特殊事件，已非單純的校內人力資源所能完全解決。所以，現代學校的經營管理，除了強調常態功能的發揮之外，亦兼重應變機制的建立，目前教育部推動的教訓輔三合一方案，已要求學校建立輔導網絡支援系統及危機處理小組，並經常演練，以有效彌補原常態功能難以關照部分。

♠ (二)正規教育到另類教育

　　學校中與應變機制攸關者，已延伸擴充至整體學校設施，為因應特殊需要學生（如中輟復學），教育行政機關在部分中小學設計選替性教育課程，實施「另類教育」（如中途學校），另類教育的特質包括：生活實用課程導向，操作技藝課程導向，並提供必要的食宿，規畫輔導配合措施。教育體制日益彈性化，正規教育到另類教育的發展脈絡愈加明確。

肆、結語

建構新世紀的教育願景——「教育新新人類，邁向學習社會」

　　面臨世紀交替的千禧年，多人談論新世紀教育願景，教育部楊部長朝祥先生任內，亦發布「全人教育，溫馨校園，終身學習」為新世紀教育共同願景，期盼教育人員共同遵循，做為努力的指標。大凡好的共同願景必須兼顧兩個條件：「反映成員心聲」與「指陳組織目標」，並且建構程序必須由下而上，討論以成。就教育改革整體發展脈絡觀察，「教育新新人類，邁向學習社會」，亦可為另一新世紀的教育共同願景，教育人員的心聲在面對新新人類，最大的使命也在教育後代成為真正的新新人類，教育人員的共同目標在營造學習社會的來臨，最重要的手段在規畫多元進修的回流教育系統，讓各行各業的人均可一邊工作，一邊進入學習狀態。因為在學習中的工作者，服務士氣最高昂，組織的總生產力可不斷提升。「教育新新人類，邁向學習社會」將是新世紀教育的實況寫照，也將是整體教育改革之核心發展脈絡。

（本文原刊載於：《學生輔導》第 69 期，2000 年 7 月，頁 6-19。）

3

我國國民教育政策的發展趨勢

壹、緒言——教育政策的三大基礎

教育理念、教育法令以及教育的中長程計畫三者，是形成教育政策的三大基礎。

在教育理念方面，諸如「人文主義教育」、「教育機會均等」、「民主主義教育」、「三民主義教育」等的理念與教育主張，長久以來一直引導著各國教育政策的調整與發展，探討一個國家教育政策的內涵，首應了解該國教育首長及教育學者專家所信奉的教育理念。

在教育法令方面，諸如《教育基本法》、《國民教育法》、《師資培育法》、《教師法》、《教育人員任用條例》、《私立學校法》等，即為規範教育政策的具體內涵，教育行政單位必須依法行政，教育政策的推動，也就是當前教育法令的實踐。

在教育中長程計畫方面，例如教育部施政「四大主軸」及三十三個行動方案，包括「友善校園總體營造計畫」、「兒童閱讀運動」、「教育優先區計畫」、「活力青少年養成計畫」、「建立終身學習社會計畫」等，均反應當前國家教育政策之重點。因為，唯有最重要而不是短時間即可完成之事項，政府當局才會以中長程計畫的型態來呈現應行辦理事項。是以，從當前政府執行的中長程計畫名稱，即可觀察當前政策的重點與發展。

本文旨在探討我國國民教育政策的發展趨勢，因此，先行針對國民教育有關的理念、法令及中長程計畫進行概要分析，再藉以申論國民教育主要內涵的政策發展，包括目標、年限、學制、師資、設施、課程、教學、教材、文化、學生等層面。希能對當前國民教育發展產生聚焦作用，提供政府規畫具體措施及學者專家研究方向之參考。

本文析論之整體架構如下頁圖 3-1。圖之內部包括三個交織小圓圈，代表教

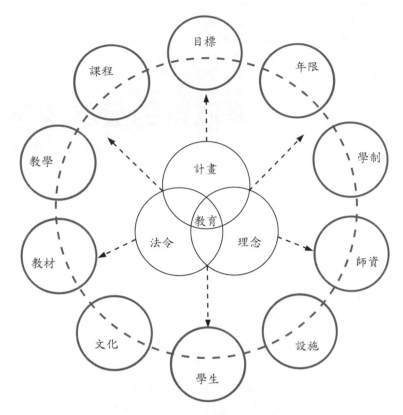

圖 3-1　國民教育政策發展趨勢圖解

育理念、教育法令以及教育計畫，三者彼此依存，產生「交互作用，整合發展」
的功能，做為國民教育政策的核心基礎。六個小箭頭向外，象徵孕育形塑政策的
發展取向，外圍的十個小圓圈則代表國民教育實際的主要內涵，用以分析論述政
策發展趨勢的主要介面。

貳、影響當前國民教育的重要理念

　　就近代各國國民基本教育的內涵觀之，影響當前國民教育最重要的教育理論
或思想，有「多元智慧理論」、「學習型組織理論」、「知識管理理論」、「人
文主義教育思想」及「教育機會均等理念」等，簡要分析如次。

☞ 一、多元智慧理論（The theory of multiple intelligence）

1983 年 Howard Gardner 提出多元智慧理論，強調四個重點：㈠孩子的智慧因子具有多重來源（七至九種）；㈡孩子的智慧因子呈現多重結構（每一位孩子的每一種智慧因子強弱均不同）；㈢每一位孩子均有其優勢智慧（相對最強的因子）；㈣優勢智慧明朗化，讓學生學習得心應手，進而可以行行出狀元（Gardner, 1983）。

多元智慧理論已對當前的教育政策產生明顯的影響，諸如：㈠國民中小學階段應維持正常教學（俾使學生的多元智慧因子均有接受刺激啟發之機會）；㈡學校必須使用多元評量，並且不能要求學生五育均優（非優勢智能之表現不必過於苛責）；㈢專科大學學生應以優勢智能（性向興趣）選讀科系；㈣學校應廣設社團、聯課活動、興趣選項課程（提供優勢智能明朗化機會，並彌補選錯科系缺失）；㈤鼓勵學生依據性向興趣（優勢智能）選擇職業，過適配生涯（適配生涯容易得心應手，出人頭地）（鄭崇趁，2002）。

☞ 二、學習型組織理論

學習型組織理論在企業界稱為組織再造，是企業革命的主要理論，強調建立共同願景、自我超越、改變心智模式、團隊學習以及系統思考五項修鍊，以帶動組織成員全面進入學習狀態，形成學習型組織，達成組織再造的具體實踐（Senge, 1990）。

Senge 等人（2000）出版《第五項修鍊：學校篇》（*Schools that learn: A fifth discipline fieldbook for educators, parents, and everyone who cares about education*），將五項修鍊用於學校共同願景的形塑及教室中的教學活動。影響層面關及學校學習系統成效的所有人員，以建構學習型學校為最終目標（引自張明輝，2002）。

林新發（1998）指出「學習型學校」具有下列四項特徵：㈠重視學生自我導向學習能力的鍛鍊；㈡學校領導者應為學習的領導者；㈢蘊含豐富的校園學習文化；㈣學校成為一學習系統的組織。

學習型學校帶動全校教職員工進入學習狀態，以學習活化組織氣氛、以學習激發職工志氣、以學習發展組織成長、以學習提高教育品質、以學習增進教育競爭力、以學習達成學校的組織再造。

☞ 三、知識管理理論

知識管理係指組織成員能夠運用現代資訊科技，對於組織中的知識進行搜

尋、組織、儲存、轉換、擴散、移轉、分享、運用的過程，以促進組織知識持續創新與再生（修改自吳毓琳，2001）。

知識管理理論追隨著學習型組織理論腳步邁入學校，其核心技術——「知識螺旋」（knowledge spiral）作用，更適度地解析「學習」、「分享」得以個人增能（empowerment）及團體增能、提高競爭力的學理基礎。學習型學校輔以知識管理方能貫徹學校組織再造運作方式改變的實質內涵（Liebowitz, 1999）。

知識管理理論對於學校教育的具體影響有：㈠教師教學檔案及個人網頁的建置；㈡學校行政重點業務資訊檔案及標準作業流程（S.O.P.）的建立；㈢知識分享平台及觀摩研討會的普及化；㈣各種教師行動團隊及教育行動研究的昌盛。知識管理成為教育人員職場的重要工具，也是提升自我，發展自我實現的重要媒介。

☞ 四、人文主義教育思想

人文主義（Humanism）一詞係從羅馬字「Humanitas」而來，意為「文化」。換言之，即是以「人」為中心的文化，用到教育上為一種以「人」為中心的教育思想。這種教育思想是「以人類利益、價值與尊嚴高過一切」，並認為一切教育活動和追求，皆適應於人類利益，而且是一種廣博的教育（liberal education）（楊亮功，1972）。

人文主義教育思想從希臘、羅馬開端，中世紀長眠、文藝復興運動之後復活，以人為本的教育主張，主導了自然主義、唯實主義、科學教育、民主教育、實用教育之發展，可謂所有教育思想及教育主張之共同基礎，教育乃人教人的事業，以人為本是教育活動最重要的本質。

1982年美國人文主義大師 M. J. Adler 為首（Adler, 1982），出版「派迪亞報告」（The Paideia Proposal），主張只要是人，均有能力接受十二年完整的基本教育，為國民規畫完善的十二年基本「公立」學校教育，是政府應有的責任，也是每一位國民的基本人權（林寶山，1988），為人文主義教育政策的實踐作了最深層的註解。

☞ 五、教育機會均等

「教育機會均等」理想的追求，承續人文主義教育思想，在二十世紀的各國教育發展上普遍被強調，Anderson（1967）認為教育機會均等具有四種意涵：㈠提供每個人同量的教育；㈡指學校教育的提供，足以使每一兒童達到某一既定的標準；㈢教育機會的提供，足以使每一個學生充分發展其潛能；㈣提供繼續教育

的機會，直至每一學習結果符合某種既定之常模。

　　林清江（1991）指出，教育機會均等概念的演變經過三個階段，第一階段重視入學機會的均等，第二階段重視最低受教年限的實施，第三階段重視受教過程的均等。郭為藩（1982）也指出，現代教育機會均等的概念發展可分為三階段：㈠最初階段只重視入學機會的平等──「有教無類」；㈡次一階段為「因材施教」的強調；㈢最近的觀念在入學前兒童可能教育障礙之減除，即「補償教育」之實施。

　　鄭崇趁（1998a）進一步歸納教育機會均等的涵意有三：㈠入學機會的均等；㈡受教過程的均等；㈢適性發展的均等。並分析各國對於教育機會均等的實踐有四大趨勢：㈠全民教育：沒有不可教的小孩。由「多數人」可以接受教育，進展到「特殊少數人」也要能夠接受教育；㈡標準教育：也要提供「相同品質之教育」，尤其在師資、課程、教學與設施上；㈢多元教育：要符合個別化、適性化、多元化的需求，協助學生適性教育及適性發展；㈣卓越教育：基本教育的結果，我們都希望能造就「卓越的人」，而且是一種「普遍的卓越」，也就是每一個人都「卓越」，不只是少部分的人才能達到的「卓越」。

　　教育機會均等理念在我國教育政策上的實踐已有實際行動，例如：郭為藩先生擔任教育部長期間推動「教育優先區計畫」；規畫延長第十年國民教育（延長以職業教育為主的國民教育）；近年將「國民中學設備標準」及「國民小學設備標準」，由「高標準」調整為「基本標準」；推動「建立學生輔導新體制──教學、訓導、輔導三合一整合方案」，喚起所有教師參與學生輔導工作，以網絡運作型態，協助弱勢學生，發揮輔導的教育功能……等均為具體實例。

　　就先進國家而言，美國 2001 年由布希總統頒行「沒有落後孩子」（No Child Left Behind）教育改革法案（U.S. Department of Education, 2001）；英國於 2004 年公布「五年改革方案」（Five Year Strategy for Children and Learners），以及日本 2003 年制定「教育振興基本計畫」，均屬人文主義教育思想、知識管理理論及追求教育機會均等的具體改革措施（引自林海清，2005）。

參、帶動國民教育發展的重要法令

　　就當前國民教育政策的發展而言，以《教育基本法》、《國民教育法》、《師資培育法》、《教師法》以及《教育經費編列與管理法》五種主要法令，影響帶動作用最大，簡要分析如次。

☞一、《教育基本法》

我國《教育基本法》於 1999 年頒行，係政府順應 1994 年民間教育改革四大訴求的最重要施政成果，全文 17 條，對於國家教育政策的發展，扮演轉型定位之角色功能，影響國民教育的內涵十分深遠（教育部，1999b）。

♣(一)促成多軌多支的學制

《教育基本法》（第 7 條）鼓勵私人興學，強調政府獎補助私立學校、推動公校委託民營、重視學生（家長）教育選擇權，已超越了原國民教育法對於國民中小學之規範（國民教育以政府辦理為原則），促成今後學制走向多軌多支。

♣(二)宣示「本土」接軌「國際」教育目標

《教育基本法》不再強調傳統的「三民主義教育目標」，改以「人民為主體，培養具有國家意識及世界觀之現代國民」為目標。其中國家意識直指「台灣本土」，而世界觀則要邁向「接軌國際」脈絡。

♣(三)揭示教育實施四大原則

對於教育的實施原則，《教育基本法》分散於第 3 條、第 4 條、第 6 條及第 11 條中規範，共有四大原則：1.有教無類、因材施教原則；2.教育機會平等原則；3.中立原則（宗教及黨派）；4.國民教育階段小班小校原則。

♠(四)規範教育政策審議機制

《教育基本法》（第 10 條）規定直轄市及縣市應設教育審議委員會，對於主管教育事務之審議、諮詢、協調及評鑑事宜。正式「審議委員會」的設置，開啟了地方重大教育政策必須經過「審議機制」之歷程，也啟動了「多元參與」教育政策討論的基本訴求，因為審議委員會的代表必須有教育學者專家、家長會、教師會、教師、校長、社區、弱勢族群代表共同參與。

♠(五)釐清中央與地方教育權責

《教育基本法》（第 9 條）對於中央政府的教育權責採取列舉式，且以高等教育為限，其餘歸屬地方縣市政府。釐清高中以下基本教育為地方縣市及直轄市權責，對於過去所謂「均權制」的教育行政運作，有了新穎的註解。

教育的著力點

二、《國民教育法》

我國《國民教育法》於 1979 年頒行，最新修正日期為 2004 年 9 月，共計二十二條，對於國民教育的目標、學制、課程、行政、經費、設備、校長及教師均有原則性規定，簡要分析如次（教育部，2004b）。

(一)揭示五育均衡發展之教育目標

《國民教育法》（第 1 條）開宗明義即書明：國民教育依中華民國《憲法》158 條之規定，以培養德、智、體、群、美五育均衡發展之健全國民為宗旨。此一五育「均衡」發展（並重）的教育目標已經受到教育基本法淡化，以及前述多元智慧理論之挑戰，逐漸朝向「適性」發展改變中。

(二)堅持單軌學制之基調

《國民教育法》（第 4 條）原本規定，國民教育以由政府辦理為原則，其由私人辦理不予增班擴大規模，1999 年以後配合教育基本法之頒行，方修正為「並鼓勵私人興辦」，唯就其他條文如學區劃分、課程銜接及實驗學校等條文內容對照解讀，國民教育法仍舊堅持維護國民教育內涵，必須單軌學制之基調，尚未有明顯變化。

(三)規範標準化的師資、課程與設施

《國民教育法》（第 11 條）規定教師應為專任，專任教師資格審查標準由師資培育法及教師法另予詳明規定。（第 8 條）進一步規定國民中小學「課程綱要」、「設備基準」的訂定由教育部訂頒，可謂對於師資、課程、設備均有標準化之規畫，呼應教育機會均等理念在「受教過程均等」上的訴求。

(四)規定校長任期、遴選及校務運作方式

《國民教育法》（第 9 條）規定校長任期，一任四年，得連任一次。新舊校長的遷調派任須經縣市政府（直轄市教育局）組織遴選委員會遴選之程序，未獲遴選連任之校長，得回任教師。（第 10 條）則規定校務重大事項由校務會議議決，校務會議由校長召集主持，代表包括校長、全體專任教師或教師代表、家長會代表、職工代表組成之。（第 12 條）規定國民中小學以採小班制為原則，並實施常態編班，必要時得分組學習。這些規範成為國民中小學校務運作的基本方式。

☞ 三、《師資培育法》

《師資培育法》於 1994 年頒行，取代過去的《師範教育法》，為「多元師資培育制度」確立法源，影響國內師範教育的轉型與發展，也直接衝擊帶動中小學師資的現實轉變，十多年來爭議頗大，也經歷多次重大修訂，目前的版本以 2005 年 6 月 22 日修正者為依據，共二十六條，對於中小學師資培育單位、師資條件、取得資格程序、教育實習課程等均有規範，概要分析如次（總統府，2005）。

♣(一)開放一般大學設師資培育中心與師範校院共同培育師資

1994 年以前（《師範教育法》）規定，師範校院負責中小學師資培育，一般大學不能，亦無法源據以參與中小學師資之培育。《師資培育法》（第 5 條）明確規定：師資培育，由師範校院設有師資培育相關學系或師資培育中心之大學為之。亦即開放一般大學設師資培育中心，即可與傳統的師範校院共同培育中小學師資，為我國「師範培育多元化」開立新的運作體制。

♠(二)規定中小學師資基本條件

《師資培育法》（第 7 條、第 8 條、第 9 條及第 10 條）對於中小學師資的基本條件有明確規定：師資培育包括師資職前教育及教師資格檢定。師資職前教育課程包括普通課程、專門課程、教育專業課程及教育實習課程。

就當前各大學（含師範校院）培育之實務情形觀之，中小學師資之基本條件有四：1.大學畢業以上（修畢普通課程及系所專門課程共計 128 學分以上）；2.加修教育專業課程（國小 40 學分、中學 26 學分、特教 40 學分、幼教 26 學分）；3.完成教育實習半年（4 學分，仍須繳交學分費）；4.通過教師資格檢定考試（考四科：國語文能力、教育原理與制度、兒童發展與輔導、國小課程與教學——小學師資為例）。

♠(三)調整培育課程由「統整式」到「累加式」

《師資培育法》與過去《師範教育法》最大的不同，在於「師資培育課程」的設計方式，過去師範教育法引導之下，各師範校院為培育優質的中小學師資人力，將「教育專業課程」、「教育實習課程」統整編配，逐步放入「一至四年級，甚至第五年」，與一般大學要求的普通課程、專門課程（128 學分）融合設計，學生從大一開始，即逐漸定向，以誓為良師為職志，採「交織而乘積」的統

整式設計來完成職前教育課程。而當前的《師資培育法》僅能任由各校採「累加式」完成前述之四大基本條件的課程設計。在當前「九年一貫課程綱要」要求中小學教師必須實施「統整課程」之同時，教師們的師資培育卻須棄守「統整式」課程設計，形成極不和諧的現象。

♠(四)規範「半年教育實習」為職前養成教育範疇

過去師範生第五年的教育實習，雖無正式教師證書，卻支領全薪，1994年以後改為得支每月八千元津貼，2000年修正案重大改變，將一年的教育實習改為半年，並且列為職前養成教育之一部分，政府非但停止每月八千元之津貼，學生尚須繳交四學分之學分費，且完成實習，通過「教師資格檢定考試」，方由教育部頒給「教師證書」，始得參加縣市學校教師遴選。

♠(五)規定教育部每年辦理「教師資格檢定」，頒發「教師證書」。

以前中小學教師證書由省市政府核發，2000年《師資培育法》修正時，（第11條）增列由教育部辦理「教師資格檢定」及頒發「教師證書」之規定，今後對於「多元師資培育」的管制，有統一參加「教師資格檢定」之措施，及「教師證書」由教育部（中央）統一核給之配套，為爭議多時的「可能粗製濫造」，規範到「至少有一定的標準」。

☛ 四、《教師法》

我國《教師法》於 1995 年頒行，最近一次之修正在 2003 年，全文三十九條，對於教師權利義務、工作生活保障、專業地位及進修研究、教師組織等有所規範，是「教師」在整個教育環境中的「角色功能」定位之法源，簡要分析如次（教育部，2003）。

♠(一)界定教師為廣義而專業的公務員

《教師法》及教育人員任用條例頒行之後，部分專家認為從此「公教分途」，事實上未必貼切。《教師法》規範之下的教師，其任用、銓敘、待遇及保障，僅「任用」之途徑有別於一般公務員（高普考、特考）之外，近似一般公務人員之規定（如原有的公務人員保險，現在的全民健保），實為廣義的公務員，且其實質要求又要配合教師獨具的「專業條件」，最恰當的詮釋其角色功能，筆者主張：教師為廣義而專業的公務員。

♠(二)明確賦與教師的權利與義務

《教師法》（第 16 條）賦與教師享有八項權利，（第 17 條）規定教師應負九項任務，此一權利義務的明確提列有助於引導所有教師們善盡其義務責任，並得以適時反思，自己應享有的權利，為自己爭取到合宜的支持，擴增自身的服務能量，增進教育的整體競爭實力。

♠(三)規範教師組織及專業發展功能

《教師法》（第 26 條、第 27 條、第 28 條）規範教師得組織三個層級「教師會」，並揭示教師會之基本任務，以維護教師專業尊嚴與專業自主權為首要；再輔以派出代表參與教師聘任、申訴及其他與教師有關之法定組織，協助解決各項教育問題，制定教師自律公約等。教師必須參加教師會，以教師會的團體力量，制定自律公約，追求合理妥適的專業進修，適時成長，方足以彰顯教師之專業尊嚴，保障教師個人之專業自主權。

♠(四)賦與教評會不續聘不適任教師之權責

《教師法》（第 14 條、第 14-1 條、第 14-2 條、第 14-3 條及第 15 條）對於不適任教師（教學不力或不能勝任工作，有具體事實或違反聘約情節重大者），得經學校教師評審委員會委員三分之二以上之出席，出席委員半數以上之決議，建議學校不予續聘，唯學校作成教師解聘、停聘或不續聘之決定應報請主管機關核准，並同時以書面附理由通知書通知當事人。今日中小學仍有諸多不適任教師困難處理，影響整體教育競爭力，乃今日各校教評會及教師組織尚未依據教師法規範執行職能所致，有待落實。

♠(五)設置申評會維護教師權益

《教師法》以五條條文（第 29 條、第 30 條、第 31 條、第 32 條及第 33 條）規定各級學校及地方、中央教育行政機關均應設教師申訴評議委員會，提供教師申訴及再申訴管道，以避免行政機關或學校違法或不當，致使教師個人之權益受損。為教師權益問題，提起司法訴訟之前的行政補救措施，證諸於當前教育環境之實際運作，確能保障（維護）教師之個人權益，唯實際運用之教師尚不普遍。

☛五、《教育經費編列與管理法》

我國《憲法》原有保障「教育、科學、文化」之經費在中央及地方應占總額

預算之基本比例條文，唯在 1998 年增修條文時予以刪除，引致國人一片嘩然。經教育界人士不斷反映與努力，始有《教育基本法》第 5 條例示性之規定，與《教育經費編列與管理法》之具體性規定。

　　《教育經費編列與管理法》係依據《教育基本法》（1999b）第 5 條規定，於 2000 年訂頒施行，共計十八條，對於各級政府教育經費編配之額度、編列程序與基本管理要領有所規範，簡要分析如次（教育部，2000c）。

♠(一)設定教育經費額度為前三年歲入平均 21.5%

　　《教育經費編列與管理法》（第 3 條）規定，各級政府教育經費預算合計，應不低於該年度預算籌編時之前三年決算歲入淨額平均值之 21.5%。為教育經費的來源保障在一定比例之預算範圍之內，顯示政府重視教育事業的發展。

♠(二)規定行政院設教育經費基準委員會，以決定各級政府教育經費基本需求及應分擔數額。

　　《教育經費編列與管理法》（第9條及第10條）規定：行政院應設教育經費基準委員會，每年討論議決各級政府之教育經費基本需求（依教育品質指標、學生單位成本及其他因素整體考量），並參照各級政府財政能力計算各級政府應分擔數額，報請行政院核定之。行政院教育經費基準委員會置委員十三至十七人，其中學者及專家人數不得少於三分之一。顯示今後教育經費的編配，學者專家的意見將獲致相當程度的尊重。

♠(三)規定中小學應訂定中長程教育發展計畫

　　《教育經費編列與管理法》（第 12 條）規定地方教育機構及公立學校應訂定中長程教育發展計畫，報請主管教育行政機關審查通過後，提送教育審議委員會審議，再作成年度教育經費預算編配之依據。對於中小學之長期發展及經費來源，有較為嚴謹而明確之保障，得以協助地方學校結合地區特色務實發展。

肆、反映當前國民教育政策的中長程教育計畫

　　教育部於 2004 年印頒「挑戰 2008 國家發展計畫——E 世代人才培育計畫」，宣示「營造國際化環境」、「發展網路學習資源」、「活力青少年養成」、「建立終身學習社會」，以及「整合學習資源」五大教育政策，均與當前國民教育發

展攸關（教育部，2004a）。教育部更於 2005 年初分四區舉辦教育博覽會，宣示教育政策核心價值——讓每個孩子都成功。由部長發表專文「創意台灣，全球布局」，頒布今後四年教育施政四大主軸——培育現代國民、深耕台灣本土、接軌國際脈絡、關懷社會弱勢。並附陳配套三十三個具體行動方案。概要如下頁圖 3-2，此四大施政主軸綱領及三十三個具體行動方案，將為今後之教育政策統整定調。

教育部四大施政主軸及三十三個具體行動方案多數為中長程教育計畫，將務實地反映，並導引我國國民教育政策發展。茲將其中與國民教育政策內涵攸關部分概要分析如次。

一、強化語文及資訊基本能力，培育現代國民

由於 1996 年教改總諮議報告書特別強調「帶好每一位學生」，美國 2001 年更通過「沒有落後孩子法案」，施政四大主軸之一「培育現代國民」所屬行動方案，諸如「111 推動師生英檢」、「112 提升國家語文能力」、「121 建構數位化學習環境」等，格外重視學生語文及資訊、數學基本能力。強調惟有每位學生均通過「234 基本能力檢測」，始符合現代國民基準。

二、推動創意及才藝教學，實踐多元智慧理念

「活力青少年養成計畫」併入「132 強化健康與體育教育」及「441 營造友善校園」兩大行動方案，整合實施，主要內容包括：「推動一人一樂器，一校一藝團」、「推動一人一運動，一校五團隊」、「333 體適能檢測」、「321 鼓勵學校展現創意與發展特色」，藉由創意及才藝教學，帶動學生優勢智慧明朗化，每位學生均能適性發展，各有專長，實踐多元智慧理念。

三、深化本土課程，發揚台灣特色接軌國際脈絡

就四大主軸之二「台灣主體」而言，影響今後台灣教育最為深遠，似可媲美哥白尼革命——從天上掉到人間。「211 深化認識台灣」、「212 確立海洋台灣的推動體系」、「221 發揚台灣各族群文化與特點」、「222 發展新移民文化」等，均在深化本土課程，希望能進一步發揚台灣特色，以精緻化的卓越教育成果，接軌文明國家發展脈絡，成為已開發國家之林。

四、關懷弱勢族群教育，形塑多元精緻文化內涵

在第四主軸上，整體策略強調兩大介面「關懷弱勢族群教育」及「友善校園

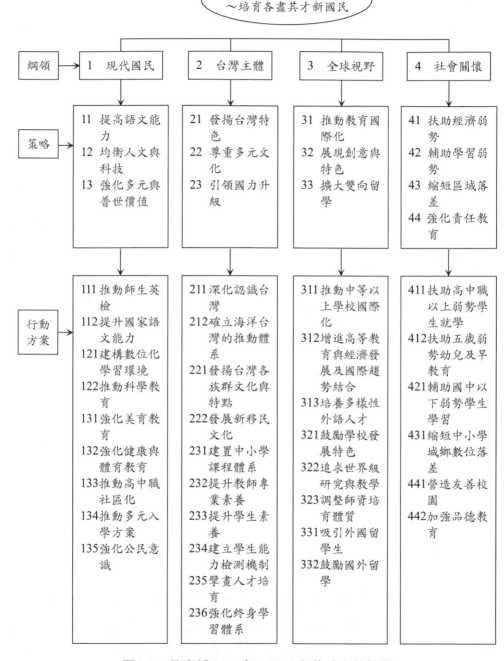

圖 3-2 教育部 2005 年～2008 年施政主軸架構

資料來源：杜正勝（2005：10）。

總體營造」，就前者而言，「411 扶助高中職以上弱勢學生就學」、「412 扶助五歲弱勢幼兒及早教育」、「421 輔助國中以下弱勢學生學習」，以及「431 縮短中小學城鄉數位落差」等行動方案，均為針對弱勢族群學生具體明確之輔助關懷措施，期待弱勢族群學生亦能從「不再落後」，進而形塑多元精緻之個殊文化內涵。

☛ 五、加強品格教育及終身學習，營造優質校園組織文化

就部頒「友善校園總體營造計畫」內涵而言，承續教訓輔三合一方案之主要精神「交互作用，整合發展」，帶動全體教育人員承擔學生輔導工作，盡而交互支持建立學生輔導新體制，結合「442 加強品德教育」，強化責任教育，以及「235 強化終身學習體系」，帶動各行各業人士進入學習狀態，適可從「微觀組織文化〈教育人員〉」及「鉅觀組織文化〈社會人士〉」著力，共同以學習型組織理論的實踐，營造優質「友善、負責、積極、效能」的校園組織文化。

伍、我國國民教育政策發展趨勢及主要內涵

就前述五個影響國民教育發展的重要教育理念，五個當前國民教育的教育法令，以及教育部公布的施政四大主軸觀之，我國國民教育政策的發展具有下列十大趨勢，延續圖 3-1 的架構，各介面主要趨勢，概要如圖 3-3，茲據以討論闡明其理由與重要內涵如次。

☛ 一、彰顯適性發展的目標

《國民教育法》第 1 條規定之教育目標為：「國民教育依據中華民國《憲法》第 158 條之規定，以養成德、智、體、群、美五育均衡發展之健全國民為宗旨。」德、智、體、群、美五育均衡發展為長期以來教育界最為津津樂道之教育目標。

1999 年頒布的《教育基本法》第 2 條規定的教育目標如次：「教育之目的以培養人民健全人格、民主素養、法治觀念、人文涵養、強健體魄及思考、判斷與創造能力，並促進其對基本人權之尊重，生態環境之保護及對不同國家、族群、性別、宗教、文化之了解與關懷，使其成為具有國家意識與國際視野之現代化國民。」就目標內涵統整觀之，其與《國民教育法》之規定有兩點不同：㈠調整為教育重點的強調；㈡從輸入面（教育措施）而非產出面（與受教結果）規畫教育目的。事實上已淡化「五育均衡」目標之追求。

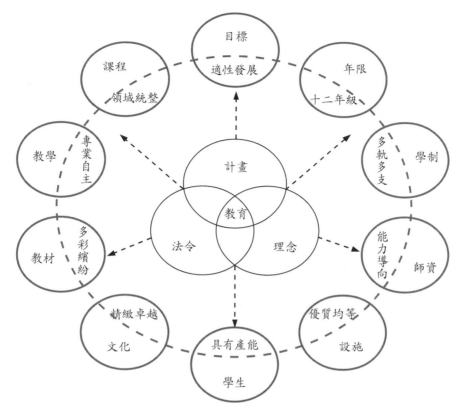

圖 3-3　我國國民教育政策發展趨勢

　　當前的教育實際,受到多元智慧理論影響,逐漸轉為「均衡提供發展機會」以及「適性發展結果」,是以教學歷成特別強調多元化、適性化、個別化,教學成果的考察注重多元評量,關注學生的優點以及專長發揮,就學校系統而言,技職教育體系空前活絡,結合進修教育國道之回流教育措施,充分彰顯「優勢智慧明朗化」、「培育具有生產力國民」的教育目的。進入二十一世紀的台灣教育,國民教育的目標是將調整為「培育德、智、體、群、美五育適性發展之現代化國民為宗旨。」

　　教育學者專家應進一步整合各種教育法令對於「教育目標」的陳述,以及多元智慧理論、人文主義教育精神等對於「教育本質」的強調,研擬教育目標條文妥適的修正建議,並反映在國民中小學課程設計的內涵之上。

☛ 二、延長基本教育的年限

《教育基本法》第 11 條規定：「國民基本教育視社會發展需要延長其年限，其實施另以法律定之。」，顯示兩項教育意涵：㈠國民教育改稱為「國民基本教育」；㈡延長國民基本教育要以法律定之。已可為長期以來爭議不斷的是否延長十二年國教解套。教育部如能突破「免費」、「強迫」的國民教育特質，改為繳交「基本學費」、「提供機會，不一定強迫」的十二年國民基本教育，並以法案型態如「十二年國民基本教育實施條例」，經由行政院送請立法院審議，何時通過即於何時延長國民基本教育年限。

當前 15 歲至 18 歲之學齡人口約有 95%以上就讀高中、職校，象徵無論國中學習結果好壞，大家均要繼續就讀高中職，十二年教育已成為基本需求。而中等教育後段分為公立高中、私立高中、公立高職、私立高職四大類型學校，四種類型學校之師資、設備落差極大，公立及私立學校學費差距三至五倍，而有部分弱勢環境子弟僅能花巨額的學費就讀教育品質良莠不齊的私立高職，產生極大的社會不公平現象。政府實應予以面對積極規畫解決。

如何延長十二年國民基本教育？國立台北教育大學曾接受國家政策研究基金會委託進行專案研究，並由鄭崇趁（2001a）具名發表「延長十二年國民基本教育策略分析」，主張以「經費標準化」、「學校社區化」、「設施均等化」、「內涵優質化」與「方案法制化」五大策略，並系統規畫十七項具體工作，概要如下頁表 3-1，已可提供政府採納參照。

延長十二年國民基本教育，積極意涵在實踐人文主義教育理想，貫徹「派迪亞報告」的基本教育主張；消極方面則可一併解決今日教改措施只改一半的扭曲現象，例如：推動多元入學方案，卻形成多錢入學方案；辦理國中基本能力測驗，因未參採在校成績，形成「試題難度低的超大型聯招」；推動高中職社區化卻變成變相保護明星學校……等等。基本教育年限的延長，可以真正照顧弱勢族群的學生，把每個學生帶上來，教育成具有生產力之國民。

表 3-1 「實施十二年國民基本教育」策略分析綱要結構表

目標	策略	主要措施
九十八學年度起，六歲至十八歲兒童及青少年實施十二年國民基本教育，培養具有國家意識及國際視野之現代化國民，提升全民素質，增進國家競爭力。	一、經費標準化	■政府規畫設置「十二年國民教育基金」或設定每年「國民教育基本經費」，支持推動延長國教方案。 ■就讀高中教育階段學生不分公私立及高中、高職一律繳納基本定額學費。 ■高中教育階段學生基本學費以公立高中職近三年學雜費之平均數為原則。 ■政府補助私立學校學雜費差額（教育代金制度，逐年檢討標準）。 ■政府每年之國民教育基本經費補助私立學校學雜費差額後之餘額，用於研訂中長期計畫，逐年均衡中小學公私立學校教育設施。
	二、學校社區化	■加強宣導高中高職多元入學方案，貫徹免試升學。 ■推動高級中學學校社區化方案，鼓勵學生就近就學。 ■增設教育資源不足地區社區高級中學，均衡城鄉就學機會。
	三、設施均等化	■加強培育中等教育師資及人力，齊一公私立學校師資水準。 ■訂頒中小學基本設備標準。 ■依據基本設備標準充實公私立中小學。
	四、內涵優質化	■規畫十二年國民基本教育一貫課程綱要。 ■訂頒增進中學教師有效教學方案。 ■擴大辦理高中教育階段國民基本教育回流班。 ■策定中小學實施另類教育（alternative education）方案。 ■提供原住民及身心障礙學生零拒絕中等教育。
	五、方案法制化	■教育部成立十二年國民基本教育推動委員會及執行小組，負責規畫延長十二年國民基本教育實施方案及實施要點。 ■依《教育基本法》第11條規定，將十二年國民基本教育實施方案以法案型態，由行政院送請立法審議。包括下列三項： 1.十二年國民基本教育實施條例 2.設置十二年國民基本教育基金條例 3.補助私立學校實施國民基本教育經費條例。 ■配合研議修訂國民教育法令及實施辦法。

資料來源：修改自鄭崇趁（2001a：282）。

我國國民教育政策的發展趨勢

🖋 三、發展多軌多支的學制

我國學制之發展自 1922 年頒布「新學制」以來，變動不大，一直以「六三三四」制為主幹，1968 年實施九年國民教育，1990 年以後強調三條教育國道，形成了以九年國教為基礎的「單軌多支」學制，概如圖 3-4。

所謂「單軌」指國民教育九年，由政府以人民稅收統一辦理，不鼓勵私人興學，各國民中小學有同樣好的師資、設備，並且提供幾近一致的課程。所謂「多支」指學生讀畢國民教育以後，有「三條教育國道」可供選擇：㈠普通教育國道：國中畢業以後繼續升讀高中大學，直至獲取高級學位為止（國道象徵高級學位，直達快速之意）；㈡技職教育國道：國中畢業之後亦可選讀高職及技職校院、科技大學，此一管道亦得在短期內快速取得高級學位；㈢進修教育國道：1998 年以後，大學校院回流教育逐漸形成固定體制，各行各業均可透過回流專業教育，進修取得高級學位，號稱第三條教育國道。

《教育基本法》於 1999 年頒行，被尊為「準教育憲法」，勢將帶動影響二十一世紀台灣教育的實質發展。在學制方面，誠如前述，其三項規定：㈠鼓勵私人興辦中小學，包括國民教育階段學校；㈡鼓勵公立學校委託民營；㈢賦與學生

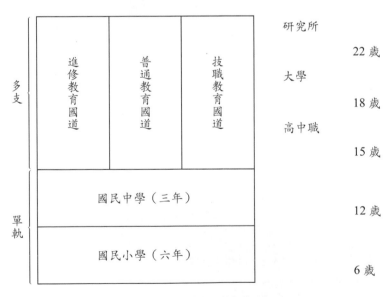

圖 3-4　單軌多支的學制

家長教育選擇權（亦即基本教育階段，可選擇私立學校或公立學校，甚至在家自行教育）。將促成原本「單軌多支」學制逐漸發展成「多軌多支」學制。

多軌多支學制的形成是時代進步的反照，也是多元價值觀社會型態的產物，對於教育實際運作，亦將帶動下列配套體制的建立：㈠國民教育改稱為國民基本教育，淡化強迫的性質；㈡基本教育階段教育券的實施，補助未享公立學校教育的學童；㈢基本學力檢定制度的規畫，檢核多軌多支公私立教育的績效。

☞四、規範能力導向的師資

1994 年公布實施《師資培育法》之後，開啟了我國中小學師資培育多元化時代，各大學普遍設置教育學程（2002年以後改稱師資培育中心）與傳統師範校院共同培育中小學師資。此一措施等同於政府開放過去的「計畫培育」，不再強制「量的管制」。

迄至近年，中小學師資嚴重供過於求，「流浪教師」問題引起關注之後，教育部方始積極輔導師院改名教育大學，強制要求各校師資培育員額減半，各大學師培中心停招大學畢業師資班，有效抑制量的累增。

《師資教育法》及《教師法》經歷多次修訂，逐漸彰顯「能力導向」師資的意涵，例如：㈠大學本科畢業，修畢中小學教育學程，完成教育實習之後，必須參加「教師資格檢定」考試，通過者取得教師資格證書；㈡取得教師資格證書者已供過於求，必須參加各縣市（各校）教師甄試，錄取者始得聘任為教師；㈢代理代課教師亦均由合格教師參與甄選後，優秀者始得擔任；㈣取得教師職務後，得參與教師會組織，統籌專業成長發展，擴增專業能力（當前部分教師會以爭取教師福利為主的運作，應屬誤用）。師資的培育、選才與專業發展，進入了能力導向的時代。

☞五、建置優質均等的設施

追求教育機會均等永遠是國民教育最重要的基本理念，政府施政的四大主軸之一「關懷弱勢族群教育」以及所屬配套六大具體行動方案（411 扶助高中職以上弱勢學生就學、412 扶持五歲弱勢幼兒及早教育、421 輔助國中以下弱勢學生學習、431 縮短中小城鄉數位落差、441 營造友善校園、442 加強品德教育）實乃教育機會均等的實踐。

教育機會均等包括三大意涵：「入學機會的均等」、「受教過程的均等」以及「適性發展的均等」，就當前國內教育實際而言，「入學機會的均等」已普遍

達成，政府應進一步關注「受教過程」以及「適性發展」的均等。

「受教過程的均等」以及「適性發展的均等」皆強調學生教育歷程中，都有一樣好且符合國家標準的師資、設備以及符合學生個殊需要的課程設計、環境設施與輔導機制。

因此，政府應為國民基本教育學校建置優質均等的設施，除依據前述施政主軸，推動所屬六個行動方案之外，應配合國家社經水準發展，在教育經費能夠承擔範圍之內，以四至六年為期，定期修訂國民小學、國民中學、高中職校「基本設備標準」以及「充實中小學基本設施方案」，以永續經營的理念，建置優質均等的設施，落實教育機會均等國民教育的理想。

➠六、推動領域統整的課程

國民中小學九年一貫課程綱要頒行之後，國民中小學之課程設計帶領著國民教育的實質內涵邁入二十一世紀新時代，七大學習領域（語文、數學、社會、自然與生活科技、藝術與人文、健康與體育、綜合活動）以及十大基本能力（了解自我與發展潛能、欣賞表現與創新、生涯規畫與終生學習、表達溝通與分享、尊重關懷與團隊合作、文化學習與國際了解、規畫組織與實踐、運用科技與資訊、主動探索與研究、獨立思考與解決問題）成為課程設計之雙主軸，國民中小學依據 80% 的基本教學時數與 20% 的彈性教學時數，參酌學校特色、教學專長、學生需求等面向，統整規畫學校本位課程，實踐領域統整的課程設計。

統整課程或課程統整乃當前政策的主流，亦是今後教育學者與學校教育人員必須共同努力的工作。分析而論，課程統整包括三個層次：㈠部頒課程綱要的統整；㈡學校課程統整；㈢教師課程的統整。部頒課程綱要統整係指以七大領域及十大基本能力統整傳統的分科課程；學校課程的統整則指學校統整規畫學校本位課程；教師課程的統整係指教師能夠運用主題教學教給學生統整的知識經驗。

配合統整課程之推動，教育行政單位應結合教育學者積極進行三項重點措施：㈠適時修訂十大基本能力指標內涵，期能理念與實務充分結合；㈡增進國民中小學發展學校本位課程計畫能力，期使各校的本位課程設計能夠讓全校教師充分發揮所長，並能對全校學生產生最佳教育成果；㈢培育教師領域及主題教學能力，期能教給學生系統化、結構化之知識與經驗，協助學生面對知識經濟時代，累增其競爭能力。

🖊 七、實施專業自主的教學

《教育基本法》明示教師的專業自主應予尊重，亦即教師擁有教學上之專業自主權。其基本理念在教師具有專業素養，包括教師具有完整的教育哲學，如何教育學生有其全套的看法與做法；具有課程設計的能力，能夠在學校本位課程之下，為學生安排最有價值的課程及學習活動；熟悉各種有效之教學方法與技巧，很會教學；並且願意協助學生、輔導學生，協助學生面對挫折、困難或衝突，以及必要的補救教學。

換言之，專業自主的教學指教師可以自行決定教學的歷程與教材。老師在教學方法及教科圖書的選擇上，只要能夠引導學生最好的學習與發展成長，教師擁有完全自主決定權。

教師專業自主的教學仍應受到多層面的考驗，㈠家長與學生滿意，可以接受；㈡必須教會學生學得十大基本能力指標內涵；㈢與其他教師的教學比較。《教育基本法》也提示家長可以為其子女選擇學校、班級甚至直接選擇老師，教師教學上的賣點勢將決定其學生來源，是以教師專業自主權與家長學生的教育選擇權兼顧與交互制衡，乃《教育基本法》規範我國國民基本教育兩大特色。

為了維持中小學教師均能專業自主的教學，除了在師資培育階段增加要求其基本能力素質外，強迫規定教師在職進修，由政府編列經費，用以支持學校本位教師研習進修計畫，實為重要措施之一，唯有進入學習狀態中的教師，能夠維持其教學在一定水準之上。另外，亦須配合規畫教師評鑑、教學評鑑以及教師分級制等措施，激勵教師在教學上不斷努力經營，追求更高的教學品質。

🖊 八、展現多彩繽紛的教材

教科書為學生學習的主要工具，教科書內容永遠主導著學生學習與發展脈絡，教科書的良窳影響著學生學習效果，是以學校必須重視教科書的選擇。配合政府開放民間編輯國民中小學教科書政策，以及九年一貫課程之實施要求課程統整，鼓勵教師自編教材政策之後，國民中小學教材的選用上，逐步彰顯了多元繽紛的發展趨勢。

今後國民中小學的教科書，很難有獨家壟斷之情勢，因為縣市有公開標價選擇權，學校有自主選擇權，教師本身也有自主選擇權，而且真正的權力運作，將逐次下放到每一位擔任教學工作的教師本身，中小學將仿效大學，每一領域課程的教學，由教師決定主要讀本與參考書籍，甚至由教師自行設計主題教學活動，

直接提供必要的講義資料而非固定的教科圖書。

　　目前每一個國民中小學，多以配合領域統整教學之需要，交由課程領域小組，發展學校特色課程教材，以及適合各領域實施的主題教學活動教材，並且運用現代資訊科技進行知識管理，建置學校專屬領域教學資料庫，亦鼓勵教師個別建置網頁，儲存個人發展的多元型態教學資源，展現百花齊放、多元繽紛的現況。

　　多元繽紛的教科書含有多元功能並存的編輯之意，依據課程綱要提示之基本能力指標的編輯為最大宗，其次以主題教學型態編輯之教科書應廣受教師歡迎，再者發展知識結構為主的參考書籍亦將具有競爭潛能，教師優質的自編教材也將透過各種層次之教學觀摩而推廣，逐漸形成個殊化之系統教材。多元繽紛的教材，將彩繪國民教育園地，豐厚二十一世紀台灣國民之生命力。

➤ 九、經營精緻卓越的文化

　　學校的組織文化影響整體辦學績效，一個學校教師與行政人員、教師與學生之間之人際互動氣氛，即為學校之組織文化，或稱之為次文化。優質、正向、積極的組織文化，往往能夠拓展教育效能，提升整體教育品質；反之，劣質、負向、消極之組織文化，經常抵銷教育作為，降低教育產能，組織氣氛對於教育的價值意涵，具有引導性指標作用。是以教育行政部門近年來亦強調學校組織文化的經營，諸如引進學習型組織理論、建立學校共同願景、發展學校本位課程、團隊學習、推動教訓輔三合一方案等，均為經營優質學校組織文化之範例。

　　受到小班小校政策之執行及國民生育率少子化的影響，今後的國民中小學規模太大的學校將被有效抑制，約有四分之三的學校均屬中小型，小而美（精緻）有效能（卓越）的校園組織文化成為政府政策首要追求之目標。

　　精緻卓越文化之前提有二：㈠校園核心人物——教師能夠和諧共榮，交互輝映；㈡學校之教學、訓輔系統能夠產生交互作用，整合發展功能。就前者而言，教師之間人際和諧，彼此欣賞優點，大家皆能貢獻專長，造福學生，共享教育成果。就後者而言，學校能夠運作整體資源，有效交互支援，共同帶好每一位學生。此二者實乃經營精緻卓越校園文化之基礎。

　　就當前中小學而言，距離理想中的「精緻卓越」尚有諸多努力空間，要邁向精緻卓越的校園文化，宜持續經營下列五項策略：

　　㈠繼續推動小班小校及發展小班教學精神計畫，增進教師有效教學之環境與能力。

㈡配合友善校園總體營造計畫，持續強化教訓輔三合一方案，經營一個具有輔導文化的學校。

　　㈢推動學習型學校，引進知識管理，促使教職員工產生知識螺旋作用（knowledge spiral）為邁向卓越奠基。

　　㈣發展校長證照制度，加強校長經營管理知能，進而示範帶動培育優質組織文化。

　　㈤早日實施中小學教師分級制，以分級的指標追求，激勵教師生涯規畫，長期奉獻有效教學及輔導學生工作。

☛ 十、培育具有產能的學生

　　2005 年全國教育博覽會分四區舉辦，大會的共同主題是「讓每一個人都成功」，依據多元智慧理論以及人文主義教育的觀點，即透過教育，希望每一位學生的優點均被發現，經由激勵、成長、發展，高中高職或大學畢業之後，均是一個具有產能的人，是一個「優勢智慧明朗化」、「有用而成功」的學生，國民基本教育在為培育具有「生產能力的學生」，奠定最為紮實的基石。

　　就當前學制發展的三條教育國道觀之，技職教育體系受到社會大眾的青睞，就讀「高職」→「技術學院」→「科技大學」的學生，已逐漸接近普通教育國道系統，再加上「回流進修教育」的持續繁榮，象徵著教育政策的導引（或調適），培育具有「生產能力」的學生將優先於「全能發展」的知識份子。

陸、結語

　　政策的規畫與實施，要能夠符合人民大眾之需要，也要能夠引導國家發展、成長進步。國民教育政策亦然，國民教育政策的規畫與實施，應以國民教育階段學生之最大價值為主要方向，參酌社會、經濟、政治環境之變因，經由系統思考過程，觀照全面，擷取最關鍵、最可行的工作事項，再結合「教育理念」以及「教育法令」，規畫成具有系統結構的「中長程計畫」或「方案」，始能兼顧「解決問題」並「引導發展」的雙重功能。

　　本文以文件分析法，探究當前國民教育階段重要教育理念、基本教育法令，以及近期中長程計畫，析論國民教育政策發展趨勢，期能達到兩點撰文旨趣：㈠為當前國民教育政策尋根奠基，找到目前政策的背景緣由及理論基礎；㈡為將來的國民教育政策分析趨勢，導引教育人員體認政策的時代精神與教育價值。為國

家的教育發展與成長進步，略盡棉力。

　　二十一世紀的台灣教育，面對的挑戰與考驗十分嚴峻，國民教育政策將逐步引導教育的具體轉變與定型內涵，彰顯適性發展的目標、延長基本教育的年限、發展多軌多支的學制、規範能力導向的師資、建置優質均等的設施、推動領域統整的課程、實施專業自主的教學、展現多元繽紛的教材、經營精緻卓越的文化、培育具有產能的學生，將成為國民教育政策最佳寫照。

（本文原發表於：《我國教育政策發展趨勢學術研討會論文集》，2005 年 12 月，頁 43-71，國立台北教育大學主辦。）

4

目標、願景與學校發展計畫

壹、緒言

「國民中小學九年一貫課程暫行綱要」自本學年度起逐步實施，配合七大學習領域與培養學生十大基本能力之設計，教育行政機關要求學校實施本位管理、自主管理、設計學校本位課程、策訂學校發展計畫。各國民中小學在策訂學校中長期發展計畫或者學校本位課程發展計畫時，經常發生兩大困難：一者教育目標、課程目標以及學校願者三者之間不易釐清；再者學校發展計畫如何與目標、願景架構成系統結構成為一有機體，頗為困難。

本文之目的，旨在以教育計畫的有關學理，嘗試解答這兩個困難的問題，希望能對於學校行政主管，領導策訂學校發展計畫或學校本位課程發展計畫時有所助益。

貳、教育目標、課程目標、學校願景之關係

「教育目標」依法而訂，是每一個學校所必須共同遵循的。例如，全國性的教育總目標規定在《憲法》及《教育基本法》。我國《憲法》第 158 條規定：「教育文化，應發展國民之民族精神、自治精神、國民道德、健全體格、科學及生活智能」。《教育基本法》第 2 條則規定：「教育之目的以培養人民健全人格、民主素養、法治觀念、人文涵養、強健體魄及思考、判斷與創造能力，並促進其對基本人權之尊重、生態環境之保護及對不同國家、族群、性別、宗教、文化之了解與關懷，使其成為具有國家意識與國際視野之現代化國民」。至於國民中學及國民小學的教育目標則規定在《國民教育法》第 1 條：「國民教育依中華民國《憲法》第 158 條之規定，以養成德、智、體、群、美五育均衡發展之健全國民為宗旨」。法定的國家教育目標是學校辦學的共同指標，也是設計教育內容

（含課程目標）以及發展學校教育願景的主要依據。是以就三者之關係而言，「教育目標」具有「總源頭」之角色地位。

「課程目標」規定在「課程標準」以及目前的「暫行課程綱要」之內，就以九年一貫課程暫行綱要而言，其課程目標也就是其所標榜的學生十大基本能力。因此，「課程目標」比「教育目標」具體而明確，係指學生經過七大領域的課程學習之後，應該學會的、行為可以表達出來的基本生活能力指標。從教育的層面著眼，「課程目標」其實也是學生學科（領域）「行為目標」的統整規範。「課程目標」是介乎「教育目標」與「領域（學科）目標」之間（含單元目標）的「中介教育目標」，其間之相屬關係如圖 4-1。

就圖 4-1 之結構分析，教育的目的在透過課程實施，使學生產生行為的具體改變，而這些行為的改變和發展，逐次邁向法定的國家教育目標之要求。「教育目標」、「課程目標」、「領域（學科）目標」以及「單元目標」之間，具有「相屬關係」，互為基礎。

「學校願景」來自目標，但有別於目標。他是比目標更為抽象、更為模糊、範圍更大，而且夾雜著成員心聲的努力指標。依據彼得聖吉《第五項修練》的原理，「建立共同願景」（vision）係企業邁向組織再造的五個重要修練之一，願景的條件有二：㈠達成組織目標；㈡反映成員心聲。是以共同願景的形成必須由

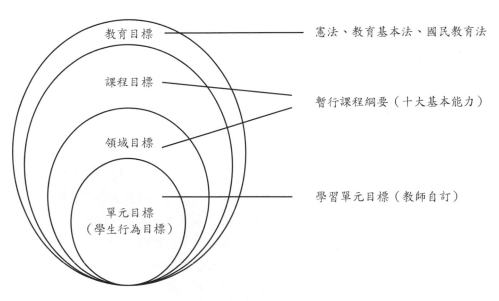

圖 4-1　國民中小學教育目標的階層結構

下而上討論以成（鄭崇趁，1998a）。

　　既有「目標」，為何還要學校設定「願景」？原因有三：㈠願景包含努力歷程重點指標，各校環境不一，邁向教育目標的努力重點會有不同；㈡願景可以反映成員心聲，而各校師生的心聲並不一致，有待討論釐清；㈢願景可以反映辦學理念與學校特色，得以配合領導人之不同和特殊環境統整規畫。因此，「教育目標」與「課程目標」是各校共同的，「學校願景」則為學校個別的。「學校願景」的建立，以教育目標及課程目標為基礎，配合學校環境條件、師生心聲、發展特色以及領導者的辦學理念，由全校師生共同討論而成。

　　「願景」與「校訓」仍有不同，校訓多為行政機關頒布者（如我們的共同校訓——禮、義、廉、恥），或者校長一人之主張，並沒有經過討論及反映成員心聲之歷程，缺乏「共同參與」之內涵。

參、學校發展計畫的普遍缺失

　　筆者自 89 學年度起任教國立台北師院，在國民教育研究所開授「教育計畫專題研究」課程，要求研究生實習撰擬學校發展計畫或單項校務中長程計畫，也配合學校教育輔導區需要，到輔導區小學輔導各校發展「學校本位課程」，或者協助擬定「學校本位課程發展計畫」，茲將參與之經驗與心得歸納其問題、因應要領分享讀者。當前國民中小學在擬定學校發展計畫時之普遍缺失有四，如下。

一、將「學校發展計畫」等同於「學校本位課程發展計畫」

　　配合九年一貫課程的實施，教育行政機關要求學校發展學校本位課程，各校大都依據要求著手擬定「○○國民小學學校本位課程發展計畫」。在擬定的過程中，有的學校將課程的位階擴散的過大，等同於整體學校的校務發展措施。也有的學校將課程的位階縮小窄化，變成 10%至 20%學校特色部分，均非得宜。配合全面教育改革的推動，教育部及教育局又要求學校策訂「學校中長程發展計畫」，部分學校教育人員不察，即以為「學校發展計畫」就是「學校本位課程發展計畫」。也由於教育行政機關人員「教育計畫」素養不齊，並未明確釐清，是以好多學校混淆使用，階層不分。

☞二、「學校發展計畫」未能發揮貫串教改措施到教師教學的改進功能

教育行政單位以及各級學校推動教育改革已逾十年，十多年來的努力績效並不理想，從「教育計畫」的觀點來檢討，乃由於各校所訂「學校發展計畫」（含校務計畫）不能有效承續教育部及教育局策動的教改措施，將其統整貫串到學校校務計畫中，並直接帶動老師在班級經營上或學科教學上產生改變，造福學生。

此一缺失在「國民中小學九年一貫課程暫行綱要」頒行後，由於發展「學校本位課程」之實踐，產生了改善的契機，亟待教育行政單位人員珍惜，可予統合轉化，引導學校校長及主任策定具有教改功能的「學校發展計畫」以及「學校本位課程發展計畫」。

☞三、缺乏經營學校的「策略分析」

當前各學校「學校發展計畫」第三個普遍缺失是：很多學校的「學校發展計畫」樣子與內容很相像，沒有什麼不一樣，這個學校的發展計畫別的學校也可以用。從另一角度觀察，好似學校皆在為行政機關擬定「國民小學發展標準」，而非學校本身的發展計畫。

筆者認為，此一缺失之來源，在於擬定計畫人員缺乏「策略分析」的理念素養。所謂「學校發展計畫」就是學校經營計畫，學校依據政府頒訂的教育目標及設施標準（如師資、設備、課程規畫）、學校願景，規畫有效的措施來經營學校，這些經營學校的具體做法必須依循「策略分析」而來，「策略分析」係考量校長的辦學理念、學校特色（優勢條件與劣勢條件）、學校基礎、學生本質，找出可以帶動學校進步，逐步邁向願景及目標的大方向與具體做法。「策略分析」的歷程可以充實「學校發展計畫」的有機意涵。

☞四、目標、願景與具體措施各自為政

各校「學校發展計畫」第四個普遍缺失在：格式井然，有實施目標，學校願景，也有具體做法，該有的都有；但是彼此之間好似各自獨立，沒有關連。此一缺失係教育行政人員的盲點，不容易察覺，也是學校行政人員的限制，不容易建構成有機的結構。幾乎每個學校的「學校發展計畫」均洋洋灑灑數千言（有的還近萬言），從目標、願景說起，也強調了各種措施，以及預見的績效成果。翻閱時，甚少在意其彼此之間的關係。

此一現象象徵教育人員在擬定各層級教育計畫時，除了前述缺乏「策略分析」的訓練外，同時往往也缺乏「邏輯分析」訓練，期待教育人員將這些變項予以「邏輯結構化」頗為困難，有賴開授專業課程補強。

肆、策定優質「學校發展計畫」要領

「真正的教育改革，需要務實的教育計畫」係筆者一貫的主張，儘管目前的「學校發展計畫」有前述的缺失，筆者仍然相信教育人員有能力策訂優質的「學校發展計畫」，優質的教育計畫（含校務發展計畫）是有要領的，可以學習的。以下六點意見提供學校教育人員參考。

☛ 一、釐清目標、願景在學校發展計畫中的角色功能

學校的教育目標以及學校願景，是學校發展計畫的指南針，學校發展計畫中的每一項措施均應以達成教育目標，呼應學校願景為準據。

「學校發展計畫」的主要內涵包括教育目標、學校願景、實現目標願景的具體措施以及做了這些措施之後，能夠改變學生的行為指標。這些變項之間應成為一個有機結構體系，環環相扣，交互依存。圖 4-2 可以說明其彼此的關係與角色功能。

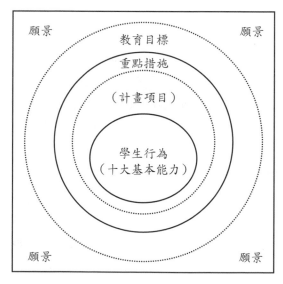

說明：
1. 目標、措施、學生行為較為具體以實線區隔。
2. 願景與目標重疊最多，以虛線表示其不同，又因願景較為抽象，是以範圍大於目標，願景又要反映成員的心聲，部分連結到具體措施。

圖 4-2　學校發展計畫重要變項結構關係

二、同時策定「學校發展計畫」以及「學校本位課程發展計畫」

為避免「學校發展計畫」與「學校本位課程發展計畫」混淆，最好的方法即兩個計畫同時訂定。「學校發展計畫」與「學校本位課程發展計畫」均有共同的「教育目標」以及「學校願景」，但有不同的執行事項（計畫項目）。「學校發展計畫」之執行事項，以全校的整體層面作規畫，約略而言，針對學生的「物理環境」、「心理環境」以及「文化環境」均應有所著力，並且其具體內容包含「課程設計與發展」項目。亦即「學校發展計畫」範圍較大，較為整體，而「學校本位課程發展計畫」為「學校發展計畫」之一部分，也可以為其子項計畫之一。

「學校本位課程發展計畫」之執行事項，則需以七大領域為橫軸，學生年級及學生能力發展指標為縱軸，縝密規畫學生學習單元主題及活動作業名稱；並以學校本位出發，運用學校資源特色設計課程教材，讓學生能夠融合鄉土教材及本土語文，實現《教育基本法》揭示的兩大教育目標取向——「國際觀」與「本土化」。

三、運用「年度校務計畫」，帶動學校教師貫串落實上位教改措施

為何教育部積極推動教改十二行動方案，而一般教師們總覺得與其關係不大？為何縣市政府教育局常有教育上的施政重點，而一般中小學教師也往往視其為行政工作，與其教師本身關連也不大？筆者認為此一鴻溝，實為多年來教育改革成效不彰的環節所在。改善之道，應從各個學校的「年度校務計畫」著手。

過去，中小學的「年度校務計畫」有四個重要的缺失：㈠過於簡化，類似重要校務工作行事曆，而無校務計畫應有內涵；㈡年年依樣畫葫蘆，沿襲前一年度的工作多，而新增或創發之工作少；㈢以學校「經常性」工作為主，並未融合行政機關帶動的「計畫性」工作；㈣尊重教師教學專業自主，部分學校未將課程發展與教學改善工作納入年度校務計畫。

以上四個缺失，在「九年一貫課程暫行綱要」頒行後，因為施行日程的逼近，第四個缺失得到最普遍的改進，每個學校的年度教務工作計畫幾以課程發展及教師教學改善工作為主。第一個與第二個缺失係學校校長、主任基礎素養及習慣問題造成，稍微提醒督責，均容易改進。倒是第三個缺失尚少人留意，也是最難突破所在。

筆者以為一個優質的「年度校務計畫」，應統整考量下列五種重要工作：㈠

學校一年中一定要做的經常性重點工作；㈡教育行政機關（含教育部及教育局）策動的計畫性工作，學校應行配合辦理事項；㈢校長及主任辦理理念；㈣學校特色；㈤改進學校環境及教師教學工作事項。

　　是以，教育行政機關應邀集優秀的中小學校長及主任，組織任務小組，將行政機關所推動的教改方案（如九年一貫課程、多元入學方案、小班小校、小班教學精神計畫、教訓輔三合一方案、青少年輔導計畫、兩性平等教育、中輟生輔導及生命教育……等等歸納整理，條列成小學、國中、高中、大學學校應行配合辦理事項，交給各級學校，要求納入年度校務計畫中。各種行動方案所要產生的學校環境改善或教師素質改進，亦應歸納其具體指標與必要活動歷程，公布給學校，做為策定「年度校務計畫」之準據，俾以貫串落實。）

➡ 四、使用「策略分析」技巧，循繹學校發展計畫之執行項目

　　建構學校願景，實現教育目標，是擬定學校發展計畫的主要目的。學校發展計畫訂得好，找到應做的工作事項，作了之後可以有效改善學校客觀環境條件，全面提升教師素質，增進教學效能，妥適照顧學生，也才是教育行政單位要求學校策定學校發展計畫之真正旨趣。

　　前已述及目前學校發展計畫另一個普遍問題在：各校所擬定的執行項目十分類似，而且計畫執行項目與目標、願景，不一定有所關聯。如欲有效解決此一問題，可用「策略分析」的技巧。

　　「策略」是介乎「目標」與「措施」之間的中介橋樑。策略扮演三個角色功能：㈠實現目標以及邁向願景的大方向、大方針；㈡整合組織目標、學校特色、校長辦學理念的主要手段或方法；㈢簡化執行項目，以分類或分群聯結目標，促使整體計畫成一有機體系統，環環相扣。圖4-3可以反映「策略」的三大角色功能。

目標	策略	執行項目
	一	㈠
		㈡
	二	㈢
		㈣
		㈤
	三	㈥
		㈦

圖4-3　計畫目標、策略與執行項目之結構關係

所謂「策略分析」即針對學校之現況基礎，參酌學校特色、校長辦學理念，為邁向願景，實現教育目標之重要手段方法分析。此一重要手段方法分析即在找出實現目標的關鍵事項，而這一關鍵事項為全校師生所能認同支持者（反映心聲，契合願景），也是循繹具體工作項目之主要依據。如若學校校長、主任在策訂學校發展計畫，能多用心於「策略分析」，應可為自己學校擬定出真正符合本身需要的計畫執行項目，將有助於全面提升校務計畫品質，促使「學校發展計畫」成為一個有機體的系統結構。

五、圖示檢核「學校發展計畫」

　　「學校發展計畫」可以透過學習而訂得更好，已經策訂完成的「學校發展計畫」，也可以不斷修飾、改善，甚至於依據「教育計畫」的原理原則重新策訂。檢核自己學校的校務發展計畫訂得「優質與否」？可用「圖示」的方法進行檢核。諸如前述；㈠目標、願景與重點措施，能否以簡要圖示呈現？㈡目標、策略、執行項目能否以圖示結構呈現？㈢與學生行為指標如何呼應工作項目，亦能以圖示呈現；㈣經費需求亦能以簡要圖表呈現。

　　已經訂好的「學校發展計畫」如能圖示上述計畫重要內涵者，通常為優質計畫，因為圖示之內容，即代表計畫的項變之間具有系統結構關係。反面觀之，變項之間無法以圖示呈現者，代表計畫結構不夠嚴謹，往往不是好的計畫，有必要調整修飾。下頁圖 4-4 係台北縣澳底國小執行教訓輔三合一方案所規畫設定的學校經營計畫圖示。「帶好每位學生」為三合一方案的精神目標，「成長、卓越、創新」乃該校之願景，外圍的「矯健、質樸、和諧、靈秀」為理想的校園文化，中間則為三合一方案的重點措施，構成一有機體，讓方案的作為形成有系統的運作功能（教育部，2001b），可當各校優質計畫範例。

六、演練報告「學校發展計畫」

　　一個學校的「學校發展計畫」完成後，應該運用機會多次演練報告，以演練報告來蒐集意見，來聽取不同對象的看法。經過適當的時間，再回過頭來修正計畫內涵。演練報告的對象至少要包括下列人士：㈠全校教師（必要時分年段或年級）及家長會全體家長委員；㈡平時提供學校諮詢的專家學者或民間機構代表人；㈢學校督學及主管機關成員。亦得透過學校重要活動，例如教學日、運動表演會、親師座談、親職教育講座等活動，規畫十五分鐘至三十分鐘的「學校發展計畫」報告，一則宣導學校的發展計畫，使之廣為周知，匯聚學校發展力量。再

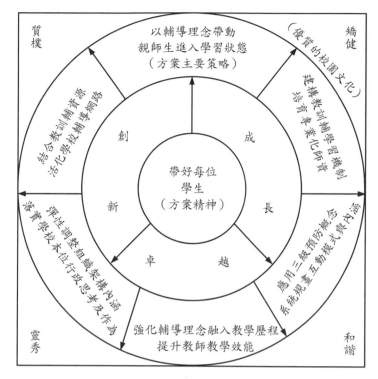

圖 4-4 台北縣澳底國小執行教訓輔三合一方案架構

資料來源：教育部（2001b）。

則不斷公開檢視學校發展計畫之妥適性，運作開放系統，增益學校發展計畫，結合客觀環境持續改善，融合當前資源，有效帶動學校務實發展。

伍、結語

優質的「學校發展計畫」包括學校教育目標及學校願景，並且會賦與目標、願景明確的角色地位，具有「策略分析」之步驟，能夠在實現目標，邁向願景的大方向、重要手段上，規畫學校應予執行的興革事項。各項次內涵之間（目標、願景→策略→項目→經費→成效）成一有機結構，是一個有系統思考的學校經營計畫書。優質的「學校發展計畫」，更具有銜接教改方案措施，貫串落實到教師班級經營及教學改進之務實功能。協助各級學校策訂優質「學校發展計畫」，實為當前教育改革成敗最關鍵之事項。

（本文原刊載於：《教育研究月刊》第 91 期，2001 年 9 月，頁 45-51。）

教育的著力點

5

校務評鑑與知識管理

壹、校務評鑑的目的與功能

　　教育行政機關為何要對所屬學校進行校務評鑑？首應掌握其目的與功能，無論是執行校務評鑑的委員、行政人員，或是接受評鑑的學校校長、主任、組長及教師，均應深入了解與把握。了解評鑑之目的，始得體會此一施政之善；把握評鑑之功能，方能藉由評鑑之歷程，達到協助學校有效發展之旨趣。

一、校務評鑑之目的

　　概略而言，校務評鑑之主要目的有三：㈠了解學校教育實況；㈡評比學校辦學績效；㈢增進學校校務發展。其三者之關係具有階層性，目的、功能與內涵之結構，概如圖 5-1。

　　實施校務評鑑之首要目的，在對於學校中的人、事、制度、組織結構、環境

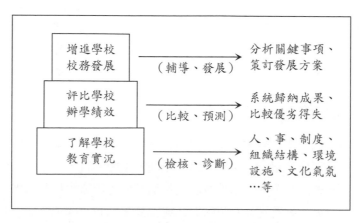

圖 5-1　校務評鑑之目的、功能與內涵

設施、文化氣氛……等作普遍的了解；其次則將了解的結果，透過系統檢核與歸納，比較每一學校校務運作的優劣得失，給與相對的評價；最後則根據多數學校評鑑結果，進一步分析每一所學校校務運作上之核心問題與關鍵事務，督責學校策訂校務發展計畫，協助學校落實執行，俾以成長發展。

☞ 二、校務評鑑的功能

進行校務評鑑基於下列六大功能：

㈠檢核：將學校的實況與既定的目標或標準核對，檢核校務基礎與運作是否符合常態。

㈡診斷：將檢核結果進行分析，深入了解現況發展之深層結構與意涵。

㈢比較：將校務評鑑結果進行多校比較，評論相對優劣得失。

㈣預測：探尋校務發展的更高價值與發展趨勢。

㈤輔導：協助學校釐清校務問題，發展可行因應策略。

㈥發展：促使受評學校策訂校務發展計畫，追求更高價值之成長。

貳、知識經濟時代對於校務經營之啟示

時代的進程，影響企業管理型態，校務之經營，亦不能自外於社會變遷與時代需求。目前正逢知識經濟時代，知識的重要性躍居首位，遠比傳統的土地、資本、人口與機具來得重要，一個組織單位的競爭力，依據組織中所有成員累進的知識總量來衡量，因此，在企業管理上重視四個要領：㈠進用具有知識（真知）的員工；㈡促使員工增加知識（個人增能）；㈢運作知識螺旋（knowledge spiral）增進團體成員知識（團體增能）；㈣發展學習型組織，持續累增個人及團體知識能量，提高企業競爭力。

此四大要領推廣至一般學校之校務經營亦深具意涵，其重要啟示如次。

☞ 一、進用合格且優秀之教師

學校競爭力的基礎在教師，「大學不一定要大，但一定要有大師」，中小學亦然，整個校務運作的核心在所有教師，教師的整體素質，決定學校效能，也直接影響校務經營的成功失敗。學校教師之更迭是所有組織中最為緩慢，最困難運用強制手段執行者。唯有在現有教師退休或因故遷調時，學校始能以聘用新進教師方式，逐步漸進更迭。因此，學校新聘教師時，應進用合格且優秀之教師，

「合格」指具有專業及專門素養，足以勝任學校賦與的教學工作；「優秀」指在整體平均水準之上，能夠在既有職場中，表現出類拔萃，作同儕之楷模，協助校務成長發展。合格且優秀之教師就如校務之活水源頭，具有「清渠」之功能。

☛ 二、鼓勵教師編製教學檔案並定期舉行教學觀摩

在整體校務經營中，教師個人的「知識」呈現在兩方面：㈠他教給學生什麼？㈡他值得其他教師學習的教育知能在哪裡？就第一方面而言，教師教學之後留下來的「教學檔案」，應是最具體有形之參照點。就第二方面而言，教師透過教學觀摩的演示，最能展現教學知能之特點，並且獲致「理論」結合「實務」之功能。是以，督責學校教師在教育學生之歷程中，隨時留下記錄（檔案），隨時檢驗心得（演示教學），也是知識經濟時代，校務經營的新重點。

☛ 三、規範每位教師、職工基本進修時數與學習成果指標

具有競爭力的組織，代表著組織內員工的整體知識不斷地增長，員工能持續地進修學習，增長知能，並且能夠內化為知識，提高行動能力，作為組織競爭力潛在基礎。對學校而言，惟有校內每位教師以及每位職工，全部進入學習狀態，透過研習進修隨時擴展個人的「知識基模」，並以「團隊學習」的運作增益所有同仁之知識能量，才得以反映出其「教師」與「學生」具有競爭力。因此，校務經營應規範每位教師、職工基本進修時數（例如每年應參與 36 小時以上之研習或進修），並且應針對各項研習進修之學習成果訂定明確之指標（例如每次研習應完成 1000 字以上之學習心得報告），以收「知識內部化」功能。

☛ 四、策畫學校本位教師及職工進修計畫

學習型態組織是產生「知識螺旋」的最佳途徑，唯有學習型學校才能促使教師及職工將其知識外部化形成具體可學的主題；也唯有學習型學校，才能增進教師及職工，透過學習，將同仁之知識內部化，形成團隊的有形知識。因此學校應發展學校本位的進修計畫，直接編列預算，落實執行。在學校之內將四分之三同仁的進修需求，優先規畫執行，另四分之一之需求再由學校向外推展，尋求鄰近學校與研習進修機構（含大學）支援，提供同仁就近進修機會，並鼓勵教師、職工攻讀教育碩博士學位，增益教育理論結合實務的知識與能力，提升知識螺旋效果。

➥ 五、定期辦理校務自我評鑑

校務評鑑乃啟動學校成長發展的利器，行政機關辦理的校務評鑑通常三至四年才一次，對於學校的督責作用仍有不足。就學習型學校而言，可透過定期的自我評鑑（例如每年一次），來加強學校每年的檢核與自省，啟動培養優質的校園文化，促使每位教師、職工均能積極任事，並主動參與評鑑事務，優先達成個人部份評鑑指標，再協助學校達成團體評鑑指標，藉助個人評鑑的歷程，讓校園內的知識螺旋功能發揮到極限。

參、當前校務評鑑的發展瓶頸

我國教育評鑑制度之發展，尚未如預期理想，從小學到大學的校務評鑑制度並沒有得到各界人士高度的評價，只要教育行政機關頒布學校評鑑結果，往往爭議不斷，牽動一番波瀾。當前各級學校的評鑑有下列瓶頸極待發展突破。

➥ 一、校務評鑑的主要目的必須明確、避免誤用

校務評鑑主要目的在協助學校自我了解進而發展成長，作為考評督責依據尚在其次。今日之校務評鑑未得到應有的肯定在於行政機關之誤用，將校務評鑑結果作為懲處辦學不力行政人員，致使各校面對評鑑如臨大敵，如履深淵，抗拒評鑑、討厭評鑑，進而製作不實資料，爭取評鑑上的表面高分，不願意呈現學校問題，但求無過，不思改善。再者評鑑結果未能真正面對學校弱勢困境，給與所需資源俾以補強充實，是以評鑑歷程有如大拜拜，熱鬧一場而少意涵。

➥ 二、校務評鑑採用之模式與指標尚須整合

當前的校務評鑑多以目標導向模式為基礎，參採 CIPP 模式，針對學校的「背景、輸入、過程、績效」面向作檢核比對。因此，整個校務評鑑結果少了「理論導向模式」所強調的重點——過程和結果缺乏理論上的理由。也沒辦法進行校務運作上之「策略分析」，不能了解當前校務運作之所以然。評鑑指標亦常有更迭，有時以量化為主，有時又特別強調質的描述，（例如今年台北市國小校務評鑑改採全面式的質的描述，成果尚不可知）。凡此，均需進一步整合，鄭崇趁（1998b）發展了「整合導向評估模式」，似可逐步引進校務評鑑層面。

☛ 三、校務評鑑機制猶應全面建置

目前校務評鑑的規畫與實施，多為臨時編組，教育行政機關逐年訂頒校務評鑑實施要點與評鑑指標，臨時邀集學者專家會同實務工作代表（如校長、主任）以及家長代表等，籌組評鑑委員，再抽一定比率的學校實施校務評鑑，如此之設計與執行，困難建立評鑑的專業化與客觀性。理想的做法應由教育行政人員負起責任，以中長期計畫方式，全面建立校務評鑑機制，發展客觀的評鑑指標，規範每一學校三至四年一定要接受校務評鑑乙次，再交由受過專業培訓的人進行評鑑。

☛ 四、校務評鑑結果應作為校務中程發展計畫之依據

在教育行政主要歷程變項（計畫、組織、領導、溝通、協調、評鑑）中，計畫與評鑑的結合，始能貫徹行政體系，完成其功能。其最佳之結合方式，乃將校務評鑑結果，所發現之學校優勢、弱勢與特色列為學校中程發展計畫之主要問題與措施，再由行政機關核定各校中程發展計畫，編列經費，給與資源，協助各校發展成長。

肆、校務評鑑融合知識管理

關懷教育評鑑發展有志之士，莫不期待校務評鑑早日突破瓶頸，面對知識經濟時代的來臨，更加關心校務評鑑的實質內涵，如何能夠融合時代需求，為「教育知識」善盡心力，增進國內教育界的競爭力。

知識經濟時代對於校務經營上的啟示已如前述，知識管理上的重要面向，如能適度的導入校務評鑑的評估指標中，將可以賦與校務評鑑全新之風貌，協助其早日突破瓶頸。

☛ 一、將知識管理（學習型學校組織）列為校務評鑑重點層面

知識管理強調組織內同仁能夠產生「知識螺旋」作用，同仁的知識能夠外部化變成具體可學的知識；也能夠內部化，全面提升同仁知識水準，外部化→內部化→再外部化，交互作用生產知識，惟有透過學習型學校始得達成。因此，校務評鑑中，應將知識管理（或學校學習型組織）列為重要評鑑層面，且配分應達20%至25%，以強調學習型組織文化取代繁瑣事務的檢核事項。

☞ 二、將知識管理事項列為校務評鑑具體檢核指標

在知識管理（或學習型組織文化）已列為重要評鑑層面之後，前述之知識管理事項，例如：㈠進用合格且優秀之教師；㈡鼓勵教師編製教學檔案並定期舉行教學觀摩；㈢規範每位教師、職工基本進修時數與學習成果指標；㈣策訂學校本位教師及職工進修計畫；㈤定期辦理校務自我評鑑……等列為具體之評鑑指標。

☞ 三、經由訪談檢核知識管理事項落實程度

組織成員能否產生知識螺旋作用？除了基本資料的查核之外，必須由評鑑委員透過教師及職工的訪談，始可了解其深化的程度，感受其真實的組織氣氛。因此，校務評鑑歷程中，訪談機制之規畫，應預為準備，最好預先發展此一層面之訪談題綱，再配合各校資料呈現情形，選擇合適的題綱進行訪談。

☞ 四、知識管理事項檢核結果形成校務評鑑報告重要建議

周延的校務評鑑報告理應兼顧評鑑的各個層面與主要向度，惟當此知識經濟的時代，校務的運作過程，其重要程度實已超越了有形的環境條件，而組織文化的優劣發展乃校務運作過程之核心，是以校務評鑑報告中，應針對知識管理事項檢核結果，作綜合分析，並以較顯著的篇幅研提具體的建議。

☞ 五、行政機關應優先編列學校本位進修研習經費

校務評鑑的結果應作為策訂中長程校務發展計畫之依據，學校本位進修方案是學習型組織的具體實踐，也將是中長程校務發展計畫的核心工作，教育行政機關核定各校中長程校務發展計畫之同時，應優先核列學校本位進修研習所需經費，催化各校運作知識管理技術，增益知識螺旋效果，由組織氣氛、組織文化、組織知識的持續累增，豐厚學校競爭力，加速完成校務發展計畫各項重點工作，達成政府實施校務評鑑之終極目的，造福學校教師與學生，實現國家教育目標。

（本文原刊載於：《教師天地》第117期，2002年4月，頁21-25。）

「實施十二年國民基本教育」策略分析

壹、緒論

➤ 一、研究動機

政府多次倡議延長國民教育年限為十二年,將高中、高職教育階段納入國民教育範圍。此一政策亦符合民意需求,然均未見正式實施,審其原因有四:(一)1968 年實施九年國教時,準備期太短(一年),衍生之部分缺失與流弊影響深遠,是以政府必須採取較為審慎之態度;(二)經費負荷龐鉅:高中職教育階段私立學校學生多於公立學校,延長國教年限之後,政府必須負擔鉅額經費補助私立學校辦理國民教育;(三)整體配套措施未及規畫:延長國民教育年限,所提方案須能有效整合「國民教育本質」以及「世界潮流趨勢」,而政府發展之各項措施,例如國民中學自願就學方案、高級中學多元入學方案、高中高職社區化方案,尚屬「點線層面」及「中介層面」規畫,未有經「系統思考」、「整體層面」的策略方案。亦即停留在「施政構想」,而缺乏「配套措施」以預為處理諸多爭議問題;(四)所提施政構想,未能以法案型態呈現,透過立法程序,保障其可行。

事實上「實施十二年國民基本教育」[1],以根本解決當前中小學教育問題,追求均等、精緻、卓越的國民基本教育,已成為全國民意的共同心聲。從目前「國民教育受到升學主義影響的扭曲現象」、「高中高職教育因公私立區別的不均等負擔」以及「帶好每一位學生的教改呼籲」,可以得到民意之共識。所謂「民之所欲,常在我心」,如果有完整、優質、可行的策略方案,適時「實施十

---

1 國民基本教育:本研究中「國民教育」及「國民基本教育」兩詞可以互用,本研究係依照《教育基本法》第十一條用語,在延長國教年限方案上名稱使用「十二年國民基本教育」,其內涵已對「完全免費」、「公立學校」之國民教育本質有所調整。

二年國民基本教育」應可以得到全民的支持。

　　本文的研究分析旨趣，在試圖為此一關鍵性政策，找到較為完整而可行的策略，也進一步分析所提策略的必要性與實務性，希能「活用國民教育知識」，有效結合國民教育「理念」與「實務」，提供政府施政上之參考。

☛二、研究目的

　　政策決定的過程包括五大步驟流程（林水波、張世賢，1984；張世賢，1982；Lindblom, 1980）：「政策問題認定」、「政策規畫」、「政策合法化」、「政策執行」及「政策評估」。廣義的政策分析即指此五大步驟流程的分析與評價，狹義的政策分析，則專指策略分析，也就是分析「政策規畫」到「政策合法化」之間所設定採行的手段與方法。本研究偏屬狹義的教育政策分析，試圖循繹出「如何實施十二年國民基本教育」的關鍵策略。具體而言，主要研究目的有三：

　　㈠分析檢討政府延長國民教育年限之努力及其必要性。
　　㈡研提「實施十二年國民基本教育」之可行策略與系統方案。
　　㈢闡述重點策略意涵，提供決策選擇與說帖參考。

☛三、研究範圍

　　「國民教育」的內涵至為寬廣，歷來談論延長國教年限的文章（教育部，1983；鄭崇趁，1991），對於國民教育實施的對象亦有多元看法，例如「十年國教」（九年國教加幼稚園一年或九年國教加第十年技藝教育）；「十三年國民教育十二年義務教育」（九年國教向上加三年高中高職範圍為義務教育，另再加五歲以上幼稚園一年，為國民基本教育）。本研究則設定在六歲至十八歲學童及青少年，就讀國小、國中及高中職教育階段為限，採用政策分析之技術，針對現行中小學學校教育及其運作形態，如何調整為「十二年國民基本教育」，研提可行策略與系統方案，研究範圍則集中於「策略分析」層面。

☛四、研究方法

　　本研究使用文件分析法及焦點團體法，簡要說明如次。

♠㈠文件分析法

　　本研究須探討過去政府在延長國民教育年限上之努力，深入了解國民教育的

本質，國民教育在國內的發展現況，以及先進國家辦理國民教育的經驗與發展脈絡，勢須廣泛蒐集整理國民教育有關資料與文獻，包括：國民教育有關之書籍、期刊、研究報告，博碩士論文及教育行政單位發布之法令與報告資料。並用「文件分析法」（document analysis method）歸納整理其要義，作為研提策略方案之基礎。

♠ (二)焦點團體法

本研究嘗試為「實施十二年國民基本教育」研提完整之策略方案，並針對所提策略重點進行分析。策略之形成必須有所根據，策略的選定也應避免主觀的論斷。因此，「焦點團體法」（focus group method）的運用，蒐集統整在此方面領域兼具學理與行政經驗者的意見，並由研究者的系統分析、統合斷判，方能達成目的。

本研究參與焦點團體的主要成員有六位：歐用生教授、張玉成教授、周燦德先生（教育部社教司司長，教育學博士）、陳明印先生（教育部國教司專門委員，教育學博士）、蘇德祥先生（教育部中教司科長，中教司嘗試規畫十二年國教承辦科長）及鄭崇趁先生（研究者，策略方案草案主稿人）。自 2000 年 11 月 29 日起迄 2001 年 1 月 11 日止共進行六次諮詢座談討論，其間並經楊朝祥先生（前教育部長）列席指導兩次，吳明清教授、黃政傑教授（現任教育部高教司長）及郭慶勳教授（擔任彰化師大教研所所長期間，曾接受教育部委託，進行十二年國民教育可行性之專案研究）列席指導一次。

貳、文獻探討

國民教育年限之調整屬國家重大教育政策，調整延長之前必須考量國家社會經濟水準的發展條件、民意之需求、以及在理論與實務兼顧下，如何在現有基礎之上，規畫最可行，符合國家最大價值的方案。因此，本研究針對延長國教年限攸關層面，以文件分析法，探討四方面文獻：㈠教改脈絡（政府對於延長國教年限的努力）；㈡民意需求；㈢國民教育本質；㈣先進國家國民教育發展趨勢。（註：本研究重點在策略分析，文獻探討資料僅提供分析時的部分基礎，行文採經統整後摘要式敘寫，不作個別學者專家意見之詳細引述，以省篇幅）。

🍃 一、教改脈絡（政府對於延長國教年限的努力）

♠(一)延長以職業教育為主的國民教育實施計畫（1983 年）

1979 年，政府為配合我國經濟發展之人力需求，全面提升國民知識及技能水準，對國中畢業後就業而未滿十八歲者，施以部分時間之職業進修補習教育，於 1983 年經行政院核定實施（教育部，1983）。

本計畫分三階段實施，1983 年 8 月至 1986 年 7 月為近程階段，輔導已就業之國中畢業生利用工作餘暇接受職業進修教育或部分時間職業進修補習教育，以該項學生連同就讀各類高級中等學校之學生人數，達到國中畢業生總數 83.16%為目標。1986 年 8 月至 1989 年 7 月為中程階段，將該項學生連同就讀各類高級中等學校學生之人數提升達到國中畢業生總數 91.66%為目標。1989 年 8 月至 1992 年 7 月為遠程階段再將比率提升至 92%為目標。

依據教育部成果資料顯示（教育部，1992），80 學年度部分時間進修職業補習教育學生，連同就讀各類高級中等學校學生，已達國中畢業生總數之 93%以上，逾 92%目標。

(二)延長國民教育初期計畫──國民中學畢業生自願就學高級中 ♠ 等學校方案（1990 年）

政府曾於 1989 年 8 月宣佈計畫延長國民教育年限為十二年，並於 1990 年 5 月奉行政院核定頒布「延長國民教育初期計畫──國民中學畢業生自願就學高級中等學校方案」，先行試辦三年，而後視試辦情形逐步擴大辦理（教育部，1990）。

本方案最大特點有三：㈠以國中在校三年成績替代聯考，直接以在校成績轉換成標準分數後，依相對成績排序，由學生志願選校；㈡將延長國民教育年限規畫為三階段：免試→免費→義務。而本方案為初期計畫；㈢試辦階段鼓勵學生（家長認定）自願參加為原則，亦鼓勵地方政府全縣試辦。

本方案如能按原教育部規畫時構想，自 82 學年度起全面實施，改以學生在校成績替代聯考，依成績及志願分發入學，或許時至今日，政府已能真正進入延長十二年國民教育階段。因為全面實施本方案等於廢除高中、高職聯考，聯考廢除之後鼓勵學生就近升學較為容易，廢除聯考為延長國民教育年限的關鍵基礎。然而本方案執行過程受到總統府與行政院意見不一致的影響，改為局部試辦，學生自願參與，形成學校中成績偏低學生才參與，造成另一種不公（學生成績不理

想，參與自學班，有較佳就讀明星高中機會）。且零星試辦成果很難彰顯原方案精神——「以國中三年成績來輔導學生升學進路遠比讓學生參加聯考為佳」。是以目前教育部僅將此方案規畫為多元入學方案之一，由直轄市及縣市自行決定試辦規模或停止執行。

♠(三)發展與改進國中技藝教育方案——邁向十年國教目標（1993年）

教育部鑑於當時國中教育受到現實環境的衝擊，教學內容偏重智育，以考試升學為導向，五育未能充分均衡發展，課程與教材教法偏重適於學業成績較優，具有學術傾向學生之需求，相對地疏忽了對學習能力較低，不具學術傾向學生的照顧與輔導。以致衍生了中途輟學學生不斷增加及青少年犯罪率大幅提高之偏失。是以，本著教學與輔導並重原則，規畫國二學生修讀職業陶冶課程，提供適合接受技藝教育學生於國三時學習技藝教育課程，並繼續就讀技職學校相銜接課程至少一年以上（教育部，1993）。

本方案係郭為藩部長接長教育部之後，重要的教育政策之一，實際運作結果，逐漸地取代「自願就學輔導方案」，改採漸進方式在既有國中體制內改革，首先照顧弱勢族群（低成就學生），適度地允許國三課程分流，再鼓勵接受技藝教育學生繼續升學，逐次達到全面免費的第十年國民教育（鄭崇趁，1998a）。

本方案得以接續「延長以職業教育為主的國民教育」計畫，在國中邁向高中高職階段做實質的改革措施，為延長國民教育年限奠立基礎。

♠(四)推動高級中學多元入學方案（1998年）

受到大學入學考試中心規畫大學推薦甄選入學方式成功的影響，在尚未延長十二年國教，廢除高中、高職聯招以前，教育部配合整體教改潮流，於1998年頒布「高級中學多元入學方案」，將單一的升學方式（聯招），鼓勵地方政府改以多元的管道提供國中畢業生升學。多元的管道包括六種方式：(一)聯合招生考試；(二)推薦甄選入學；(三)各類資優甄選；(四)申請入學；(五)直升入學；(六)自願就學輔導方案。90學年度配合基本學力測驗之實施，進一步簡化六項升學管道為三項：(一)登記分發入學（廢聯招，改以基本學力測驗成績登記分發學校）；(二)甄選入學（包括1998年的2、3項）；(三)申請入學（包括1998年的4、5、6項）

多元入學方案的主要精神有三（教育部，2001a）：(一)多元選擇：高級中學自行選擇多元招生方式，國中學生主動選擇入學方式；(二)多元特色：藉由多元入

學方案，促使高中發展多元特色；㈢多元智慧：藉由多元入學方案，促使國中教學正常化，發展學生多元性向。

教育部推動多元入學方案已日見績效，尤其 90 學年度起以國中基本學力測驗成績替代聯考，並且規畫高中高職社區化方案，鼓勵國中畢業生，參酌其基本學力成績及自己性向，就近申請社區高中或高職繼續升學，此一整體配套措施已能符合大多數學生及家長期待，為民眾所接受，也為延長國民教育年限營造了「往前規畫」的有利基礎。

♠㈤頒行《教育基本法》

我國《教育基本法》於 1999 年 6 月 23 日公布施行，係引領我國教育邁向二十一世紀發展的重要方針，其所揭櫫之教育目的「培養具有國家意識及國際視野之現代化國民」，教育實施原則「有教無類、因材施教原則、教育機會平等原則、中立原則、國民教育小班小校原則」，教育經費以法律保障，鼓勵私人興學，劃分中央及縣市教育權責等，均與國民教育發展攸關。《教育基本法》第 11 條更明確規定：「國民基本教育應視社會發展需要延長其年限，其實施另以法律定之。」

✏ 二、民意需求

♠㈠九年國教實施成果豐碩，國家已有能力延長國教年限為十二年

我國自 1968 年起實施九年國民教育，三十餘年來已有豐碩的成果：就量的層面而言，依據 2000 年教育統計，88 學年度國民小學學生在學率達 99.62%，國民中學學生在學率達 96.52%，國中畢業生升學率為 94.73%，而每位國中畢業生升學機會率已達 109.45%。就質的成果觀之，由於國民教育普及，知識水準大幅提昇，人民生活品質日益提高，帶動社會經濟與文化之發展，創造了舉世稱譽的台灣經驗（教育部，2000d）。

政府實施九年國民教育以來，無論師資、課程、設備、教學方法、師生比及班級學生人數發展，均有顯著成效，此皆為教育人員的具體貢獻。就師資素質而言，六〇年代國小師資多為師專畢業程度，國中師資約僅半數大學畢業，近半數為專科程度通過檢定取得任教資格。八〇年代以後則已全面提升至大學畢業程度以上，且國小與國中師資齊一水準。就課程發展而言，國小課程標準歷經三次修訂，國中課程標準歷經四次修訂，多能因應國中小學生發展需要，規畫基本適性的國民教育內涵。2000年進一步頒布九年一貫課程暫行綱要，以七大學習領域及

十大能力為核心指標，建構新世紀國民教育內涵（教育部，2000b）。就環境設備而言，政府持續推動九年國民教育第一、二期三年計畫、發展與改進國民教育五年計畫、六年計畫、第二期六年計畫、補助地方國教基礎建設計畫、小班小校計畫、班班有電腦資訊計畫等中長期建設計畫，逐步充實國小及國中軟硬體設施，目前我國中小學教育設施已接近先進國家之水準。就教學方法而言，政府近年推動小班教學精神計畫及教訓輔三合一方案等，強調輔導理念融入教學，並鼓勵教師認輔適應困難及行為偏差學生，來提高學生的受教性，落實個別化、多元化、適性化之精神，增進有效而人性的教學。就師生比而言，六〇年代國小約為1：36，國中約為 1：26；八〇年代逐次提高其指標，再配合小班小校計畫之推動，目前師生比國小為 1：20，國中為 1：16。就班級學生人數之發展而言，六〇年代九年國教實施伊始，城鄉落差極大，鄉間偏遠小型國小每班不及十名學生者比比皆是，都會區（尤以新興社區）每班學生五十至六十名者亦屬普遍現象，八〇年代以後，由於教育人員的努力，貫徹小班小校計畫之執行，目前小學及國中均以每班 35 名學生為高限，逐年達成。

目前我國國民所得已超過一萬美元，對照先進國家實施十二年國民基本教育之社經水準，以及前述九年國民教育的豐碩成果，國家已有能力延長國民教育年限為十二年（鄭崇趁，1990）。

♠(二)中等教育階段之教育內涵受到升學主義影響，成效有待改進

在社會急遽變遷的過程中，當前我國教育體制與內涵仍然受到升學主義影響，產生諸多不當現象，形成人民心中的痛。主要原因在於中等教育後段尚未納入國民教育範圍，國中畢業學生，升讀高中、高職或五專，須經聯考統一甄選。例如就目標而言，教育本身即為目的，升學是手段，部分家長及教師，卻以升學為目的，反將教育本身當成手段。就課程而言，課程標準的設計即為大多數學生最佳的教育內涵安排，按課表正常教學，也最符合當前啟發學生多元智慧發展最好的策略。然而部分教師及家長不當期待下，仍有部分學校任意配課，藝能科目、體育、童軍、工藝、美勞、音樂諸科，改上英文、數學、理化，剝奪了學生學習這些知能，發展此方面智慧的良機。就環境設備而言，雖然政府不斷改善國民中小學軟硬體設備，已有安全的教室及豐厚的教學資源供師生教學活動之用，然因地方政府財源不均，重視國民教育的程度不一，編列之辦公費及水電費時有不足，以致部分學校有不敢開電燈的現象。就學生壓力而言，多數學生每天背著沈重的書包上學，每天均要面臨大考小考及過多的課業輔導或補習，更有部分學

生因家長迷信明星學校或私立學校，必須越區就讀，每天花在通學上的時間高達二至三小時。與國民教育的原意——提供給學生快樂的童年大相逕庭。就教師的教育績效而言，國教階段的老師應以「把每位學生都帶上來」，以妥善照顧每位學生，沒有遺漏放棄任何一位學生為其教育績效指標。然而仍有部分家長及老師以其所教的學生考上多少明星學校為績效指標，造成國民教育內涵的長期扭曲。

在高級中學教育階段，因為普通高中及職業學校性質不同，公立學校學生收容量少於私立學校，學生因為志願問題，多數必須遠赴他鄉就學，且因就讀公私立學校之不同，必須付出不均等的教育成本。這些升學主義餘毒，極待政府正視紓緩，而延長國民教育年限為十二年，促使高中教育全民化，應為關鍵可行的策略。

☛ 三、國民教育本質

規畫延長國民教育年限，需同時考量我國傳統的國民教育意涵，以及當前世界先進國家之國民教育發展趨勢。我國傳統的國民教育意涵，多數教育學者皆強調其免費性、基本性、公共性、義務性（全民教育）及均等性（余書麟，1979；教育部國民教育司，1988）。

♠ (一)免費性

所謂「免費性」係指學童及青少年接受國民教育期間，免繳任何費用，包括免繳學費、雜費、家長會費、蒸飯費……等。在先進國家（如英國）義務教育階段更提供學童午餐、牛奶、營養補給品等福利措施；為協助偏遠地區學童接受均等的國民教育機會，政府亦免費提供交通工具及膳宿服務。

我國《憲法》第 160 條規定：「六歲至十二歲之學齡兒童，一律受基本教育，免納學費，其貧苦者，由政府供給書籍。已逾學齡未受基本教育之國民，一律受補習教育，免納學費，其書籍亦由政府供給。」就國家現況而言，我國國民基本教育年限已超越了《憲法》的基本要求，而免費的範圍亦僅止於免繳學費以及貧苦者之書籍費。

♠ (二)基本性

所謂「基本性」係指國民教育為基礎教育，國民教育階段之課程設計以充實國民基本知能為主。至於基礎教育階段要提供幾年的「共同」基礎教育？幾年的「分化」基礎教育？尚有不同主張。部分學者（如 Adler, 1982）主張，既然是國

民教育應是一貫到底的「共同」基礎教育，是以，延長國教年限後，高中高職均應發展成「綜合中學」型態。部分學者則認為隨著國民教育年限之增加，順應學生（青少年）的性向發展，後階段實施「分化」的課程需求，仍有其必要，是以，如能酌增現有高中，高職間的共同課程以及高二及高三的選修課程，可令綜合高中、高中、高職、完全中學等多元型態同時共存。

♠㈢公共性

所謂「公共性」係指國民教育為政府公共建設的重大環節，應由政府以人民稅收，提供經費辦理，且國民教育具有公共投資之單一性，不宜再由私人以個人理想興學，另立學制。「公共性」特質隨著國家社會經濟之發展，其重要程度較不被強調。以前人民生活較為窮苦，國民教育強調公共性乃賦與政府責任，要求政府為人民提供相當年限之國民基本教育。現在人民生活較為富裕反而要求國家要提供其子女多元選擇之教育。《教育基本法》重新鼓勵私人興辦國民教育乃具體之反映。

♠㈣義務性（全民教育）

所謂「義務性」指國民教育為義務教育，人民有接受國民教育之義務，政府亦有辦理國民教育之義務。對人民來講義務教育為強迫教育，對政府來講義務教育為全民教育。因此，國民教育之實施，政府除了廣設學校，充分提供國民就學之機會外，通常透過「強迫入學條例」之執行，要求全民受教。

♠㈤均等性

所謂「均等性」係指國民教育特別重視「教育機會均等」理想之實現。教育機會均等具有三個層次的意涵：㈠入學機會均等，例如無論男女、智愚、種族、貧富、宗教、黨派……均有相等的就學機會；㈡受教過程均等，例如凡是接受國民教育階段，無論在鄉間或城市，大型學校或小型學校均有同樣素質的教師及同樣標準的設施；㈢適性發展均等，例如學生之性向及學習成果不盡相同，政府仍須規畫適合其性向發展的教育內涵及可能之進路，不能因少數學生性向差異而減少發展機會。傳統的國民教育重視第一層次「入學機會的均等」之達成為主，現代的國民教育則逐漸重視第二層次「受教過程的均等」以及第三層次「適性發展的均等」之達成。

四、先進國家國民教育發展趨勢

綜觀當前世界先進國家國民教育之發展，呈顯七大趨勢：㈠持續延長國民教育年限至十二年；㈡中等教育後段之國民教育以「普及化」代替「義務化」（例如日本延長國民基本教育年限，但不要求強迫受教）；㈢追求精緻卓越的國民教育品質，並重視「受教過程」及「適性發展」的均等；㈣受教學生繳納基本學費取代完全免費及福利化政策；㈤私人興辦國民教育日益受到重視；㈥發展教育券措施，尊重學生受教選擇權，維持彈性學制；㈦實施另類教育（alternative education）方案，照顧學習上適應困難學生。

當前我國社會經濟發展正面臨轉型階段，外匯存底屢占前茅，然迄未能晉升為已開發國家。面對知識經濟時代的挑戰，終身學習社會的來臨，如何透過基礎教育年限的延長，提供人民全面均等、普及而優質的國民基本教育，增進人民解決問題以及創造思考的能力愈為迫切。因此，規畫延長國民基本教育為十二年，提升全民素質，增進國家競爭力，協助國家順利轉型，再創第二個台灣經驗，實乃當前國家刻不容緩的課題。

參、策略目標與規畫原則

研究者整理文獻分析結果，預擬「實施十二年國民基本教育策略目標」以及「實施十二年國民基本教育規畫原則」草案，經焦點團體成員兩次討論，所獲得之共識如下（部分內容及文字用語、配合後續會議調整修飾）。

一、實施十二年國民基本教育的「策略目標」

自 95 學年度起，六歲至十八歲兒童及青少年實施十二年國民基本教育，培養人民健全人格、民主素養、法治觀念、人文涵養、強健體魄及思考、判斷與創造能力，並促進其對基本人權之尊重、生態環境之保護及對不同國家、族群、性別、宗教、文化之了解與關懷，使其成為具有國家意識與國際視野之現代化國民，提升全民素質，增進國家競爭力（參考引用《教育基本法》第2條條文）。

二、實施十二年國民基本教育的「規畫原則」

延長十二國民教育年限之規畫，應奠基在九年國教既有基礎之上，並衡酌當

前國家處境之最需要以及先進國家發展趨勢，遵循下列原則：

(一)政府規畫設置十二年國民基本教育基金或設定每年國民教育基本經費（如第一年一百億元，第二年後每年增 10%至 20%）支持推動延長國教年限之方案。

(二)延長基本教育年限為十二年，免試但不要求強迫。

(三)以 6 歲至 18 歲兒童及青少年為實施對象。

(四)高中教育階段學生繳納基本學費，以替代完全免費。

(五)鼓勵私人興辦國民教育，並規畫教育代金（券）制度補助其學雜費差額。

(六)以社區為軸心，規畫學生就近就學。

(七)提供優質、均等教育品質，吸引國民充分就學。

(八)透過立法推動延長國民教育年限方案。

肆、實施策略

實施十二年國民基本教育之策略目標與規畫原則確立之後，再由研究者依據所定目標與規畫原則，研提具體之「實施策略」與「重要措施」草案，經焦點團體成員第三、四、五次會議討論，主要成果（共識）包括：經費標準化、學校社區化、設施均等化、內涵優質化、以及方案法制化。每一「策略」之重要「措施」分述如下。

☛一、經費標準化

‧政府規畫設置「十二年國民基本教育基金」或設定每年「國民教育基本經費」（如第一年一百億元，第二年以後每年增 10%至 20%），以支應延長國教方案之經費。

‧就讀高中教育階段學生不分公私立及高中、高職一律繳納基本定額學費。

‧高中教育階段學生基本學費以公立高中職近三年學雜費之平均數為原則。

‧政府補助私立學校學雜費差額（教育代金制度，逐年檢討標準）。

‧政府每年框列之國民教育基本經費補助私立學校學雜費差額後之餘額，用於研訂中長期計畫，逐年均衡公私立中小學教育設施。

☛二、學校社區化

‧加強宣導高中高職多元入學方案，貫徹免試升學。

· 推動高級中學學校社區化方案，鼓勵學生就近就學。

· 於教育資源不足地區增設社區高級中學，均衡城鄉就學機會。

☞ 三、設施均等化

· 加強培育中等教育師資及人力，齊一公私立學校師資水準。

· 訂頒中小學基本設備標準。

· 依據基本設備標準充實公私立中小學。

☞ 四、內涵優質化

· 規畫十二年國民基本教育一貫課程綱要。

· 訂頒增進中學教師有效教學方案。

· 擴大辦理高中教育階段國民基本教育回流班。

· 策定中小學實施另類教育（alternative education）方案。

· 提供原住民及身心障礙學生零拒絕中等教育。

☞ 五、方案法制化

· 教育部成立十二年國民基本教育推動委員會及執行小組，負責規畫延長十二年國民基本教育實施方案及實施要點。

· 依《教育基本法》第 11 條規定，將十二年國民基本教育實施方案以法案型態，由行政院送請立法院審議。

· 配合法案立法進程研修《國民教育法》令及實施辦法。

伍、策略分析

　　重大施政之「實施策略」包括「策略方向」以及實踐策略內涵的「重要措施」，「實施十二年國民基本教育」應為國家重大施政範疇，透過研究歷程，已歸納「策略方向」及「重要措施」如前述，為使讀者了解選擇策略的背景緣由、立論基礎、以及焦點團體成員共識理由，特將十七項重要措施（具體策略）分析闡明如次。

☛ 一、規畫設置「十二年國民基本教育基金」或設定每年國民教育基本經費

實施十二年國民基本教育需要鉅額之經費，在審議實施方案之同時，立法設置基金或設定國民教育基本經費額度較為可行。是以，教育部應配合「十二年國民基本教育實施方案」之規畫，預估延長國教所需經費額度，立法設置「十二年國民基本教育基金」，以確保延長國教所需財源。

「十二年國民基本教育基金」之設置若有困難，亦可立法設定每年國民教育基本經費，例如第一年（95 學年度）一百億元，第二年以後，每年依國家財政資源及延長國教實際需要，核增 10%至 20%。

☛ 二、研訂高中基本學費標準

延長十二年國教之後，公私立高中、高職學校收費標準亦應力求一致，在不完全免費之原則下，政府應每年策訂合理的學費標準以符合國民教育之精神。

由教育部邀集學者專家及高中高職校長、主任等實務工作人員代表，參據公立高中及高職近三年學雜費之平均數，研議訂定 95 學年度第一年實施國民基本教育之高級中等學校一年級學生基本學費標準。第二年起再由教育部參據「高級中等學校基本學費標準『計算模式』之研究建議」，逐年研訂高級中等學校基本學費標準。

☛ 三、研訂國民教育階段教育代金（券）制度，補助學生就讀私校學費差額

目前私立高中及私立高職學生約佔高中階段學生 55%，比公立高中高職學生數還多，延長十二年國民教育之後，就讀私立高中高職學生亦與就讀公立學校學生一致，僅繳基本學費，而私立學校又無政府固定公務預算支持，如何補貼其經營學校所需經費？國民教育階段發展學生就讀私校教育代金（券）制度，隨學生補助私立學校仍較為可行之策略。

教育部應委託教育學術單位，精確研析中小學學生教育單位成本、學校經營規模與經營成本，參酌國家財政負擔能力以及私立學校基本需求，逐年研訂國小、國中、高中、高職教育代金（券）經費標準，並完成立法程序，作為學生因就讀私立學校政府（公立學校）免支出之差額，據以補貼私校。

☛ 四、研訂「中小學基本設備標準」

國民教育主要精神之一在為全民提供同一標準的學校環境設施，以確保「受教過程」均等，目前公私立高中高職教學環境設施尚有落差，為使城鄉地區、公立私立學校一樣好，政府應以三至五年國家財力可負擔範圍，策訂中小學基本設備標準，作為發展與改進實施十二年國民基本教育學校的基礎。

教育部應委託教育學術單位進行中小學教育設施普查，並研訂國小、國中、高中、高職基本設備標準，基本設備標準與各校現有設備之差距，即為該校三至五年內應予優先充實之設備。

☛ 五、策訂「發展與改進中小學教育設施中程計畫」

政府宣告延長國民教育年限之後，極須在五年左右齊一公私立學校及城鄉地區設施水準，實現設備方面受教過程之均等。

教育部應依據前述專案進行之「中小學教育設施普查結果」，核對「中小學基本設備標準」，策定「發展與改進中小學教育設施中程計畫」，至多以五年為限，充實公私立中小學，使其設施均達「基本設備標準」規定以上。

☛ 六、加強宣導高中高職多元入學方案，貫徹免試升學

延長國民教育年限的主要精神之一，在於提供中等教育後段（高中職）免經考試即能就學。在高中、高職、五專聯考辦理數十年傳統之下，國民教育尚未全面延長十二年之前，勢須依賴多元入學方案之實施，增加學生受教選擇機會以為中介措施，引導人民以多元途徑免試升讀高中高職。

教育部應配合 95 學年度起逐步實施延長國民教育至十二年之需要，自即日起加強宣導並督責地方政府落實執行高中高職多元入學方案，貫徹免試升學。

☛ 七、推動高中高職學校社區化方案，鼓勵學生就近入學

延長國民教育年限的另一主要精神，在於提供國民十二年就近就學的服務，當前國小及國中學生已多能按學區入學，惟亦有部分家長迷信明星學校，遷徙戶口，跨區就讀，致使學童寶貴時間，浪費在通學路上，十分可惜。

高級中等學校部分，因原先之高中高職分屬普通教育及技職教育體系，各自規畫設置學校，地區分布不均，且私立學校收容學生總數超過公立學校，學生選校更加分歧，近年雖不斷謀圖整合調配，例如發展綜合高中、鼓勵縣市籌設完全

中學，然因長期實施聯考甄選學生，受到升學主義的影響，遠赴外鄉升學情形仍然十分嚴重，也形成一般家庭經濟上的負擔。國民教育延長為十二年之後，中等教育後段之教育，無論學生選讀高中、高職或綜合高中，均應以社區學校為主，至少在同一縣市之內，通學時間單程以 45 分鐘之內為宜。

教育部應落實執行「高中高職學校社區化實施計畫」，鼓勵學生選擇縣內學校就近升學，作為延長十二年國民基本教育實施方案之基礎工作。

☛八、增設教育資源不足地區社區高級中學，均衡城鄉就學機會

高中高職學校社區化之後，仍有部分學生沒能在 45 分鐘內通勤就學，也有部分學生其 45 分鐘之內能就讀之學校，未必符合其性向、興趣。政府推動十二年國民教育，有責任在其社區範圍之內提供多元而適性的學校，關照到每一位學生。

教育部應依據學齡兒童及青少年人口的地區分布，參酌現有高中、高職資源配置，針對「教育資源不足地區」研訂設校中程計畫，有效均衡城鄉就學機會。

☛九、加強培育中等教育師資及人力，齊一公私立學校師資水準

國民教育的重要精神之一，在提供給所有受教國民一樣好的師資。擔任國民教育階段的教師，必須依其層級取得國小、國中、高中、高職教師證書，以合格的教師施教，才能彰顯學生受教過程中師資水準的均等。

目前高中及高職階段，公立學校進用之師資可謂百分之百符合基本規定，且已有四分之一比率具有碩士學位，私立高中職師資水平落差極大，雖有部分學校教師合格率接近公立學校，有部分學校教師合格率僅約六成。此一事實在規畫延長國民教育年限時，當予以重視考量。

教育部當鼓勵師資培育機構及一般大學的教育學程，積極培育中等教育學程師資，並普查各高中高職教師缺額，擬訂獎勵辦法，逐年提升私校教師合格率。並明確規定，私立學校執行國民教育師資合格率必須在 80%以上，師資及設備符合部頒基本標準之私立學校，方得依其學生數申請政府教育代金（券）補助。

☛十、規畫十二年國民基本教育一貫課程綱要

國民教育的主要精神之一，在提供普通而銜接的課程，政府已頒訂九年一貫課程綱要，將小學到國中以七大領域十大生活基本能力為核心，規畫具有系統的、結構的、銜接而一貫的課程設計，避免過多重複、重疊的教材。延長十二年

國教之後，中等教育後段亦需規畫與前九年課程完全銜接，俾以彰顯國民教育的精神內涵。

教育部應邀請專家學者及學校實務工作者組成「十二年國民基本教育課程發展委員會」，配合十二年國教實施進程，研訂頒佈「十二年國民基本教育一貫課程綱要」，以課程綱要銜接前九年課程，以課程綱要引導教師教學內涵，更以課程綱要來檢核學生實際學習內容。

☛ 十一、訂頒增進中學教師有效教學方案

國民教育必須實施高品質、多元化及人性化的教學，在未完全實施十二年國教之前，高中高職所收學生均經過聯考的洗禮，程度較為集中，教師教學時只要考量平均的程度等級施教，通常均會有好的教學效果。延長十二年國民教育最大的改變在於學生改以學區（社區）為主，施教對象程度傾向常態分配，異質性高，教學活動的妥適性必須重新建構。

教育部應持續推動國小及國中小班教學精神計畫及教訓輔三合一方案，小班教學精神計畫不但要在國小及國中落實，並將其伸展至高中高職，強調高中高職教師教學活動亦應符合多元化、個性化及適性化之要求。教訓輔三合一方案強調輔導理念融入教學，經營一個具有輔導文化的學校，具有輔導文化的學校就是充滿人性化的教學。並在重點措施上規畫教師善盡其職責的系統途徑，包括：㈠有效教學（輔導理念融入教學）；㈡教學中輔導（辨識學生行為問題能力）；㈢導師（運用班級經營技術及團體動力，培育優質班風）；㈣認輔教師（個別關懷學生）；㈤了解網絡（掌握資源）；㈥危機處理（應變程序）。三合一方案全面實施之後，才能引導全體教師善盡「有效教學」及「輔導學生」之兩大天職，可與小班教學精神計畫交互輝映，促進實現「帶好每位學生」的教改願景（鄭崇趁，2000a）。

☛ 十二、擴大辦理高中教育階段國民基本教育回流班

延長十二年國民基本教育之後，學齡兒童及青少年均能接受十二年一貫的均等教育，已逾學齡未能及時接受中等教育後段（高中）的學生允宜提供其回流進修機會，設法協助其取得「完成十二年國民基本教育」認證（畢業證書），並符合終生學習的教育型態。

教育部應訂頒獎助辦法，提供高中高職辦理國民基本教育回流班之開辦費，對於任教回流班教師鐘點費加成支給，成績優異學生免繳基本學費。並策訂中長

期計畫，配合掃盲措施，十年之內降低全體國民未接受完整十二年國民基本教育者在 10% 之內。

十三、策訂中小學實施另類教育（alternative education）方案

另類教育方案又稱為選替性教育方案，已普遍流行於英美先進國家，係指國民教育階段，不適合在一般常軌的學制課程接受教育者，政府規畫其另一種適合其學習的教育方案。在我國所謂另類教育之範圍至為廣泛，包括㈠特教班（相對一般學生而言，特殊學生的教育即為另類教育）；㈡中途學校（相對一般學校而言，中途學校提供學生不同的課程及輔導措施，係目前國內主流的另類教育）；㈢少年矯正學校（相對一般學校而言，少年矯正學校實施教育融合矯正功能的另類教育）；㈣國中潛能開發班（相對一般學生而言，針對學業成就百分等級二十以下學生的實用性、生活性另類教育）。是以另類教育的實施宜避免一致性，應以多元型態針對學生之最需要而設。

教育部已在國立中正大學設立「中途學校設置及輔導諮詢中心」，允宜擴充其功能，為國民教育階段規畫多元另類教育實施模式，並由中央補助地方執行，以有效照顧不適應於常軌教育的兒童及青少年。

十四、提供原住民及身心障礙學生零拒絕中等教育

國民教育的重要精神之一，在關照到每一位國民，人民不因背景或先天上的缺陷而失去國民基本教育機會。弱勢族群（如原住民）及身心障礙學生在國小及國中教育階段，已充分達到有教無類，零拒絕教育之實際。國民教育年限延長至十二年以後，弱勢族群與身心障礙學生之延續教育問題，亦為重要工作之一。

教育部應結合社政單位及民間機構，邀請學者專家，有經驗之實務工作者參與，配合現有特殊教育基礎，社政福利措施，統整考量，均衡特殊學校（班）之分佈發展，依據原住民族群之需要，策定中長期建設計畫，收容 15 歲至 18 歲原住民或身心障礙青少年，實施零拒絕之中等教育，實現高中教育全民化之理想。

十五、策定「十二年國民基本教育實施方案」及實施要點

教育部籌組「十二年國民基本教育推動委員會」及執行小組，依據策略目標、實施策略，策定「十二年國民基本教育實施方案」及實施要點。「實施方案」呈現整個延長國教年限之目標、策略、方法、行動步驟與規畫時程，「實施

要點」則規範教育行政機關（教育部、教育局）及各級學校應予執行事項。

「十二年國民基本教育實施方案」及實施要點應經審議、研討、座談等廣徵民意程序。

☞ 十六、完成「十二年國民基本教育實施方案」立法程序

實施十二年國民基本教育實已為國人新世紀共同願景，雖經不少教育前輩十數年來之努力研議與規畫，迄未成功。其關鍵在於行政部門與立法部門未能緊密配合，實施構想未能完成法制化，方案設計隨著主政者之更替無疾而終。是以教育行政部門在策定完成「十二年國民基本教育實施方案」及實施要點之後，應依據《教育基本法》第 11 條之規定，將實施方案主要內涵調整為法案型態（例如：十二年國民基本教育實施條例、十二年國民基本教育基金條例、國民教育階段教育代金制度條例）由行政院送請立法院審議，並加強溝通，以完成立法程序，確保其可行。

☞ 十七、加強「十二年國民基本教育實施方案」及其配套措施之宣導

延長國民教育年限攸關整體社會與經濟之發展，且為新世紀教育革新與發展之重大議題。政策規畫者應有周全之籌備，實施方案及實施要點完成立法之後，應以三年的時間加強宣導方案之內涵，讓教育行政人員、學校校長、主任、教師有所依循，十二年國民基本教育始能真正成功。

陸、籌備規畫時程

「實施十二年國民基本教育」為國家重大施政，必須有妥適周延的「實施方案」，依據《教育基本法》之規定，此一方案必須以法案型態完成立法程序，也需要三年以上的宣導與籌備。是以接受焦點團體成員（尤其是張玉成教授）之意見，預擬「實施十二年國民基本教育」建議規畫時程如表 6-1。

表 6-1 　「實施十二年國民基本教育」建議規畫時程表

時程	完成事項
2001 年 6 月	・教育部成立「十二年國民基本教育推動委員會」及執行小組。
2002 年 6 月	・教育部完成「十二年國民基本教育實施方案」及實施要點，並以法案型態送請立法院審議。
2003 年 6 月	・「十二年國民基本教育實施方案」及實施要點完成立法程序，頒行週知。 ・直轄市、縣市成立「十二年國民基本教育執行小組」。 ・教育部委託教育學術單位進行下列研究（配套措施）：㈠中小學基本設備標準；㈡教育資源不足地區社區高中需求調查；㈢十二年國民基本教育一貫課程綱要；㈣國民教育階段教育代金（券）制度；㈤高中基本學費標準；㈥高級中等學校基本學費標準（計算模式）之研究。
2003 年 8 月 至 2006 年 6 月	・加強宣導十二年國民基本教育實施方案。
2004 年 6 月	・教育部完成相關配套措施之研究專案。
2004 年 8 月	・教育部策定「發展與改進中小學教育設施中程計畫」以及「教育資源不足地區增設高級中等學校計畫」。
2005 年 1 月 至 2009 年 12 月	・執行「發展與改進中小學教育設施中程計畫」以及「教育資源不足地區增設高級中等學校計畫」。
2006 年 6 月	・教育部完成國民教育法相關法令及實施辦法之修訂。
2006 年 8 月	・高一以下正式實施十二年國民基本教育。
2007 年 8 月	・高二以下實施十二年國民基本教育。
2008 年 8 月	・全面實施十二年國民基本教育。

資料來源：研究者自製。

柒、結語——運作系統化、結構化的規畫策略，實現新世紀國教願景

「實施十二年國民基本教育」，茲事體大，政府多次的努力，並未具體實踐，就當前國家社會經濟的發展而言，已有能力做到；就國民大眾的需求而言，愈為殷切；就整體教育改革的脈絡分析，十二年國教也將扮演階段性關鍵角色。是以本研究依時勢所趨進行策略分析，期待運作具有系統化、結構化的規畫策略，實現新世紀的國民教育願景。

本研究所建構之新世紀國民教育願景有三：（實施方案預期成效）

一、97學年度起全面實施十二年國民基本教育，6歲至18歲兒童及青少年均能就近、免試上學，並在快樂、希望的環境中，享受適性、滿意的學習生活。

二、不分公私立，不論城市或鄉村，每一所中小學，均有相同水準的師資、設施以及優質的教學效能，實現精緻、卓越、均等的國民教育理想。

三、2011年以後，國民就學率小學達99.80%，中等教育前段達97%，中等教育後段達95%，實現高中教育全民化目標，進而逐步帶動提升國家整體競爭力。

本研究「策略分析」綱要結構如表6-2。

教育的著力點

表 6-2 「實施十二年國民基本教育」策略分析綱要結構表

目標	策略	主要措施
九十五學年度起，六歲至十八歲兒童及青少年實施十二年國民基本教育，培養人民健全人格、民主素養、法治觀念、人文涵養、強健體魄及思考、判斷與創造能力，並促進其對基本人權之尊重、生態環境之保護及對不同國家、族群、性別、宗教、文化之了解與關懷，使其成為具有國家意識及國際視野之現代化國民，提升全民素質，增進國家競爭力。	一、經費標準化	• 政府規畫設置「十二年國民教育基金」或設定每年「國民教育基本經費」，支持推動延長國教方案。 • 就讀高中教育階段學生不分公私立及高中、高職一律繳納基本定額學費。 • 高中教育階段學生基本學費以公立高中職近三年學雜費之平均數為原則。 • 政府補助私立學校學雜費差額（教育代金制度，逐年檢討標準）。 • 政府每年之國民教育基本經費補助私立學校學雜費差額後之餘額，用於研訂中長期計畫，逐年均衡中小學公私立學校教育設施。
	二、學校社區化	• 加強宣導高中高職多元入學方案，貫徹免試升學。 • 推動高級中學學校社區化方案，鼓勵學生就近就學。 • 增設教育資源不足地區社區高級中學，均衡城鄉就學機會。
	三、設施均等化	• 加強培育中等教育師資及人力，齊一公私立學校師資水準。 • 訂頒中小學基本設備標準。 • 依據基本設備標準充實公私立中小學。
	四、內涵優質化	• 規畫十二年國民基本教育一貫課程綱要。 • 訂頒增進中學教師有效教學方案。 • 擴大辦理高中教育階段國民基本教育回流班。 • 策定中小學實施另類教育（alternative education）方案。 • 提供原住民及身心障礙學生零拒絕中等教育。
	五、方案法制化	• 教育部成立十二年國民基本教育推動委員會及執行小組，負責規畫延長十二年國民基本教育實施方案及實施要點。 • 依《教育基本法》第十一條規定，將十二年國民基本教育實施方案以法案型態，由行政院送請立法院審議。 • 配合研議修訂《國民教育法》令及實施辦法。

資料來源：研究者自製。

（本文原刊載於：《國立台北師範學院學報》第 14 期，2001 年 9 月，頁 263-283。）

7

從後現代社會看校長核心能力的
成因與發展趨勢

壹、緒言

台灣十餘年來的教育改革，紛紛擾擾，成果未如預期。此一現象，對於中小學校長形成之挑戰尤為嚴峻。最明顯的例子為：㈠校長聘用制度由「甄選→儲訓→派任」改為「甄選→儲訓→遴選」；㈡校長必須概括承受教改的結果，向老師（教師會）及關切之家長們（家長會）統合說明，繼續領導前進；㈢校長必須配合大環境之發展，主持進行學校組織再造。

無論社會環境如何變遷，校長的任務與角色功能或有重大調整，校長仍舊是經營校務的舵手，校長們辦學的具體成果，即為教育實際的績效，攸關整體教育的成敗。因此，社會環境愈複雜，愈需要有能力的校長方足以承擔此一重責大任，推動教育的時代巨輪，往前邁進。

研究當前校長的核心能力具有下列更為積極的意涵：

☞一、揭示優質校長的行為表徵

核心能力必須藉由具體行為呈現，校長處理教育事務表現出來的行為即為核心能力。研究歸納大多數校長處理校務的核心能力，有助於發現優質校長的行為表徵。

☞二、整合學校領導的系統議題

以往研究校長領導學理，通常藉由領導派典，諸如科層體制學派、社會系統理論、權變領導理論、轉型領導理論等在學校行政上的運用，少有系統議題與之貫串結合，校長核心能力的研究，可以核心能力來整合領導的理論與實務，形成

系統議題。

☛ 三、 提供校長培育的課程內涵

透過研究發現的校長核心能力，適足以提供校長培育的課程內涵，為培育課程建立了需求基礎，也為課程實施方式找到最佳的折衷。

☛ 四、 建構校長證照的專業指標

中小學校長專業證照及專業發展機制的建立，乃國立台北師範學院設置「中小學校長培育與專業發展中心」長期努力的目標，我們期待以後的中小學校長均有所謂的校長證照，校長證照象徵著經過專業培育（例如碩士層級校長專業 24 學分以上）與定期的專業發展（例如四至六年間，12 學分以上校長專業的研習進修）。

綜合上述的四項申論，研究校長核心能力的時代意涵，旨在建構本土化校長專業發展的基礎內容。

貳、 從社會系統理論探討校長核心能力的成因

社會系統理論（socialsystem theory）的基本結構，可以闡述校長核心能力的成因，社會系統理論主張：社會行為來自機構（團體規範）及個人（個人情意）兩大層面，機構層面形成成員的角色任務，與組織目標對於成員的角色期待有關；而個人情意層面反應成員的人格特質，個人人格特質來自成員本身的個殊需求與價值觀。然兩大層面均受到整體社會體系之文化、民風、價值之洗鍊與帶動。其系統結構如圖 7-1。

就社會系統理論來看校長核心能力的成因，約略可以包括：㈠角色任務與功能；㈡社會變遷與需求；㈢教育革新與發展；㈣績效責任與品質；㈤辦學理念與實踐。其中㈠「角色任務與功能」即為社會系統理論的組織層面因素，屬於角色期待的系統。㈤「辦學理念與實踐」則為個人層面因素，屬於人格特質的系統。其他㈡㈢㈣三種因素，均為整體社會環境系統對於校長的影響。而㈡「社會變遷與需求」以及㈣「績效責任與品質」兩因素屬於較鉅觀的組織文化。㈢「教育革新與發展」因素則稍偏教育環境本身的微觀組織文化。圖 7-2 可以顯示其與社會系統理論之間概要位置。

簡要申述其內涵如下。

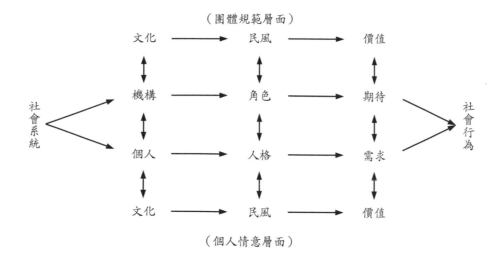

（團體規範層面）

圖 7-1　社會系統理論及文化層面關係

資料來源：修改自秦夢群（1998：140）。

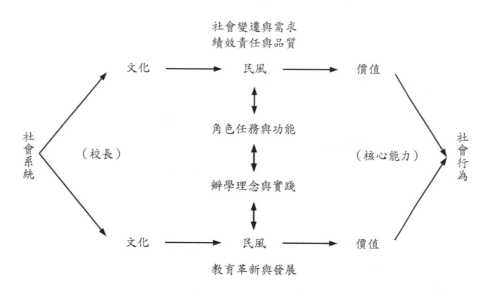

圖 7-2　校長核心能力的成因

☞一、 角色任務與功能

　　林明地歸納中外教育學者的看法，指出當代中小學校長扮演五種主要角色，包括：㈠教育者（educator）；㈡行政管理者（administrative manager）；㈢文化領導者（cultural leader）；㈣專業社群的一份子（a member of the professional community）；㈤個人自己（inner person）（林明地，2002：79）。組織層面對於校長的角色期待以及角色任務功能的發揮，形成校長應備能力的最重要基礎，換言之，校長的核心能力最為優先者為能夠有效扮演組織賦與的角色任務與功能。

☞二、 社會變遷與需求

　　社會變遷與時代需求對於校長領導具有相當程度的影響，例如近年來家長會及教師會角色功能的轉變，校長領導學校必須能有效結合此兩方面的不同力量共同協助校務，是以溝通協調及計畫管理的能力勢須予以強化，以溝通協調化解阻力為助力，運用計畫管理帶給學校更大的資源整合。

☞三、 教育革新與發展

　　教育本身是一種專業助人的歷程，教育事業必須在專業與政策的引導之下持續發展，是以教育體制與課程教學本身，即隨著整體社會脈動，不斷地革新，身為學校校長者，必須先於一般教師了解掌握當前教育改革的內涵，並且與教育政策及教育專業進一步整合，用簡單易懂的方式呈現給教師們了解，帶動教育實務的發展，因此，教育革新與發展情形，亦是形塑校長核心能力的因素之一。

☞四、 績效責任與品質

　　學校經營也類似於一般企業組織單位，追求績效責任與全面品質管理，學校的辦學績效代表校長勝任工作的程度。因此，有作為的優質校長，必須具備企業界所謂的執行力，能夠有效帶動學校行政人員及教師實踐校務計畫重點工作，協助全校教師全面提升教學品質，並結合全校性中大型班際與校際活動，讓學生學到最多，生活得最快樂，也獲得全人格發展，教師及行政人員也樂在教育，看到學生穩定的成長發展與自己的工作表現成果而獲致自我實現的滿足。

☞五、 辦學理念與實踐

　　由教師晉升到主任再晉升到校長，對個人來說，最大的緣由在追求自我實

現，身為校長者累積了約二十年左右的教學經驗，十年左右的行政服務資歷，也不斷地參與在職進修，對於教育工作與學校經營，必然有自己的看法，這些辦學理念必須經由校長的職務，角色功能的發揮，將其實踐始具價值。是以，校長核心能力的成因之一，為校長個人對於教育的看法，以及其實踐此一理想的知識技能。

　　綜合前述五大因素之分析，校長核心能力的形塑，主要來自社會系統中，環境發展結果對於校長角色的期待，以及校長個人服務教育界經歷對於教育的看法與作為。其核心能力的展現，有賴於此兩大介面、五大因素交互作用的結果，個別的因素或許會強化某一核心能力，也可能會削弱某種核心能力，然就普遍而言，每一位校長的核心能力，均來自此五種因素統整發展之結果。

參、 後現代社會對於學校教育的影響

　　學校組織是整體社會組織的次級組織，學校文化反映部分的社會文化，學校教育的發展必須順應整體社會的變遷與時代需求，Elkind 與 Kappan（1995）認為學校是社會與家庭的縮影，當學校與家庭逐漸改變時，學校也應順應改變。社會發展的脈絡經歷傳統到現代，現代到後現代，學校教育的經營型態與實質組織文化內涵，自然受到衝擊而順應轉變。

　　本文將接續描繪後現代社會的意涵，後現代社會呈現的文化現象，以及學校教育環境受其影響後的現有實況，俾作為進一步整合申論的基礎。

✐ 一、後現代（postmodern）的意涵

　　Elkind 與 Kappan（1995）認為後現代主義並非現代主義的反動，相對的，後現代主義調整和修正現代主義中誤用或過於狹義及廣義的推論。

　　劉紀雯（1998）指出，後現代主義共同關注的點或方向包括：㈠反對現代性和現代主義：反對現代的理性秩序、菁英主義、經濟、科技模式；㈡主張建構論（constructionism）：認為主體自主及歷史的寫實再現都是社會和語言文字建構出來的；㈢去中心化：打破核心權威跨越疆界來探討後現代的意義，㈣顛覆真理：反對普遍絕對的真理，支持個殊的存在。然而，Scardamalia、Cassells、Hewitt（1997）認為後現代主義漸漸形成一種普遍的文化，如同一種態度，嘗試挑戰霸權（hegemony）如莎士比亞或哥倫布在文學和歷史領域方面的地位。

　　陳木金（2004）探討後現代主義發展脈絡，引述 McGrath（1996）提出的

「解構」→「復活」的歷程。「解構」主導了現代生活的「去中心化」，邁向「多元存有」。「復活」意謂著後設敘事（meta-narrative）的死亡，留存了「零碎事實」與「拼貼意涵」。Usher與Edwards（1994）分析後現代主義對學校教育的影響，引用Lash於1990年的看法，認為「後現代主義鼓勵與容忍多重（plurality）以及差異（difference），並且呈現更多的矛盾（ambivalent）與較少的主觀性（subjectivity）」，而對教育而言，後現代主義挑戰了學習者的觀念，也挑戰了教育中存在的知識結構與制度。

後現代的意涵，就中外學者多元主張，筆者歸納成下列四個較具體論點。

♠(一)現代的延續（當代之意）

就時序來說，後現代指的是現代化發展之後的今日社會整體現象，當代文明的複雜多元，困難以單一事實來描繪之謂。

♠(二)現代的解構（後設之意）

就社會發展的本質來說，現代化文明朝向中心化，例如金錢價值、權位價值、資本價值、好萊塢文化……等等，後現代則超越了此中心化價值，逐次解構成多元存有的價值體系。

♠(三)現代的失衡（混沌之意）

就社會發展的現象來說，後現代強調現代化生活的複雜而失衡、混亂的現象，此一失衡現象無法以理性或直線推論來加以解讀或詮釋，也讓混沌理論（chaos theory）有更寬廣的發展空間。

♠(四)現代的發展（再生之意）

就積極的立場來看後現代主義的研究者，「解構」到「復活」是後現代研究的重要發展脈絡，意指當代的人生活在後現代的失衡混沌中，如何再生而復活？

☛二、後現代社會的文化表象

Appignanesi與Garratt（1993）對於後現代主義的主張作了最佳的折衷，以最精簡的文字，扼要描繪後現代主義的哲學、政治、科學、經濟、藝術、建築及文化生活的風貌，可以概略呈現後現代社會的文化表象（修改自黃訓慶譯，1996：109-115）。

㈠哲學——萬物理論（The Theory of Everything）

宇宙之基本實體為弦狀（string）而非點狀（point），可發現上帝粒子（God Particle）的存在，是以宇宙的形成可用一元一次方程式加以解釋，特別強調混沌（chaos）及複雜性（complexity）宇宙萬物的現象。

㈡科學

資訊科技之發展，建構了全球電腦空間，虛擬世界變成另一社會生活形態。

遺傳學及幹細胞研究之成就，造就了基因工程對人類的嶄新貢獻，福禍難料。

㈢政治

新保守主義興起，史稱可敬的右派，美國雷根、英國柴契爾夫人主導政壇，進一步促成蘇聯解體。

㈣經濟

自由市場經濟完全勝過社會主義的控制型經濟，柏林圍牆的倒塌及蘇聯解體成為最佳例證。

㈤藝術（繪畫）

繪畫藝術之發展經歷寫實主義到抽象主義到浪漫主義到新寫實主義，新寫實主義不完全是寫實主義的復活再生，夾雜著抽象及浪漫歲月走過的痕跡，展現當代繪風的多元存有。

㈥建築

充分展現國際風格之死，揚棄一致性，重視實用與品味。1972 年美國炸毀普律特—伊果（Pruitt-Igoe）社區是最具體的明證。

㈦社會生活文化—美國好萊塢文化進軍全世界

後現代的社會生活文化以美國人民的生活世界為最典型代表，隨著科技文明，美國人逐漸進入模擬虛像的境界，休閒娛樂佔據生活的比例逐次加大，迪斯奈樂園、拉斯維加斯賭城、瑪丹娜搖滾風靡全世界……等。

台灣帶著大中國的文化傳承與現代的歐美接軌，現代化的腳步雖然遲緩，後現代的影響卻也及時，夾雜著半成熟的科學文明，邁入複雜多元的社會價值體系，台灣人的後現代生活文化可以下列五種做為代表：

㈠鐵窗文化：幾乎所有的公寓，甚至大樓，不分樓層高低，均裝上鐵窗，象徵台灣人防盜心重，不相信別人，信心不足；㈡保險文化：台灣人盛行保險，全民健保及車輛強制險之外，壽險、意外險、防癌險、儲蓄險……不一而足，保險

形成每一個人生活的一部份，顯示台灣人對於未來的不確定性相當在意，而處理的途徑就是期待著高額的理賠來加以保障；㈢貸款文化：當代的台灣人（尤其是年輕人）也受到歐美風氣影響，流行貸款，有房屋貸款、汽車貸款、購物貸款、公教貸款、手機貸款、信用卡貸款……鼓勵先行消費，及時享樂，及時擁有，不在乎寅吃卯糧，將壓力留給將來歲月；㈣樂透文化：台灣的樂透彩係在政黨輪替、經濟較為疲弱之際推出，唯樂透榮景立現，每一期購買樂透彩者眾，每期皆有上億元的資金流動，代表人民心存僥倖，一夜致富者眾，也代表台灣經濟的基礎依舊十分渾厚。（五十元的樂透彩對多數人來說類似零用錢，無足輕重，卻是政府另闢稅收財源的有效捷徑）；㈤夜市文化：台灣的每個城市（鄉鎮）均有夜市，夜市是人民最常走動的場所之一，夜市是台灣人食、衣、住、行、育、樂的綜合典型，台灣人真正的生活可從夜市的攤位、買賣的東西、休閒的走向、人潮的聚落、談論的話題等觀察到真實的內涵。

後現代的主流文化（歐美文明為主，日本、香港、新加坡為輔）與台灣文化交會之後，前述的五大特質亦在逐次轉型蛻變中，發展的方向為何？尚未定論，唯下列的幾個具體成果，或可以看到些許端倪。

㈠台灣的經濟成長率持續維持正值（雖然受政黨輪替、政策反覆影響，成長稍緩，但並未停止）。

㈡台灣的交通網絡建置完備，成就非凡（兩條高速公路連結各縣市快速道路，行的方便進入現代化）。

㈢台灣的教育邁入本土化結合國際化定型階段。（如教育部公布施政四大主軸——培育現代國民、深耕台灣本土、接軌國際脈絡、關懷社會弱勢。）

㈣台灣的休閒文化反映多元價值並存，且日益精緻化（如休閒農莊、咖啡簡餐店到處林立，北部有漁人碼頭、左岸咖啡；中南部有劍湖山世界與古坑、華山咖啡園區）。

㈤台灣的藝術節目結合政論性節目，形成了部分人的生活品味與風格（例如全民亂講模仿秀、沈富雄政治關說的四種可能性，及資深藝人高凌風暴露屁股的股溝哲學，風靡台灣人民）。

☞三、當前（後現代）台灣學校教育

當前的台灣學校教育受到後現代主義的衝擊，伴隨著整體社會的發展，在學生本身、教師角色、管理型態、組織文化，甚至於教育目標，均產生了實質的變化，概要分析其內涵如次。

♠㈠新新人類的學生

1990年代台灣的電視廣告出現了「新新人類——開喜烏龍茶」之後，新新人類一詞廣受台灣專家學者使用，且指稱台灣新一代的年輕學子為新新人類。惟新新人類的意涵，亦由完全負面的（消極、頹廢、搖頭、飆車、網咖……等同意語），逐次轉變為正負面交夾（如也重個人品味、自主、前衛、充分運用現代科技文明等），到目前為止則屬完全正面的（能夠整合傳統到現代，又能融合代差的新人類文化之謂）（鄭崇趁，1998b：56、305）。

「新新人類」的學生，儼然成為當前台灣學校教育的新指標，學校教育要面對的是新新人類的學生（含有複雜多變、適應困難需要協助之意），但更重要的是要把學生教育成真正的新新人類（主導台灣蛻變復活、成長發展之新國民）。

♠㈡文化創意的教師

後現代人類的族群分類，以 Paul Ray（1999）將當代的美國人，分為理性主流派、傳統文化派及文化創意派三種，其主要特質及所佔比例約略如下。

理性主流派—48%

　　中高所得領導階層，講究最新流行，創意十足，權勢與金錢至上，強調大而美。

傳統文化派—24.5%

　　所得偏低，保守，強調父權，反墮胎，教會、社群歸宿。

文化創意派—23.4%

　　中產階級至富裕階層，女多於男，不以天下為己任，不想改變他人，關切自身，選擇性消費，整體觀強烈。

當代的美國人，近年「理性主義派」及「傳統文化派」大量流失，而「文化創意派」則持續累增八倍，象徵大多數人其意識型態之走向（引自陳玉峰，2004）。

當代的台灣中小學教師，由於 1994 年師資培育法修正公布，由計畫培育轉變為多元管道培育，能力本位的師資要求，夾雜著教育市場化、商品化、功利化、自主化、全球化以及資訊化（物化）的整體影響，往昔所強調的教育愛不復存在，不再以天下為己任，近似於 Paul Ray 所言文化創意派。

♠(三) 參與自主的管理

後現代企業管理的觀念也逐漸帶動學校的經營型態。目前的台灣學校流行著參與式管理、走動式管理，目標管理、本位管理、賦權增能、專業自主、績效責任、全面品質管理……等，就學校本身而言，重要的校務運作進入了多元參與，家長會、教師會、基層職工、學生，均有充分表達意見之機制，學校領導的方式，從科層體制學派邁向權變、轉型領導的發展。

♠(四) 品質品味的文化

當代台灣學校的組織文化很難以精簡術語加以描繪，筆者藉助於推動教訓輔三合一方案的心得，學校教師在「交互作用、整合發展」之後，得到的組織文化內涵，可用「品質」加「品味」來形容，「品質」強調績效，也就是教師們有效教學與輔導學生的具體成果。「品味」強調個殊風格，學校經歷專業自主，本位管理之後，每一個個別學校均發展出基本成果之上而與他校有所不同的特色，此一特色呈現了品質品味的文化。

♠(五) 多元價值的目標

1983 年 Howard Gardner 多元智慧理論（multiple intelligence theory）發表後，學校教育在後現代「多元存有」及「零碎敘述」的交互影響下，教育目標不再是單一的、一致的，反而在教育歷程中，協助任何一個人的「優勢智慧明朗化」得到最大最有利之折衷，由單一崇高的目標轉化為世俗（眾生有別）而適性的歷程，多元價值導向的歷程教育受到青睞，同時也為教育的競爭力重新找到彩繪的天空，每一位大專學生均能選讀最適合他性向興趣的科系，每一位學生畢業之後均能以他最優勢的智能選擇職業，在各種行業上的人，均具有相對優勢，行行出狀元，教育的功能，促成了百業爭鳴、百花齊放，才能把國家提升到最有競爭力的國家。

肆、校長領導順應後現代的轉變

台灣進入後現代之後的學校教育已如前述，身為學校領導者——校長，面對的學校實況是「新新人類學生」、「文化創意的教師」、「參與自主的管理」、「品質品味的文化」以及「多元價值的目標」，領導方式與實際運作內涵，其困難程度超過往昔千倍百倍。Sugrue 與 Furlong（2002）也認同後現代的環境促使學

校的領導者必須改變，後現代的學校校長需要更擅於處理不可預知及不明確的問題、需要學習確認與評估危機，以設想可能的解決途徑、也需要駕馭各種影響學校領導者的力量。是以，校長勢需配合領導管理理論產生的具體轉變，強化下列行為表現。

☛一、 交易領導（給與牛肉）

轉型領導（Transformative Leadership）與交易領導（transactional leadership），於 1978 年 Burns 提出後，發展至今，已然成為當代領導理論的顯學，在國內近十年來以轉型領導為主題之博碩士論文已有數十篇以上，事實上交易領導是轉型領導的基礎，交易領導強調注重員工之需求，員工為學校奉獻賣力要有足夠（免於匱乏）的物質酬賞（牛肉），有適度的滿足，組織才能安定，才具有一定的效能，學校教師、職工幹部為學校（學生）額外付出，領導者要能及時給與回饋，給與賣力或有貢獻的人員獲得應得的「牛肉」——（對當事人有意義的酬賞），交易的觀念已由經濟的行為普及到學校教育必須講究的領導行為之一。

☛二、 轉型領導（形塑願景）

在交易領導完備的基礎上，學校領導者要進一步運用轉型領導的核心理念，帶領學校教職員工，針對全校學生之最需要，配合客觀環境，進行深度會談，共同討論，形塑願景，學校的發展願景必須建立在「教育目標」以及「成員心聲」的雙重需求之上，願景由下而上討論形成，是以成員願意共同遵循，齊心努力，實踐具體的方案策略，以造福莘莘學子。

☛三、 魅力風格（營造吸引力）

領導理論在 1930 年以前為個人特質論（謝文全，2003；秦夢群，1998），1930～1960 年之間強調領導行為論，1960～1990 年則強調系統整合論，進入後現代之後個人特質論再度被重視，尤其是領導者個人的魅力風格受到格外的關注，學校優質或有效能的領導者，必須營造個人的吸引力，糾合教師職工，共同為齊一的目標（願景）努力，校長領導之魅力風格建立在專業的知能以及人際互動上的親和力，職場上的 E.Q.以及面對逆境的 A.Q.（逆境商數）往往就是個人吸引力的基石。

四、 關注混沌（見微知著）

國外學者，諸如 Griffiths、Rlart 與 Blait（1991）、國內學者陳木金（2002）均指出，混沌理論可以應用到學校的行政研究上，強調蝴蝶效應、奇特吸引子、驅散結構、迴路遞移、隨機龐雜震撼等均具有領導運作上的意涵，學校領導者運用科層組織管理、社會系統管理、權變領導、轉型領導之同時，尤應關注學校整體組織運行的混沌現象，要有見微知著及危機處理的能力。見微知著指對於學校中關鍵的人、事、物具有敏銳的覺察力，能夠有效引導、防患於未然。危機處理則是要有能力及時合宜處置學校中偶突發特殊事件，讓特殊事件的傷害降至最少，並能夠化危機為轉機，以教育的方法，引導師生朝向積極正面之發展。

五、 專業品質（樹立領導品牌）

後現代社會對於學校的要求，並不滿足於「平順發展」與「沒事就好」，家長與社會期待學校教育要有「競爭力」，希望學校經營的結果能夠提供給學生最大價值的課程（如學校本位課程），學到最實用足以謀生就業之知識技能。因此學校校長除了肩負行政管理任務之外，必須兼具課程領導、教學領導的實施，帶動幹部及教師在課程設計與自主教學的歷程中，實施績效責任，全面品質管理，並以賦權增能，邁向學習型學校為手段，形塑學校優質組織文化，樹立學校專業教育品質，以不同於他校的辦學風格來彰顯教育績效。

伍、 校長核心能力的發展趨勢與內涵

校長核心能力的成因，從社會系統理論加以剖析，至少有校長本身的「角色任務與功能」以及「辦學理念與實踐」；教育大環境的「教育革新與發展」；社會大系統的「社會變遷與需求」以及「績效責任與品質」等脈絡可循，已概如前述。後現代社會的發展促使教育的實際（學生、教師、管理方式、教育目標）產生新的風貌，學校領導作為因此而需調整因應，面對後現代社會學校需求，中小學校長必須發展那些核心能力，方足以有效領導學校，形成亟需研究的課題。

教育先進國家已致力於強化學校校長核心能力之培養，例如英國 1997 年發表之教育白皮書 Excellence in Schools（卓越的學校），揭示英國自 2002 年開始實施「校長國家專業證照制度」（National Professional Qualification for Headship, NPQH），並且規定學校校長應具備「高能教師」（Advanced Skill Teacher）的資

格（張明輝，2002）。

　　另外，Sugrue 與 Furlong（2002）建議學校校長的專業學習方案（professional learning programmes）需要在專業成長的過程中，創造學習的機會，並充實豐富多元能力的知識，同時也使學校校長了解現任職務與角色挑戰中永遠存在的各種衝突。

　　張玉成（2004）用師資教育、教師效能、教師自我效能信念、教師素養、教師表現、教師能力等關鍵詞，搜尋文獻資料，選取 2000 年以後發表的文獻十篇為主要參考資料，再融入其個人長期對台灣師資培育及教師表現之觀察與了解，建構「新世紀優質教師應具備的能力或指標」，共分六個能力群集或面向（clusters or dimensions），彼此互相關連，並以周遭環境為經緯，結構如下圖 7-3，內含 103 個能力指標。

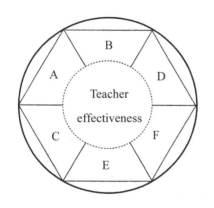

A：個人特質　　　　　　（15 個能力指標）
B：知識、理解、與規畫（16 個能力指標）
C：教學評量技巧　　　　（22 個能力指標）
D：專業價值認同與實踐（16 個能力指標）
E：互動與班級經營　　　（16 個能力指標）
F：信念、思考與評鑑　　（18 個能力指標）

圖 7-3　優質教師應具備的能力

資料來源：張玉成（2004：56-71）。

　　張明輝（2004）從後現代領導者之特質，進一步析論後現代學校校長所應具備的關鍵能力，包括下列七項：㈠策略管理能力；㈡執行力；㈢注意力；㈣默默領導力；㈤教育行銷力；㈥科技運用能力；㈦創新管理能力。

　　由前述中外文獻的主張，參酌個人長期觀察台灣學校生態的演變，培育候用校長之心得，中小學校長之核心能力建立在「優質教師應備能力指標」之上，並以下列八項為其發展趨勢。

🖋 一、 教育專業的能力

　　後現代的社會，給人的感覺是不確定感、去中心化，沒有固定的價值標準，

不適合以直線性思考論是非，這些現象直接影響學校校長與學校教師及職工互動的情形，也呈現了學校教育的「混沌現象」，就組織結構而言，學校本身具有鬆散結構的特質，科層體制式的行政運作型態，夾雜著學術專業自主，很難彰顯「效能」與「效率」。

學校是傳承知識的殿堂，是社會發展的主導場域，愈是鬆散混沌的組織，其領導者愈需要具備專業的能力，教育是人教人的專業行為，是以，學校校長最需具備的核心能力即為教育專業的能力，概要分析，則包括下列基礎內涵：

· 具有完整的教育哲學觀。
· 有能力運用自己的教育理念整合教育目標與學校願景。
· 能夠領導學校本位課程設計。
· 能夠領導教師班級經營，提升教學水準。
· 了解教師專長及學生身心發展。
· 熟悉心理學、社會學、生物學、行政學及管理學理論在教育學上的應用。
· 具有表達教育理念的能力，能有效結合教育理念與實務。

☛二、 愛人助人的能力

教育的主體是學生，學生本身就呈現常態分配，學校中有好的學生，也有不夠好的學生，有正常的學生，也有適應困難、行為偏差的學生，有健康的學生，也有障礙困擾的學生，有資優的學生，更有弱智的學生，形形色色不一而足。教育的理想希望帶好每一位學生，具有相當高的難度。

從現代化到後現代的發展，學生的背景與起點行為更形紛歧，落差更大，身為學校領導者——校長，需要具備愛人助人的能力，亦即了解到學生的多元紛歧而仍舊喜愛他們，願意教育他們，也有足夠的能量協助他們，幫助他們，促進他們順利成長發展。此一愛人助人的能力，主要內涵約略如次：

· 悉偉大教育家的精神與貢獻。
· 具備豐厚的輔導知能。
· 修讀 20 輔導學分以上。
· 喜愛教育的對象——學生。
· 關懷鼓舞教育的工程師——教師。
· 願意協助弱勢族群學生。
· 示範參與認輔制度及輔導網絡運作。
· 了解師生次級文化並能引導正向發展。

☛ 三、 統整判斷的能力

　　後現代社會複雜紛亂、價值多元、尊重個人，學校經營強調多元參與、本位管理、民主程序，領導者（校長）統整判斷的能力顯得特別重要。校長在主導校務經營的歷程上，必須建立扁平化組織系統，讓所有組織成員均能參與表達對於校務的意見，但更須有能力在較經濟的時限內統整大家的意見，結合自己的理念，做成最具價值的決策。校長接收到的全校教職員工學生訊息紛雜多元，時有矛盾、衝突、對立、是非難辨，價值落差現象，學校校長無法完全避免此種干擾，但應有能力經由判斷篩選，將干擾程度降至最低。統整判斷的能力已成為中小學校長核心能力的新趨勢之一，其主要內涵約略如次：

- ‧能有效主持會議，可在短時間內做正確決議。
- ‧討論事務能面面俱到且掌握關鍵。
- ‧能夠有效折衝重大紛歧意見。
- ‧具有資源整合能力，讓教師、學生、社區資源、社會資源及行政機構對學校做最大的貢獻。
- ‧具有貫串教育政策、地方教育重點措施、個人辦學理念及學校要務的統合能力。
- ‧能夠掌握社會脈動及文化意識潮流，引導學校做最大價值導向發展。
- ‧能夠依據評鑑成效，持續反省思考、回饋改善。

☛ 四、 計畫管理的能力

　　後現代社會中的學校組織呈現較明顯的鬆散結構（loosely system）特性，要維持一個學校的組織效能與效率已非易事，更遑論十數年來教育改革所強調的「提升競爭力」。因此，當代的中小學校長應具備計畫管理能力，始能捭闔縱橫，務實漸進，要能結合學校願景、教育目標、自身辦學理念、教育政策方針以及教師專長分布、學生需要等因素，帶領各處室主管及教師職工，研訂合宜的校務發展中程計畫、年度工作計畫、主題式教育活動計畫、班級經營計畫暨教學改進計畫。研訂計畫之過程能夠帶動主要成員主動參與，增進計畫本身的周延性及可行性，計畫的策訂與執行即最佳的管理型態。計畫管理能力之主要內涵約略如次：

- ‧有策訂系統結構校務計畫能力。
- ‧具有策訂系統結構主題式計畫能力。

・所訂校務計畫能有效結合教育政策、個人教育理念及學校需要且落實到師生教學核心工作。

・所訂校務計畫能統合師生活動，呈現具有教育價值而不重複的工作系列。

・能夠配合組織運作及課程編配，達到人盡其才、物盡其用之最大貢獻。

・能夠帶動教師專業自主，有效提昇教育品質。

・能夠透過校務計畫的帶動，謀取豐沛社會資源，長期挹注校務發展。

☛ 五、 實踐篤行的能力

計畫管理為組織的任務作了藍圖設計，固然重要；按圖索驥，將計畫性的教育工作務實執行，帶動老師有效教學、輔導學生，產生最大的教育價值，則更為重要。當代學校教師職工素養與觀念態度已不同於往昔，校長須有能力在前頭示範帶動，才能實現真正的成果與績效，當代的大環境複雜多變，校長須有超強的意志力，堅守理念，持續篤行，才得以彰顯計畫教育之功能。校長實踐篤行能力之內涵，約略如次：

・能夠主導策訂校務計畫及重要主題式計畫之完成。

・能夠主導完成校本課程之設計以及各年級協同教學之配置。

・具有專門學科優異教學技術，必要時能夠示範教學觀摩，帶動教學改善。

・能夠帶動完成各項重點行政事務。

・能夠帶頭參與認輔學生及運作輔導網絡系統。

・能夠主持大型教育活動設計，並示範帶動處室間交互支援完成任務。

・能夠及時解決校務衍生問題，帶領同仁突破瓶頸，持續成長發展作為。

☛ 六、 溝通協調的能力

學校領導人的神聖使命，在帶動學校幹部與教師職工願意為教育目標與學校願景努力奮進，依據校務會議通過的校務發展計畫，依據學校本位課程計畫善盡個人職責，共同帶好每一位學生。但是計畫執行歷程中，各項教育活動辦理過程中，你有你的看法，我有我的觀點，做事的方法不見得一致，做事的過程也會衍生其他的問題，學校事務每天排山倒海地湧現，學校領導人（校長）需要溝通協調的能力，溝通幹部成員之一致看法，協調各項計畫的整合作為，運用溝通協調來避免相關問題的產生，或者解決衍生的問題，溝通協調的能力在後現代社會中已形成不可或缺之校長核心能力之一，其主要內涵約略如次：

・具有清楚表達意見，說明教育原理之能力。

- 善解人意，能夠準確解讀不同意見與立場。
- 善於為不同意見找到共同原則。
- 校務決策能促進多元參與，並尊重各方意見。
- 能掌握關鍵時機與核心人物討論校務。
- 採取走動式領導，充分了解校內民意。
- 能夠營造有利於溝通協調的物理環境與校園氣氛。

七、 應變危機的能力

　　後現代社會的混沌現象最引人關注，「驅散結構」、「奇特吸引子」、「蝴蝶效應」均可在學校組織運作歷程中產生一定的作用，學校領導者亦可從混沌現象中借力使力，彩繪學校經營的天空（陳木金，2002）。混沌理論對於學校校長最大的啟示在於「見微知著的能力」以及「危機處理的能力」之培養，「見微知著」的能力指具備組織中觀察的敏銳度，對於個殊單一事件能夠正確而客觀的覺察其重要性程度，而給與必要的回應，有效導引而不致事態嚴重；「危機處理」的能力指個殊傷害事件一發生，即能迅速進入學校危機處理系統，運用最經濟的資源運作且將可能傷害降至最低。「見微知著」及「危機處理」能力之結合，稱之為「應變危機的能力」，內涵約略如次：
- 成立學校危機處理小組，並能帶動定期演練。
- 重要校務工作均有配套備案，包含危機配套。
- 定期執行公共安全檢查，維護物理環境安全。
- 具有及時處理競賽活動爭議能力，維護公平正義教育活動。
- 具有豐富應變危機知能，能在最短時間內處理危機事件，使學校迅速恢復常態教育功能。
- 能夠有效處理學校申訴案件，保障師生權益。
- 能夠督責行政單位，繪製校園危險地圖，並公告師生週知。

八、 研究發展的能力

　　後現代社會講求「競爭力」的提升，學校為開放性社會系統之一，如何帶領學校持續成長發展，提升競爭力，也形成了學校校長的重要課題，也是形塑校長核心能力趨勢之一。學校的進步與發展必須是逐步漸進的，校長帶領幹部們與教師們投入學校教育的改革工作中，必須兼備研究發展能力的培養，校長本身的學經歷中要有實際研究的經驗，要有能力結合學校教師幹部在學校中進行行動研

究。運用各種類型的行動研究逐次改善學校行政管理及教學輔導工作與內涵，提升教育品質，並為學校發展瓶頸進行探討診斷，研議可行對策，協助積極正面因子持續在學校產生作用，進而能共同突破瓶頸，蛻變成長。校長研究發展能力已是學校「競爭力」的重要基礎，其主要內涵約略如次：

· 有能力進行教育行動研究。
· 具有碩士學位以上學位。
· 能夠持續參與在職進修，每年至少 36 小時（2 學分）以上。
· 能夠每年發表學術研究論文或是研討會論文一篇以上。
· 能夠帶動教職員全面參與在職進修，進入學習狀態。
· 能夠督導學校教師每年至少完成教育行動研究一案以上，持續提升班級經營及教學品質。
· 能夠規畫師生教育圖像，策訂中長程校務發展計畫。

陸、結語

　　校長是學校教育的領航者，「有怎樣的校長，就有怎樣的學校」，後現代社會的發展，不斷地衝擊著學校生態的變化，也牽引著校長領導行為的調整，校長肩負著學校經營效能的發揮，其核心能力在社會系統理論、混沌理論、轉型領導理論等的交互作用之下，已有新的趨勢。

　　本文參照中外文獻分析與長期規畫培育候用校長課程經驗心得，分析當代校長之核心能力有八：教育專業的能力、愛人助人的能力、統整判斷的能力、計畫管理的能力、實踐篤行的能力、溝通協調的能力、應變危機的能力，以及研究發展的能力，其系統結構如圖 7-4。

　　校長之八大核心能力以「教育專業能力」及「愛人助人能力」為基礎，其他六種能力為進階，基礎能力關照「校長為卓越教師」的必要條件，進階能力彰顯「校長帶領學校發展」的趨勢條件，校長八大核心能力的培育與充實是學校順應後現代社會挑戰的重要法門，也是提升國家整體「教育競爭力」的有效策略。

教育的著力點

圖 7-4　校長八大核心能力系統結構

（本文原刊載於：傳承與變革，《國立台北教育大學 94 年地方教育輔導叢
書》，2005 年 12 月，頁 81-101。）

教育的著力點

政策解析篇

（教訓輔三合一方案的深層分析）

教訓輔三合一方案
散發出天籟般的　蟬聲
在「露重飛難進　風多響易沉」環境中
努力詮釋著　教育的神聖使命
「一雨普滋　千山秀色」

教育的著力點

8

教訓輔三合一方案的主要精神與實施策略

　　教育部十二個教改行動方案中，列有「建立學生輔導新體制方案」（第十一個方案），也就是當前大家所謂的教訓輔三合一方案。其正確的全稱係教育部1998年7月21日函頒之「建立學生輔導新體制——教學、訓導、輔導三合一整合實驗方案」。

　　本文之目的，旨在以參與規畫者之立場，以及 87 年度中，實際輔導二十八個實驗學校之心得，歸納介紹本方案之背景緣由、原始風貌、主要精神及實施策略。一者對本方案一年來實驗結果作比對檢視，再者將重要內涵提供本年度申請試辦之學校參考。

壹、背景緣由

　　教訓輔三合一方案主要緣由有二：「教育改革總諮議報告」之建議，以及1998年初清華大學研究生不幸事件。

　　教育改革總諮議報告（行政院，1996：43）建議「學校應行訓輔整合，建立學生輔導新體制」。是以教改總諮議報告係三合一方案的遠因，且最主要的內涵為「訓輔整合」工作。

　　清華大學的研究生不幸案（兩位碩士班女同學，同時與一位博士班男同學交往，兩位女同學既是同學，亦是朋友，關係密切而複雜。甲女殺害乙女之後，又以其專業知能，調王水試圖毀屍滅跡，引起國內各界人士震驚。）讓大家關切學生輔導問題，當時行政院教育改革推動小組，正擬審議核定教改十二行動方案。教改推動小組召集人，行政院副院長劉兆玄先生，主張學生之所以會發生類似問題，單靠訓導輔導人員努力仍有未逮，應設法鼓勵所有教師，大家一起投入學生輔導工作。是以，行政院核定本行動方案時，明確提示下列原則：「學校應結合

社區資源，建立教學與訓導、輔導三合一之學生輔導新體制。」是以，清華大學研究生不幸案件實為本方案「近因」，且係主導「訓輔整合」走向「三合一」之直接因素。

本方案推出實驗以來，面對最大的難題為：大家都十分贊同「三合一」，但對於「三合一是什麼」解讀不同。有的擴大解釋為整個教育活動的三合一，有的持狹隘的觀點，將三合一解讀為諮商輔導上的三級預防，眾說紛紜，莫衷一是。前述背景緣由之說明，期能對於本方案各項措施之「聚焦」有所幫助。

貳、原始風貌

教育部規畫擬訂「建立學生輔導新體制——教學、訓導、輔導三合一整合實驗方案」之歷程，頗為艱辛，經過兩次規畫委員會議，五次七人小組會議，1998年7月21日頒布之方案主要內容包括：目標、五大策略、十七項方法，及行動步驟之規範十項。本方案之原始風貌分析如次。

☞ 一、「最佳互動模式與內涵」為本方案主要目標

本方案「目標」明示：「建立各級學校教學、訓導、輔導三合一最佳互動模式與內涵，培養教師具有教訓輔統整理念與能力，有效結合學校及社區資源，逐步建立學生輔導新體制。」（教育部，1998a：4；1999a：1），並且本方案總說明最後一頁，圖示本方案架構如圖 8-1。

就「目標設定」原理分析「建立最佳互動模式與內涵」屬於「歷程性」目標，亦即本方案之實施，期能藉由各種重點工作（方法所列十七項工作）之推動，引導教學人員（所有教師）與訓輔人員產生「交互作用、整合發展」效果，能以「最佳互動模式與內涵」為學生服務。

☞ 二、「四大核心工作」為本方案主要方法項目

就部頒方案之五大策略及十七項方法分析，本方案圍繞在四大核心工作上，包括㈠系統規畫教師輔導學生職責；㈡增進學校教師有效教學措施；㈢統整訓輔行政組織運作模式；㈣建構學校輔導網絡。本方案總說明概述了這四大核心工作與方法間之結合如下（教育部，1999a：9-10）。

在教師輔導學生責任方面，本方案提列了三條可行途徑，包括㈠落實教師在教學歷程輔導學生之責任；㈡實施每位教師皆負導師職責；㈢鼓勵每位教師參與

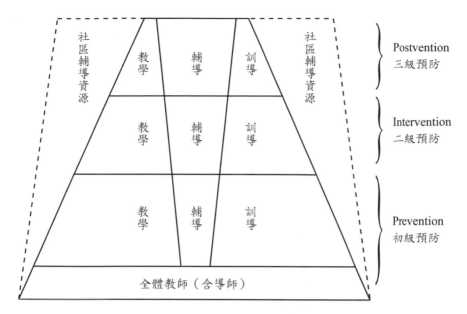

圖 8-1　教訓輔三合一架構

資料來源：教育部（1999a：12）。

認輔工作。

　　在提高教學效能與人性化照顧學生方面，本方案強調，實驗學校必須將輔導理念融入教學歷程，規畫提升教學效能相關措施，協助教師實施高效能與人性化之教學，幫助學生獲致滿意的學習，強化各科教學研究會功能，成立教學診斷小組了解教學與辦學問題，實施教學視導、教師評鑑及必要的補救教學等，全面提升教學品質。

　　在學校行政組織調整方面，本方案建議實驗學校優先朝下列兩個方向規畫：㈠將「訓導處」調整為「學生事務處」，兼具輔導學生之初級預防功能；㈡將「輔導室」（學生輔導中心）調整為「諮商中心」或「輔導處」；加強各級心理輔導及諮詢服務工作。再配合全校其他行政組織的調整與運作，期能為訓輔人員及一般教師規畫最佳互動模式與內涵。

　　在建立學校輔導網絡方面，本方案提列社區輔導資源對象，包括社工專業人員、心理衛生人員、公共衛生護理人員、法務警政人員、心理治療人員、公益及宗教團體、社區義工、學生家長及退休教師等。也提列了可協助學校推動之教育工作，例如：充實與補救教學、交通導護、校園安全、認輔適應困難學生、追蹤輔導中輟學生、親職教育諮詢服務……等。提供實驗學校規畫具體實驗措施時參

考。

筆者（1999：91）將本方案之目標、策略、方法，進一步予以結構化，如下表 8-1。表內策略一係組織系統，而學校執行之實際重點業務工作，即以策略二至策略五之四大核心。

➤ 三、「組織→實驗→評估→推廣」為行動方案獨特之設計

本方案提列了「行動步驟」十項，分析其內涵，具有「組織→實驗→評估→推廣」之獨特歷程，此一行動步驟實為諸多「教育計畫」或「教育方案」少有之設計。

在組織方面，本方案在教育部成立「建立學生輔導新體制規畫委員會」，在

表 8-1　建立學生輔導新體制——教學、訓導、輔導三合一整合實驗方案結構表

目　標	策　略	方　法
建立各級學校教學、訓導、輔導三合一最佳互動模式與內涵，培養教師具有教訓輔統整理念與能力，有效結合學校及社區資源，逐步建立學生輔導新體制。	成立規畫執行組織	一、成立「建立學生輔導新體制規劃委員會」。 二、擬定實驗學校實驗計畫。 三、辦理學生輔導新體制實驗績效評估。
	落實教師輔導職責	四、落實教師在教學歷程中輔導學生之責任。 五、培養全體教師皆具有輔導理念與能力。 六、實施每位教師皆負導師職責。 七、鼓勵每位教師參與認輔工作。
	提升教師有效教學	八、策勵教師實施高效能的教學，幫助學生獲得人性化及滿意的學習。 九、強化各科教學研究會功能，將輔導理念融入教學歷程，提升教學品質。 十、實施教學視導及教師評鑑。
	調整訓輔行政組織	十一、調整學校訓導處之行政組織及人員編制，兼具輔導學生之初級預防服務功能。 十二、調整學校輔導室（學生輔導中心）之行政組織及人員編制，加強各級心理及諮詢服務工作。 十三、調整學校行政組織及人員編制。
	建構學校輔導網絡	十四、建立學校輔導網絡，結合社區資源，協助辦理學生輔導工作。 十五、運用社區人力資源，協助學校推動教育工作。 十六、研訂學校教師輔導工作手冊。 十七、辦理學校教師、行政人員、義工及家長研習活動。

資料來源：鄭崇趁（1999：91）。

地方教育局成立「直轄市、縣市建立學生輔導新體制督導小組」，在實驗學校成立「建立學生輔導新體制執行小組」，由學校執行小組策訂學校本方案之實驗計畫，執行各項重點工作，直轄市、縣市督導小組，督導所屬實驗學校落實本方案，並協助解決衍生問題；教育部規畫委員會策動整體實驗進程、評估工作，以及推廣規模，逐步邁向全面實施。

在「實驗→評估→推廣」方面，第一年僅設計 30 校（實際核定 28 校），經評估其優劣得失之後，酌予調整實驗內涵，繼以三種模式，提供各級學校自由申請，第二年除基隆市全面試辦而外，另約有 100 校申請，核定 58 校，再經督導及評估之後，第三年將擴充至每縣市均有不同規模類型學校參與實驗或更多區域性中小學全面實驗。再評估之後，將實驗成果作為修訂各級學校法之基礎，擇期全面實施。

實驗的歷程與成果績效教育部均留下詳實紀錄，彙編成冊，全面實施時提供各校規畫執行三合一之參據。

● 四、研討及督導機制充分展現行動研究特質

本方案具有行動研究特質，學校實驗三合一工作，需要逐步發展始能得致最佳內涵。教育部累積第一年之實驗成果，接受實驗學校校長及規畫委員之建議，第二年起正式建立「研討機制」及「督導機制」。

在「研討機制」方面，設計了「研討會」、「觀摩會」及「學術研討會」三種。「研討會」全年八次，由同一層級實驗學校校長或訓導、輔導主任參加，定期研討實驗方案核心重點工作之做法，交流各校經驗，推廣最佳心得與實施模式。「觀摩會」同一層級學校全年二至四次，分區舉辦，一方面展示實驗以來成果資料，一方面提供實驗學校及明後年有意願申請之縣市及學校觀摩，預作準備，以收逐步推廣之功能。「學術研討會」準備由南部大學（高雄師大）舉辦一次，邀集學者專家、實務工作者、行政人員及各界代表，共同討論，為教訓輔三合一尋找理論基礎，奠立「理論」與「實務」密切結合工作模式。「研討機制」係實驗學校執行小組成員最佳成長發展措施。

在「督導機制」方面，設計了「專業督導」及「行政督導」兩種。「專業督導」實施「責任督導」制，亦即奉核定之每一學校，交由部聘兩位規畫委員為督導委員，自「實驗計畫」之修正確立，重點工作之執行，以迄實驗成果之評估，由督導委員負完全指導責任。教育部已發展完成學校督導手冊，每位督導委員一年內將赴實驗學校四至六次，將督導情形摘紀於督導手冊，各校兩本督導手冊，

教訓輔三合一方案的主要精神與實施策略

亦是評估實驗工作成效之具體素材。「行政督導」依據部頒「行政督導暫行要點」執行，每一縣市，凡有中小學參與實驗者，縣市即需成立「建立學生輔導新體制督導小組」，成員七至九人，定期督導（可採集體或個別）所屬學校進行實驗工作，每一學校六至十次，年末必需彙印整個縣市執行成果專輯，並研提自我評估結果與建議。「督導機制」實係結合學者專家與行政人員共同投入「三合一」之重要措施。亦為「方案評估作業」發展另一可行模式。

參、主要精神

教育部為什麼要推動教訓輔三合一方案？推動教訓輔三合一方案要解決的教育問題是什麼？這是本方案推動以來各界人士討論最多的疑問，也是教育界本身亟待謀求共識的焦點。

前述「背景緣由」與「原始風貌」之分析，似可提供解決此兩大疑問之可能答案。為使答案更為明確，僅依方案之工作內涵，及其相屬關係，析論其主要精神有四。

☞ 一、帶好每位學生──實現帶好每位學生的教改願景

學校實施教訓輔三合一，主要的實施對象是老師及行政人員，而要照顧的主體是學生，亦即實現帶好每位學生的教改願景。帶好每位學生包括帶好一般常態的學生，以及帶好非常態的學生。從適應的觀點而言，適應困難、行為偏差、甚至犯罪有案返校就讀的學生均需照顧。依三合一的精神內涵，學校對於所有學生的教育輔導措施整體設計如圖 8-2。

☞ 二、整合教訓輔功能──結合社區資源發揮學校教訓輔功能

學生行為日益複雜多變，要「建立學生行為輔導新體制」，單靠學校教師及訓輔人員之力量，實有未逮。依據教改會總諮議報告之原意以及行政院教育改革推動小組審查「十二行動方案」之建議，本實驗方案之主要精神之一，在於如何有效引進社會輔導資源，使這些資源密切結合學校訓輔措施，並發展出以「輔導為核心」「管教為輔助」的學校訓輔功能。

是以實驗學校試行本方案，當務之急在於依據本方案所提初級、次級、三級預防之觀念，以「訓育原理輔導化」為主軸，整合調配訓導處及輔導室組織職責，並重新設定每位行政人員配合三級預防觀念下，應行辦理事項，以及必須交

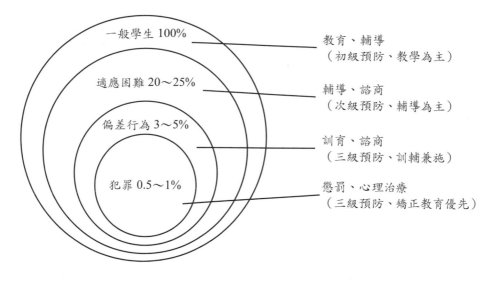

圖 8-2　學校教訓輔措施之整體設計

（帶好每位學生的基礎機制）

互支援事項。這些工作之規畫設定，必須考量可動用的社區資源，並與年度校務計畫完全結合，學校的年度重要校務工作，也就是發揮訓輔功能之重點工作。

☞ 三、孕育最佳互動模式——建構師生最佳互動模式與內涵

　　「三合一」具有「交互作用，整合發展」之意，本方案的實施，主要精神之一在兩系統人際層次上充分彰顯「交互作用，整合發展」之意圖。一為「教學人員」（教師）與訓輔人員之間，能夠由於本方案之實施，重新調配服務學生的方式與交互支援結果，教職員工之間產生一種最佳互動模式與內涵。（亦即產生最佳工作團隊）。一為所有教師（教職員工）與學生教與學之間，由於教師教學策略不斷更新，學生獲致滿意的學習，教職員工之訓輔措施能夠獲得全校學生之認同，全校師生組織文化，展現了積極、責任、感恩、愛人、努力，並彼此激勵力求進步成長，前瞻未來的優質內涵。

☞ 四、闡揚教師大愛——激勵教師善盡教學輔導學生職責

　　本方案所要照顧的對象是「學生」，但方法策略實施的對象卻是學校行政與教師為主。本方案各項措施，無非在激勵所有教師善盡其教學及輔導學生之職責。本方案提供了具體的管道，例如有效教學、教學中辨識學生問題行為的能

力、教學過程融入輔導理念、擔任導師、做好班級經營、認輔學生、對於特殊需要學生給與個別關懷，陪他走過狂飆歲月，了解運用網絡資源，彌補學校訓輔功能上之不足。從整體而有效的多元途徑協助學生，關愛學生，教師的大愛得致充分的闡揚。

肆、實施策略

由前述背景緣由、原始風貌、主要精神三方面析論，已可看出教訓輔三合一方案的具體工作事項，方案中所提十七項方法乃四大核心事項之基礎工作，為使實務執行者了解本方案在策略層面之學理基礎，有效結合「理論」與「實務」，方便帶動學校行政人員與教師認同此一方案，化阻力為助力，茲再從鉅觀立場分析本方案四大實施策略如次。

☛ 一、系統策略

本方案在喚醒教師善盡「有效教學」與「輔導學生」之職責，如何善盡「有效教學」及「輔導學生」？很多教師皆知其然而不知其所以然，是以方案之第一個主要策略，即以教師本身的「個別功能」到學校整體的「整合功能」，系統規畫教師教學及輔導學生的職責如下頁表 8-2。在訓輔人員方面，配合初級、次級、三級預防之觀念，規範其系統職責如下頁表 8-3。

系統策略明確提供教師及訓輔人員著力點，讓教學及輔導學工作，不再停留於模糊之概念，也使三合一方案有具體之績效責任可資檢核。

☛ 二、本分策略

本方案實施年餘以來，諸多學校教師時有質疑，本方案設定之各項工作均屬教師及行政人員本就須做之本分工作，祇要教育部一聲令下，要求大家落實做好即可，為何還須大費周張，執行這麼大的一個方案，並且還要實驗評估，逐步推廣擴大辦理？

此一質疑反映了當前教育環境的實況，也反映了本行動方案，最獨特的學理設計，本方案採取「本分策略」來激勵所有教師善盡其職責，強調祇要教師們及行政人員把本分工作做好，即為本方案最高目的，不再增加教師們任何額外之負擔。規範教師本分職責為何需以行動方案來推動？因為本方案提供具體途徑，引導帶動行政人員及教師有系統地善盡其職責，從個別功能的檢核、著力到整合功能的檢討、

表 8-2　系統規畫教師輔導學生職責與三　　表 8-3　訓輔人員職責與三級預防
級預防

表 8-2	表 8-3
・有效教學 　（輔導理念融入教學） ・教學中的輔導 　（辨識學生行為問題能力）　〕初級預防　〔個別功能〕 ・導師 　（班級經營、團體動力） ・認輔教師——協助次級預防 　（個別關懷學生） ・了解網絡 　（掌握資源）　〕協助三級預防　〔整合功能〕 ・危機處理 　（應變運作程序）	・初級預防 　教師輔導工作諮詢 　策訂校務輔導工作計畫 　心理衛生方案，生涯輔導 ・次級預防 　諮商輔導（個輔、小團輔、成長營） 　建構學校輔導網絡 　成立危機處理小組 ・三級預防 　網絡與危機小組的實際運作 　（引進社會資源協助輔導專業、臨床工作）

資料來源：鄭崇趁（1999：315）。　　　　資料來源：教育部（1999c：18）。

著力，使人人善盡本分，學生得到更為週延之照顧，達成帶好每位學生的方案目標。教育愛的傳承已累積百年千年，年年均有可歌可頌的事蹟，祇要每位教師善盡其教學與輔導之本分，將可再次豐厚「教師大愛」新時代，開創另一台灣經驗。

三、網絡策略

　　本方案要發揮預期功能，必須藉助於兩大網絡系統，一者為校內本身的教訓輔網絡，另一為學校與社區資源結合的輔導網絡。就校內網絡而言，由本方案的各項重點措施，喚醒每位教師及行政人員系統了解其職責與功能，善盡其本分，產生最佳互動模式與內涵，為所有學生提供最周延而有效能的輔導服務工作。就學校結合社區資源而言，學校提供各種具體途徑，引進各界人力資源，協助教育輔導工作，彌補學校原有功能之不足，其網絡策略概如圖 8-3。

四、交互作用策略

　　系統策略、本分策略、網絡策略立意均佳，唯其單獨存有時，僅能盡到「個別功能」之發揮，很難產生「整合功能」效果，必須學校教職員工人際間產生實質的「交互作用」，進而「整合發展」，才能真正發揮教訓輔三合一方案的精神本意。是以本方案之實施目標，即特別強調「建立各級學校教學、訓導、輔導三合一最佳互動模式與內涵」。

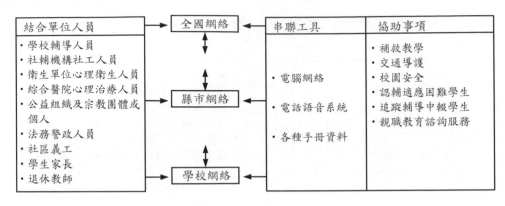

圖 8-3　輔導網絡架構

資料來源：鄭崇趁（1999：316）。

「交互作用」指群體中的個人和團體功能，除了產生「相加」作用外，更產生了「相乘」的作用，促使組織績效倍增，遠遠超過個人累加的成果。本方案交互作用策略之實現，有賴實驗學校校長及執行小組主要成員經營學校理念與相關措施的配合，校長善於營造學校組織文化氣氛，將行政人員及教師的本分職責、系統、網絡措施有效融合，帶動成員相互激勵，共同為帶好每位學生相互支援，發揮所長，互補所短，共同進入學習狀態，共同成長，共謀發展，共同為國家教育事業奠下堅實基礎，此種最佳互動模式與內涵的運作為交互作用策略。

伍、結語

　　教訓輔三合一方案的主要精神與實施策略概要如圖 8-4。

　　由圖的內在核心往外看，激勵教師善盡教學輔導學生職責方面，以系統策略及本分策略為主；在建構師生最佳互動模式與內涵方面，以本分策略及交互作用策略為主；在結合社區資源發揮學校訓輔功能方面，以交互作用策略及網絡策略為主；在實現帶好每位學生之教改願景方面，則強調以網絡策略及系統策略為主。教訓輔三合一實驗方案實施即此四種主要精神與四大實施策略之交織。

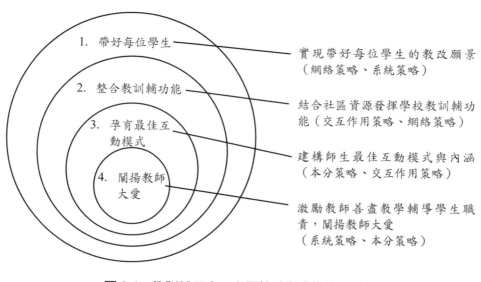

圖 8-4　教訓輔三合一主要精神與實施策略結構

（本文原刊載於：《學生輔導》第 66 期，2000 年元月，頁 14-25）

9

經營一個具有輔導文化的學校
——教訓輔三合一方案的時代任務

壹、緒言——教訓輔三合一方案旨在
以輔導理念經營學校

教訓輔三合一方案（建立學生輔導新體制——教學、訓導、輔導三合一整合實驗方案）從 1998 年 8 月公佈，採行「小規模實驗→評估→中型規模實驗→再評估→確定可行→作為修法基礎→逐步擴大推廣」策略。目前已進入第二年中型規模實驗，共計有 120 所學校以三種模式（全面學校式、個別學校式、特定主題式）試辦推廣。其評估結果將作為修法（修訂各級學校法訓輔整合部分），以及是否全面實施之基礎。為增進執行人員對於本方案的了解與重點工作上的掌握，謹接續「教訓輔三合一方案之主要精神與實施策略」撰述本文，將三合一方案的「理論」與「實務」進一步結合，強調本案之最重要旨趣在以輔導理念經營學校，並分別剖析具有輔導文化學校之指標，及重要的經營策略。最後則指出校長的「學校經營理念」與「示範帶動」具有關鍵性影響作用。

貳、具有輔導文化學校的指標

具有輔導文化的學校，指的就是學校中充滿了人性化的組織文化氣氛，校園組織文化是否人性化？從教師與教師關係，教師與行政人員關係，以及教師與學生關係可以直接觀察人性化組織文化的培孕，也可以從此一多層面的人際關係中著力加強改善。

具有輔導文化學校的具體指標，從學生、教師、行政三方面立場而言，稍有

不同，簡要分析如下。

✏ 一、學生而言

• 了解輔導、認同輔導、善用輔導。

• 了解學校輔導措施。

• 一般學生及適應困難學生、偏差行為學生皆得致妥善照顧。

　　此三項指標具有階層性，第一項指學生對於「輔導」的基本觀點，能否由傳統對輔導消極性的看法，轉變為積極主動的看法，「輔導」不但是有病（問題）可以找它，輔導更可以幫助我們預防產生問題，幫助我們規畫發展、創造更美麗多彩的未來。第二項指標則在學生普遍認同輔導之後，進一步了解學校的整體輔導設施資源以及活動設計，俾能善加運用。第三項指標則就學生實際生活內涵而言，一般學生與適應困難學生、偏差行為學生，都能夠因為學校輔導設施之週延規畫與運作，而得致妥善照顧。

✏ 二、教師而言

• 體認有效教學及輔導學生為教師的兩大天職。

• 具有基本的輔導素養（含知能、態度、觀念、辨識力）。

• 善於將輔導理念融入教學。

• 擔任導師時，善於運用輔導態度經營班級優質班風。

• 願意認輔學生，也知道認輔工作的基本做法。

• 了解校內外輔導資源，並能適時引進及危機處理。

　　此六項指標，整合了傳統教師、經師與人師的雙重神聖角色，並以輔導為核心，切入教師專業知能運作的主要場域——教學；強調輔導理念融入教學後，更能夠讓教學過程人性化，增進學生滿意的學習成果。再以此為據點，往前推演，則教師們必先具備的基本體認是「有效教學」及「輔導學生」，本即為教師的天職，前者為經師，後者為人師的現代語言。所有中小學教師均應有基本的輔導素養，這些素養包括輔導的基本知能，辨識學生行為問題的能力，以及能夠以輔導的觀念、態度來面對學生，處理學生問題。

　　再以「輔導融入教學」為據點，往後推演，一般教師需要擔任導師、擔任認輔教師、了解網絡資源，並知曉學生發生重大事件時的危機處理程序，俾以整體而有效地及時協助學生。擔任導師時，教師如能妥善運用班級經營技巧，以及團體動力活動，必能營造優質班風，為班上學生帶動積極、主動、互助、合作、學

習士氣高昂，產生和諧共榮，交互輝映的組織文化。擔任認輔教師時，能夠提供個別關懷，愛心陪伴的實質作用，穩定學生情緒，讓適應困難或偏差行為緩和，如若學生個案的偏差行為程度或適應困難嚴重，教師們也了解可以運用的二、三級輔導網絡資源系統所在，能夠適時引進，共同協助學生。

☛三、行政而言

・建立學校教學及輔導學生機制。

・建立學校輔導網絡及危機小組機制。

・擬訂完善的學校輔導工作計畫。

・示範及宣導帶動全體教師投入輔導工作。

　　此四項指標強調行政人員的共同責任，尤其是校長及訓導處、輔導室主任及組長應行辦理的共同責任工作。學校中，教學及輔導學生的具體機制本即存在，然由於行政人員及教師們未予強調，未及覺察，以致整體機制的運作功能較難彰顯。此一機制為：「教學中輔導」輔導理念（融入教學、辨識學生行為能力）→「導師」（班級經營、團體動力）→「認輔教師」（個別關懷、愛心陪伴）→「輔導教師」（個別諮商、小團體輔導）→「特別輔導」（引進網絡資源，診斷治療及復健）。

　　行政人員的主要職責在建立此一明確系統的教學及輔導學生機制，讓全校教師清楚了解，並將教師及行政輔導人員應行扮演的角色與功能職責釐清，打通各個管道環節，使其產生最大整體運作效能罷了。

　　是以，教師輔導學生的系統職責與指標已如前述，而行政人員系統職責，在此機制之下，陸續延伸之指標工作為建構學校本身的輔導網絡及危機處理小組，為學校擬訂完善的輔導年度工作計畫，包括初級（生涯輔導、心理衛生、認輔教師培訓），次級（受輔學生的個別諮商、小團輔），三級（輔導網絡、危機小組）預防整體實施計畫。接下來則需由校長、主任、組長示範（如認輔學生、處室交互支援合作），及定期宣導帶動全體教師全面參與。學校輔導文化能否建立，決定於此一機制是否活絡，所有教師參與程度的心理狀態是否積極主動，而行政人員的示範帶動為最重要之關鍵。

參、經營策略

☛ 一、強化學校中「教學及輔導學生機制」運作功能

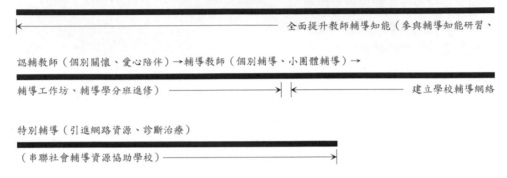

教學中輔導（輔導理念融入教學、辨識學生行為問題能力）→導師（班級經營、團體動力）→

全面提升教師輔導知能（參與輔導知能研習、

認輔教師（個別關懷、愛心陪伴）→輔導教師（個別輔導、小團體輔導）→

輔導工作坊、輔導學分班進修）——————　建立學校輔導網絡

特別輔導（引進網路資源、診斷治療）

（串聯社會輔導資源協助學校）——————

圖 9-1　強化學校中「教學及輔導學生機制」的兩大基礎措施

　　誠如前述，學校中的「教學及輔導學生機制」本即存在，如果此一機制的每一環節均發揮其應有功能，學校中的每一位學生理應得致妥善之照顧。然而審視當前教育環境，諸多適應困難及行為偏差學生並沒有得到好的照顧與協助，甚至於連一般優秀、適應良好的學生，也在「升學主義洪流」之下，心態與價值觀受到嚴重扭曲，普遍呈現「不健康」現象。此一現象反映了學校中的「教學及輔導學生機制」運作功能有待強化。

　　圖 9-1 上欄為此一機制之歷程，下欄則為「應對」強化措施之標示。在學校中要增進一般教師輔導理念融入教學、提高辨識學生行為問題的能力、扮演好導師及認輔教師角色、會運用團體動力經營優質班風，也願意個別關懷一、二位適應困難及行為偏差學生，其不二法門即為「全面提升教師輔導知能」，使教師普遍具備輔導的基礎素養，並且願意以輔導的觀念態度來對待學生。因此，學校校長應配合教育行政機關的規畫，鼓勵全校教師全面參加輔導知能研習、主題輔導工作坊研習，輔導學分班、輔導教學碩士班進修，認輔教師儲備研習、認輔個案研討會及輔導學術研討會。

　　學校中的二級預防工作應由學校輔導室來做，輔導室應針對受輔學生中有需要的個案，商請學校中具有專業或半專業素養的輔導教師進行個別輔導及小團體

輔導；三級預防的工作則由網絡系統資源來做，輔導室應針對需要特別輔導的個案（如自閉症、過動兒、感覺統合失調學生……等）引進網絡資源協助診斷治療及必要的復健工作。因此，強化學校中二級及三級預防輔導工作，其最佳途徑為學校輔導網絡的建置與運作，活絡輔導網絡乃補強學校輔導教師能力以及進行特別輔導（診斷治療）的不二法門。

✒ 二、鼓勵全校教師全面參與認輔學生

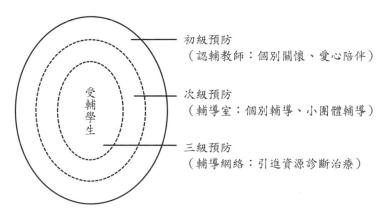

圖 9-2　認輔制度與三級預防

　　自教育部 1995 年公布「認輔制度實施要點」以來，認輔制度的推廣與實施尚未獲得一般教師的普遍認同，嚴格而言，並未成功。主要原因有二：㈠一般教師普遍認為自己沒有具備輔導的專業知能，如何來認輔學生，產生猶豫；㈡願意認輔學生（個別關懷），但不願意摘記認輔紀錄冊，認為認輔紀錄給一般教師負擔沉重。

　　針對第一個阻力，學校校長宜以圖 9-2 向所有教師宣導說明，無論受輔的個案有多嚴重，認輔教師均只做初級預防工作，給與受輔個案個別關懷及愛心陪伴即可，有需要二級預防之個案，再由輔導室安排輔導教師，加做個別輔導及小團體輔導。至於少數需要三級預防的個案，再由輔導室透過網絡運作，引進專業資源來協助個案診斷治療及復健措施。不管接受認輔的個案是否需要二級、三級預防的資源，認輔教師實際上僅作愛心陪伴、個別關懷之初級預防工作。如此，每位教師均有能力認輔學生，每位教師均可成為認輔教師。同時，教師的生涯中，對於為學中適應困難及偏差行為學生給與個別關懷及愛心陪伴，也是教師的天職之一，是闡揚教育愛的最佳途徑。

針對第二個阻力，學校校長或輔導室主任應親自提供摘記認輔紀錄範本給所有教師參閱，認輔紀錄冊有別於諮商輔導紀錄冊，認輔紀錄冊只要摘記時間、地點，勾選進行方式（晤談、電話關懷、親師合作）及認輔主題（一至三句話）即可。通常在認輔工作結束之後一至三分鐘即可摘記完成，只要教師們養成習慣，及時紀錄，應不會造成教師們任何負擔。

認輔教師也是整體輔導網絡之網點，網點愈綿密，網絡之基礎始能渾厚，對學生的照顧才能週延紮實，祇有全體教師願意全面參與認輔學生時，輔導工作才能在學校中生根，才能落實發展。

➤ 三、帶動全體教師職工進入學習狀態

學校經營勢須引進企業管理的新發現，諸如目標管理、計畫評核術、學習型組織理論……等，這些管理理念已逐漸對於學校行政產生具體的影響，教育部頒行教訓輔三合一方案，對於實驗學校要求以「提升教師輔導知能」、「教師能夠將輔導理念融入教學」、「活絡輔導網絡運作」為核心經營學校，就學習型組織理論之運用而言，帶動全體教師職工進入學習狀態實為最佳策略。組織員工進入學習狀態有兩大益處：㈠服務士氣最高昂；㈡服務總生產力（績效）可以提高三至五倍。兩者均為教訓輔三合一方案「建構教師與訓導人員產生最佳互動模式與內涵」，以及「帶好每個學生」主要精神之先備條件。

校長如何帶動全體教師職工進入學習狀態，筆者主張實施學校本位的進修計畫。學校校長應召集處室主任、組長、及教師代表，統整考量教師職工所需研習進修的各方面需求（如教改政策、輔導知能、九年一貫課程、有效教學、專門知能、專業知能……等），設定全體教師職工全年度需參與研習的基本時數，中大型學校自行規畫於年度中的寒暑假及學期中辦理（不佔學生授課時間），小型學校則透過教育局規畫，依地區聯合鄰近學校實施。

圖 9-3 列舉學校本位進修計畫研訂時，所需考量要項，「指標」必須明確（每位教師一年進修研習時數有一定的規範），「主題」必須統整（兼顧教師各方面的素養需求），「方式」必須可行（學校執行上做得到），「時間」運用必須彈性（順應教師們的不同安排），「經費」必須固定（由行政機關直接編預算給學校最佳），「目的」則必須反映新世紀的教育願景（一切為學生，提供給學生最佳服務與教育效能）。

指標（具體）	主題（統整）	方式（可行）	時間（彈性）	經費（固定）	目的（願景）
每位教職員工參與（36小時）以上研習進修課程	• 教改政策 • 輔導知能 • 九年一貫課程 • 有效教學 • 專門知能 • 專業知能	• 分批集中研習 • 研討會 • 觀摩會 • 座談會 • 聯合同區學校	• 暑假 • 寒假 • 週休二日（未休週六） • 學期中	依學校規模及實際需求編列預算	提升教育效能增進服務士氣

圖 9-3　學校本位進修計畫要項

四、策訂貫串「教改措施及教師教學計畫」的校務計畫

當前的教育均是有計畫的（例如學制、課程標準、師資條件、學校基本設施……等）稱為「計畫教育」，計畫教育必須順應時代的需求與社會變遷適時調整與充實。而負責充實或調整計畫教育內涵任務的工具則有賴「教育計畫」，廣義的教育計畫包括教育行政機關主導的中長程教育計畫，學校行政人員主導的校務計畫，以及一般教師主導的班級經營計畫，教學改進計畫。目前教育改革需求殷切，就教育計畫的觀點而言，具有兩大意涵：㈠當前的計畫教育內涵未能滿足國人的需求與期待。㈡各階層教育計畫的運作均不夠理想，未能適時調整或充實計畫教育內涵（鄭崇趁，1998a）。

教訓輔三合一方案要求實驗學校，將三合一方案重點措施融入學校年度校務計畫中規畫，本文進一步主張，學校擬訂校務計畫時，必須承上啟下，貫穿行政機關要求的教改措施，以及學校教師必須配合的教學改進計畫。學校在擬訂校務計畫之前，必須統整考量教育部頒行之十二教改行動方案（如小班小校、小班教學精神、九年一貫課程、教訓輔三合一、書包減重計畫……等）學校應行配合執行項目，縣市教育局要求的年度施政重點，學校經常性重點工作，以及全體教師必須配合辦理工作項目，如何增進教師改善班級經營、有效教學、輔導學生措施等統合規畫，有設定明確的日程表與重點工作之具體實施計畫，以「目標管理」的方法，引導帶動行政人員及全體教師有計畫地落實教改措施至所有學生身上。

圖 9-4 呈現教育計畫的實施對象即為「計畫教育」（包括學生、教師、環境、課程、設施……等），而規畫主體則依其計畫階層，為教育行政人員、學校行政人員（校長、主任）、全體教師之共同責任，從學校經營的觀點，校長及主任們負責的校務計畫是決定能否承上啟下（貫串教改措施及教師教學改善計畫）之核心關鍵，具有特別意義。

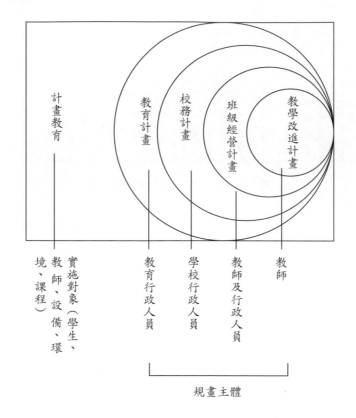

圖 9-4　教育計畫的實施對象與規畫主體

肆、結語──校長的示範帶動影響深遠

　　教訓輔三合一方案旨在經營一個具有輔導文化的校園，將學校的物理環境、心理環境以及文化環境營造成充滿人性化而有效率的教育場域。兩年來的實驗，也印證了一個事實：凡是實驗成功、績效卓著的學校，校長本身的示範帶動扮演著關鍵角色。校長如能優先率同主任、組長們擔任認輔教師，向全校教師示範如何認輔學生，認輔紀錄冊如何摘記，並且建構起學校輔導網絡，分發網絡摺頁向老師說明，充分掌握各種進修研習管道，率先士卒進入學習狀態，並以系統思考（統觀、關鍵、可行）策訂學校校務計畫，各處室之間的重點工作執行，又能彼此交互支援，相互激勵，具有共同帶好每位學生之心願，則前述之學校輔導文化指標，將可逐步達成。福祿貝爾曾說：教育之道無他，愛與榜樣。印證於教訓輔

三合一方案的實驗亦然。就整體學校經營層面而言，本方案的推廣實踐，更需要
校長本身的示範帶動。

（本文原刊載於：《學生輔導》第 70 期，2000 年 9 月，頁 4-11。）

10

交互作用，整合發展
——教訓輔三合一方案的管理哲學

壹、緒言

「建立學生輔導新體制——教學、訓導、輔導三合一整合實驗方案」自1998年頒布實施，採逐步試辦擴大推廣策略，期能為學校建立具有輔導文化的組織氣氛，帶動教學人員、訓導人員、輔導人員產生最佳互動模式與內涵，為學生提供更為周延的輔導工作服務，實現帶好每位學生的教改願景（教育部，1998a；1999a）。然而，就實驗試辦推廣的成果觀之，預期績效未如預期理想。約僅四分之一實驗學校效果顯著，二分之一學校尚佳，另四分之一學校則顯示參與實驗與否幾無差別。

審其原因，有三個階層性問題尚未能有效突破：㈠行政人員與教師尚無法掌握三合一方案之下，本身應行加強作為的工作事項；㈡學校三合一方案執行小組未能有效運作，統合考量推動三合一重點工作；㈢推動各項工作時，未能告知同仁其所依循的教育理念或管理學上的原理原則。

前兩個階層性問題屬學校實務課題，教育部建立學生輔導新體制規畫委員，以及三合一試辦學校校長、主任們已多所談論，教育行政單位出版之教育輔導雜誌：如教育部《學生輔導》雙月刊、教育部中部辦公室《輔導通訊》、台北市政府教育局《教師天地》、國立台北師範學院《地方教育實習輔導叢書》等，均曾以「教訓輔三合一」為主題，廣泛刊載相關文獻與實務工作者之經驗分享，資料較容易蒐集。唯獨第三個階層性問題屬哲學理念課題，撰文論述較少，就研究者所悉，僅蔡培村（2000）「教訓輔三合一的理論基礎」一篇較為具體，然亦屬綱要性之報告，此方面資料亟待學者專家協助補強，為方案之「實務結合理論」奠基。

研究者長期參與教訓輔三合一方案之策訂與推動，持續撰文解析本方案之政策內涵，包括㈠教訓輔三合一方案的主要精神與實施策略（鄭崇趁，2000a）；㈡經營一個具有輔導文化的學校—教訓輔三合一方案的時代任務（鄭崇趁，2000c）；㈢學校推動教訓輔三合一方案工作要領（鄭崇趁，2000d）；㈣訓輔整合的前題與做法（鄭崇趁，2001a）；㈤如何了解教訓輔三合一方案之實驗成效（教育部，2001b；鄭崇趁，2001c）。此五篇文章均在為前兩個階層性問題尋找答案及突破性措施，本文分析教訓輔三合一方案運用之管理哲學，嘗試解答第三個階層問題，為三合一各項重點措施的教育原理尋根。

貳、方案意涵

　　三合一方案主要在促使三種人員（教學人員、訓導人員、輔導人員），產生「交互作用，整合發展」，共同來做學生輔導工作。所謂「交互作用，整合發展」即為推動方案的總體策略，也就是三合一方案的管理哲學，就學理上之意涵指的是「最佳互動模式與內涵」的形成，或者「熬成一鍋，交互支援」之意。概如圖 10-1。

```
教學人員（教師）  ⎫   （交互作用）
輔導人員        ⎬  共同來做學生輔導工作
訓導人員        ⎭   （整合發展）
```

圖 10-1　教訓輔三合一方案意涵

註：引自教育部（2000a：2）。

　　本方案以實驗方案型態推動，含有實驗方案的特質，具有不確定性，亦即最後要不要全面實施不確定，各校之間的最好做法亦不確定。方案提示目標、五大策略以及應對策略之十七項重點工作，責由學校「建立學生輔導新體制執行小組」研議討論在學校中之最好做法，再擬訂成學校之實施計畫，並由縣市及教育部共組督導小組進行督導執行。本方案之目標、五大策略及十七項重點工作結構系統如前文表 8-1（頁 118）（鄭崇趁，1999）。

參、理論探源

　　教訓輔三合一方案係經營學校組織文化的方案，運作方案內涵涉及之管理理念有：學習型組織理論、多元智慧理論、知識管理理論、鷹架理論以及漸進決策模式。茲先介紹其理論概要與其在教育領域上之啟示如次。

● 一、學習型組織理論

　　學習型組織理論係當前企業革命、組織再造被運用最廣的理論，也是當前教育改革中被引用最多的組織管理理論，強調唯有組織成員全數進入學習狀態，成為學習型組織，才能達成組織再造，提高競爭力的目的。學習型組織理論強調組織成員的五項修鍊：自我超越、改變心智模式、建立共同願景、團隊學習以及系統思考（郭進隆譯，1994）。

　　自我超越的修鍊，從組織中的個人著眼，強調組織中的每一位成員均要有積極的心態，要有追求突破、邁向卓越的想法，不以當前的成就為滿足，從不斷超越自我中，提昇個人對組織之貢獻。改善心智模式之修鍊，從思維方法著眼，強調組織成員判斷事務，必須跳脫傳統的窠臼，運用水平思考法，站在較客觀、多重而整體的立場與角度來思考，避免因個人的偏執與侷限，使認知判斷流於主觀。建立共同願景的修鍊，從組織目標著眼，強調願景（vision）的形成，必須由組織成員共同策訂，其策定的過程必須由下而上，使組織成員的個人價值觀及其對於組織的關切與熱望均有表達的機會，成員的心聲與組織之目標趨於一致。團隊學習的修鍊，則從組織力量的整合著眼，強調組織成員必須同步成長，全部人員均需進入學習狀態，方能真正儲備組織體的競爭實力。系統思考的修鍊，則從問題解決的層面著眼，強調處理組織衍生之問題，必須以統觀的立場來考量，因應性措施與發展性措施兼重，既要發揮應急的治標功能（有效處理問題），也要發揮長遠的治本功能（使類似的問題不再發生）（鄭崇趁，1998b）。

　　學習型組織理論在教育領域上的運用，即為學習型學校之經營，其重點工作有四：㈠建立學校共同願景（促使全校教職員工生的個人心聲與教育目標結合）；㈡行政領導扁平化（多元參與決策，榮辱與共）；㈢規畫全體教職員工在職進修體制（成為學習型學校，增進自我超越及團隊學習）；㈣運用系統思考解決教育問題（觀照全面，掌握關鍵）。

☞ 二、多元智慧理論（The theory of multiple intelligence）

多元智慧理論自 1983 年 Howard Gardner 提出之後，已普遍影響當前教育實際，我們必須給與正確的解讀，析繹其意涵，始得正用而避免誤用。多元智慧理論之大概有五：㈠每個孩子的智慧因子包括七至八種，這七至八種智慧因子以不同的結構（多元）存在於每位孩子身上。這七至八種智慧因子包括：語文、數學、空間、音樂、肢體、自省、人際以及自然觀察者的智慧（田耐青，1999；李心瑩譯，2000）；㈡每個孩子七至八種智慧因子中最強的因子稱為優勢智慧，優勢智慧如果得到教育的適當啟發而明朗化，往往可以行行出狀元，出人頭地；㈢如果專攻的學門或選擇的職業並非其優勢智慧，則往往吃力不討好，難有成就，生活滿意度偏低；㈣發現每位孩子的優勢智慧，進而促其明朗化，避免麻痺化係教師與父母的重要責任；㈤然而孩子的優勢智慧頗難觀察，容易誤判（Gardner, 1983）。

多元智慧理論對於教育的啟示有四。

♠㈠中小學階段實施正常化教學

中小學課程設計為全人格發展之規畫，實施正常化教學始得均衡地刺激孩子的多元智慧因子，避免部份因子因而麻痺化。

♠㈡專科大學階段順應學生性向（優勢智慧）選讀科系

專科大學課程已為學生之專門及專業素養預作準備，乃學生將來職場的最重要基礎，應以孩子的優勢智慧（性向）作為選讀科系的依據，符合孩子性向的科系容易投入、較能成功，也較有競爭潛力。

♠㈢加強聯課活動、分組活動、興趣選項等自主決定課程

學生喜歡的活動就是潛在優勢智慧表象，也是孩子性向所在，提供這類彈性的課程設計，有助於優勢智慧明朗化，也有助於調節選錯科系的學生，發展第二專長。

♠㈣輔導學生以優勢智慧（性向）選擇志業或規畫生涯發展。

天生我才必有用，行行可以出狀元，其先決條件在每一個人均能以其最勝任之工作為社會服務，對個人而言，人盡其才，才盡其用；對別人而言，具有相對

優勢，他人難以取代。每個人均以其優勢智慧選擇工作或規畫生涯發展，方能營造和諧共榮、交互輝映的人類社會。

☛ 三、知識管理理論（knowledge management）

二十一世紀成為知識經濟的時代，其主要意涵為：原本以人力、資本、機具、土地為基礎的經濟競爭力產生變化，知識的因子超越了前四者，成為當前經濟競爭實力最重要的因子，是以，知識決定未來（王如哲，2001）。面對知識經濟時代的訴求有二：㈠延攬具備知識的人才；㈡運作知識管理技術，提昇組織競爭力。

知識管理技術（或稱理論）係指操作行政管理措施，使組織成員之間產生知識螺旋（knowledge spiral）作用（Liebowitz, 1999），知識螺旋作用指員工能將自己本身已具備的知識外部化，（如形成具體的文書資料），再由其他員工透過觀摩研習等活動造成知識內部化（學得同仁專長），長期推動團隊學習則產生知識內部化、外部化交互作用效能，不但促使組織成員個人增能（empowerment），也增進團體增能，厚植組織競爭力。

面對知識經濟時代，知識管理理論在教育領域上的啟示，以下列四者最應為人所關切：㈠真知的教學活動（教給學生有系統、有結構，使用得上的知識）；㈡重視英語與電腦知能的教育（因為浩瀚無涯的知識，以國際語言存在於電腦網路上）；㈢運作知識螺旋技巧，廣泛使用於學校教育情境（如學習型學校），促使個人及團體不斷增能（empowerment）；㈣注重思考、創造、統整能力的培養，（統整創思乃增能的前提）。

☛ 四、鷹架理論（scaffolding）

維高斯基（Vygotsky, 1978）提出所謂近側發展區（zone of proximal development）概念，可以指出學生在單獨承擔學習責任時的實作表現與得到社會支持時的實作表現之差距。因每一個人的潛能及所得到的社會支持力量不一，近側發展區的落差頗大，如下圖 10-2（林清山等，1997）。

維高斯基社會支持的觀點又稱「鷹架支持」（scaffolding），即教育界人士所謂之鷹架理論。鷹架理論特別強調，給學生正向有利的社會支持力量愈多，學生的學習成果愈大，教師及家長均應扮演好學生（孩子）鷹架的角色。

鷹架理論也已廣泛地被使用在教育領域上，諸如進用優良師資（好老師是學生的鷹架）、充實教學設備（好的設備有利學習）、改善家庭氣氛與社會環境（關懷、溫暖支持力量大）。

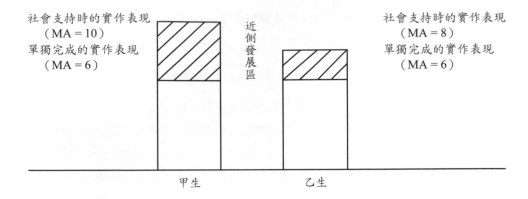

圖 10-2　同樣心理年齡為六歲的甲乙兩個兒童其近側發展區（斜線表示部份）可能不相同

資料來源：引自林清山等（1997：9）。

五、漸進決策模式（incremental）

　　公共政策或行政學討論政策決定歷程，常強調三種決策模式：理性決策模式、滿意決策模式以及漸進決策模式。漸進決策模式為林布隆（Lindblom, 1980）所主張，具有兩大特點：㈠以互動協商取代理性分析：認為當此民主時代，民意與黨派運作是主流，任何政策決定不太可能純依據理性分析而得，互動協商反而是政策決定最主要的方法策略；㈡小幅改善累積而至大幅進步：認為政策調整不宜使用革進式，革進式民眾不易適應，往往得相對付出更大的代價，漸進式改善，持續累積結果仍能有大幅進步，對於全民價值更大。

　　漸進決策模式在教育領域上的運用亦有實例，例如教學上的編序教學法，事實上即學習上的循序漸進策略，證之於多數學童，成果卓著。又如教育實施方案多採中長程計畫，設定近程、中程、長程目標，分年逐步完成，亦是漸進決策模式應用。

肆、理論應用

　　教訓輔三合一方案主要目標在產生教訓輔最佳互動模式與內涵，實現帶好每位學生的教改願景，經營方案的策略有五：㈠成立規畫執行組織；㈡規範教師系統輔導學生職責；㈢增進教師有效教學措施；㈣整合訓輔行政組織運作；㈤建立

學校輔導網絡。統合其經營管理哲學可名之曰:「交互作用,整合發展」,茲將其重點工作應用之管理理論對照呈現如表 10-1。

表 10-1　教訓輔三合一方案重點措施與管理理論對照表

目標	策略	管理理論應用
建立教訓輔三合一最佳互動模式與內涵,實現帶好每位學生的教改願景。	交互作用,整合發展	成立規畫執行組織 • 試辦推廣(逐步漸進) • 討論最佳作法(系統思考、知識螺旋)
		落實教師系統輔導學生職責 • 了解系統職責(系統思考) • 增益輔導知能(自我超越) • 交互支援功能(共同願景,知識螺旋) • 認輔支持學生(改變心智模式、充實鷹架)
		增進有效教學措施 • 觀摩研討教學(自我超越、知識螺旋、團隊學習) • 提供適性滿意學習(多元智慧) • 教師及教學評鑑(改變心智模式、知識外部化)
		整合訓輔行政組織運作 • 整合調整(系統思考) • 彈性定名(漸進發展)
		建立學校輔導網絡 • 結合資源(豐厚鷹架) • 交互支援(共同願景、改變心智模式、知識螺旋)

資料來源:研究者自製。

一、成立規畫執行組織方面

在本策略之下,方案中提列三項具體工作項目:㈠成立「建立學生輔導新體制規畫委員會」;㈡擬定實驗學校實驗計畫;㈢辦理學生輔導新體制實驗績效評估。由這三項具體工作項目為基礎,再參酌行動步驟所提列的推動本方案流程,呈現了本方案的兩大特點:㈠採用實驗試辦,經評估檢討後再予逐步擴大推廣;㈡每一個學校以及每一個縣市之最佳做法係經過學校執行小組及縣市督導小組持續討論而成,每一個學校或每一縣市可以不完全一致。

就第一個特點「試辦推廣」而言,符合漸進決策模式的精神「逐步漸進」,不要求短期內全面施行。就第二特點「討論最佳做法」而言,符合了學習型組織理論之「系統思考」以及知識管理理論之「知識螺旋」作用(最佳做法的產生係小組成員知識交互作用的創發)。其策略、方法與理論應用之關係如圖 10-3。

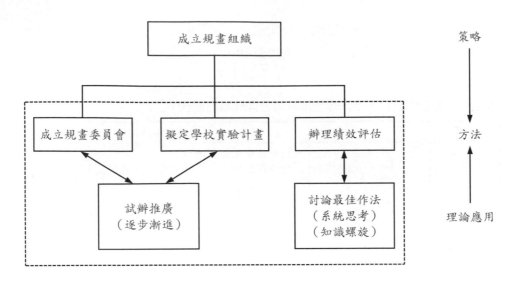

圖 10-3　「成立規畫執行組織」之策略、方法與理論應用關係圖示

資料來源：研究者自製。

☞ 二、落實教師系統輔導學生職責方面

在本策略之下，方案中提列四項具體工作項目：㈠落實教師在教學歷程中輔導學生之責任；㈡培養全體教師皆具有輔導理念與能力；㈢實施每位教師皆負有導師職責；㈣鼓勵每位教師參與認輔工作。由這些具體工作項目再參酌方案的整體設計與行動步驟中之規範，本策略經系統整理後，顯示下列四大特點：㈠增進教師了解輔導學生的系統職責，包括有效教學、教學中輔導、導師、認輔學生、了解網絡及危機小組運作程序等，知道參與本方案之具體工作；㈡增益教師輔導知能，有能力善盡前述之系統職責；㈢教師與行政人員之間產生交互支援功能，願意共同把學生帶好；㈣教師普遍參與認輔學生，關懷支持學生。

就第一個特點「促使教師了解系統輔導學生職責」而言，符合學習型組織理論中的「系統思考」，以系統結構引導教師善盡其本分，說服力高，效果較能彰顯。就第二個特點「增益教師輔導知能」而言，符合學習型組織理論中之「自我超越」修鍊，教師不斷成長，超越自我，更有能力善盡其本分職責。就第三個特點「發揮交互支援」功能而言，符合學習型組織理論中的「改善心智模式」及「建立共同願景」兩項修鍊之精神，也符合知識管理理論中「知識螺旋」的作用，知識螺旋作用愈佳，愈能夠彼此交互支援。就第四個特點「認輔支持學生」

而言，實質上在充實學生鷹架，符合鷹架理論，願意認輔關懷學生也需要老師願意改變心智模式，亦符合了學習型組織理論的第二項修鍊。其策略、方法與理論應用之關係如圖 10-4。

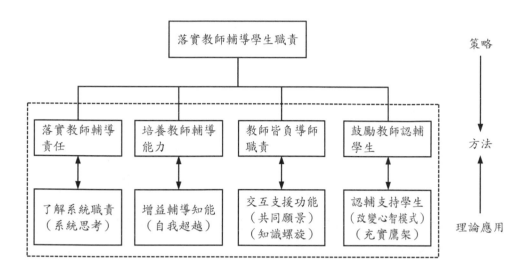

圖 10-4　「落實教師系統輔導學生職責」之策略、方法與理論應用關係圖示
資料來源：研究者自製。

☞ 三、增進有效教學措施方面

在本策略之下，方案中提列三項具體工作項目：㈠策勵教師實施高效能的教學，幫助學生獲得人性化及滿意的學習；㈡強化各科教學研究會功能，將輔導理念融入教學歷程，提昇教學品質；㈢實施教學視導及教師評鑑。本項策略經系統分析之後呈現三個特點：㈠強調提供適性滿意的學習，不一定要求學生達到成功；㈡透過教學上的觀摩研討，來提高高效能的教學內涵；㈢實施教學視導及教師評鑑來檢核提昇教師教學效果。

就第一個特點「提供學生適性滿意學習」而言，係依據「多元智慧理論」的精神而來。就第二個特點「教師觀摩研討教學」而言，則符合學習型組織理論中的「自我超越」以及「團隊學習」兩項修鍊精神，也符合了知識管理理論中之「知識螺旋作用」。就第三個特點「實施教師及教學評鑑」而言，必須要教師先行「改變心智模式」，願意接受評鑑，符合學習型組織理論中的第二個修鍊，再者接受評鑑必須有資料呈現及實際之教學活動，均需「知識外部化」之具體作

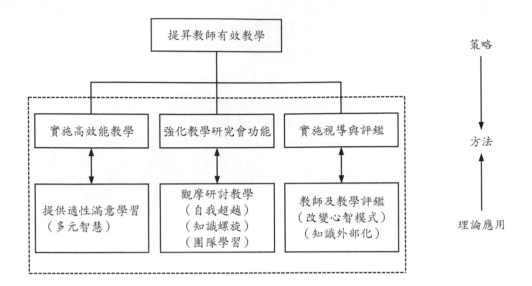

策略

↓

方法

↑

理論應用

圖 10-5 「增進有效教學措施」之策略、方法與理論應用關係圖示

資料來源：研究者自製。

為，符合「知識螺旋」作用之一。其策略、方法與理論應用之關係如圖 10-5。

➤ 四、整合訓輔行政組織運作方面

在本策略之下，方案中提列三項具體工作項目：㈠調整學校訓導處之行政組織及人員編制，兼具輔導學生之初級預防服務功能；㈡調整學校輔導室（學生輔導中心）之行政組織及人員編制，加強各級心理輔導及諮詢服務工作；㈢調整學校行政組織及人員編制。本策略即所謂的「訓輔整合」，實為本方案之最核心工作，乃「建立學生輔導新體制」之基石，訓輔整合之實驗方案為本實驗方案最重要之旨趣。就方案策略內涵分析，學校訓輔整合工作必須符合兩大特點：㈠以全校資源條件及學生最大價值進行整合調整，而非片面作為；㈡調整之後的行政組織名稱准予彈性更名，以便符合學校的特殊需要，並可增加實驗效果比對資料。

就第一個特點「整合調整」而言，符合了學習型組織理論中之「系統思考」修鍊，以統觀、全面思考才能為學校找到最佳之行政系統結構，導引教師服務學生。就第二個特點「彈性定名」而言，屬於「漸進發展」，邁向卓越。符合了「漸進決策模式」之基本精神。其策略、方法與理論應用之關係如圖 10-6。

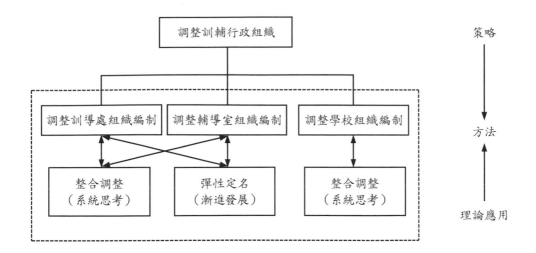

圖 10-6　「整合訓輔行政組織運作」之策略、方法與理論應用關係圖示

資料來源：研究者自製。

🖐五、建立學校輔導網絡方面

在本策略之下，方案中提列四項具體工作項目：㈠建立學校輔導網絡，結合社區資源，協助辦理學生輔導工作；㈡運用社區人力資源，協助學校推動教育工作；㈢編訂學校教師輔導工作手冊；㈣辦理學校教師、行政人員、義工及家長研習活動。就前述工作內容深入分析，本策略具有兩大特點：㈠結合學校、社會及家庭資源共同來協助學生；㈡期待這些資源產生交互支援作用，能更周延地為學生服務。

就第一個特點「結合資源」而言，在豐厚學生的社會支持力量，符合鷹架理論，輔導網絡資源系統就是鷹架理論在教育上的實踐範例。就第二個特點「交互支援作用」而言，其前提為大家要有共同帶好每位學生的「共同願景」，也要改變心智模式，彼此支援同仁之不足，並且要在互動中產生「知識螺旋」作用，始能有效達成，符合了學習型組織理論中的第二項及第三項修鍊，以及知識管理理論。其策略、方法與理論應用之關係如圖 10-7。

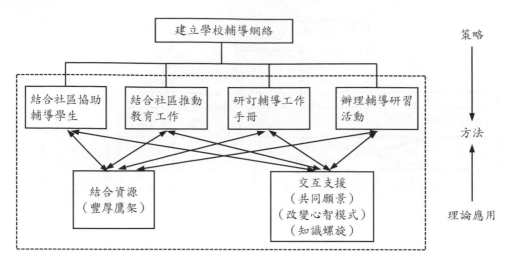

圖 10-7 「整合訓輔行政組織運作」之策略、方法與理論應用關係圖示

資料來源：研究者自製。

伍、結語

　　「交互作用，整合發展」是教訓輔三合一方案之總策略，也是管理哲學的綜合運用。這些與方案運作有關的管理哲學包括：學習型組織理論、多元智慧理論、知識管理理論、鷹架理論以及漸進決策模式。這些理論均有其特殊的主張與強調之重點，在彼此之「交互作用，整合發展」之後，帶動學校之教學人員（教師）與訓導人員、輔導人員產生最佳互動模式與內涵，進而建立學生輔導新體制，希能實現帶好每位學生的共同願景。系統結構如下圖 10-8。

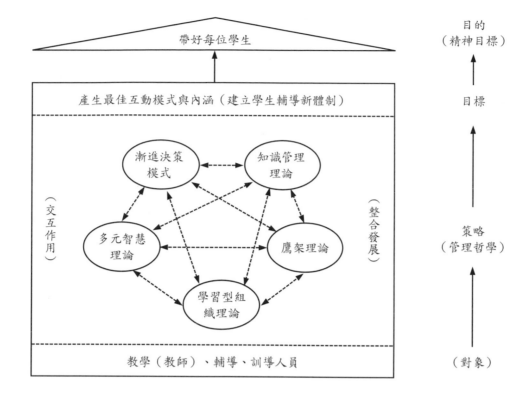

圖 10-8　教訓輔三合一方案管理哲學圖示

資料來源：研究者自製

（本文原發表於：《2002學年度師範院校教育學術論文發表會論文集》，2002年10月，頁41-56。國立嘉義大學主辦。）

教育的著力點

11

從教訓輔三合一方案的主要精神談中小學學生事務處的組織與任務

壹、前言——「訓輔整合」本為三合一方案的核心工作

　　教訓輔三合一方案緣自於教育改革總諮議報告，教改總諮議報告第 43 頁上建議：「學校應行訓輔整合，建立學生行為輔導新體制」，後來教育部頒行「建立學生輔導新體制——教學、訓導、輔導三合一方案」，亦將「調整訓輔行政組織運作」列為方案的四大核心工作之一。在推動過程中，要求實驗學校依據學校本身之情況，調整全校行政組織及運作模式，希望能帶動全校同仁，產生最佳互動模式與內涵，充分發揮教學、訓導、輔導功能，實現帶好每位學生的教改願景。

貳、訓輔整合過程上的爭議

　　三合一方案本身對於學校如何進行「訓輔整合」？並未具體規畫，僅提示實驗學校：得將訓導處調整為學生事務處或輔導處，兼辦學生初級預防服務工作；輔導室調整為學生輔導中心或師生諮商中心，執行二級預防及三級預防工作。每一實驗學校得依學校本身的特質及需求，決定行政組織。教育部策定方案之時，亦主張將「訓輔整合」的實際權限留給地方，希望地方政府在考量學校最佳互動模式與內涵之下，分區域實驗最佳行政組織運作調整內涵，實驗結果經績效評估之後，列為修法之依據，再予全面推廣。

　　從三年多來的實驗推廣，訓輔整合過程上產生了下列爭議。

一、是訓導處整合輔導室亦或輔導室整合訓導處？

二、訓輔整合是否即將「訓導處」「輔導室」裁併為一個單位，裁併後不是訓導不見了就是輔導不見了。

三、「學生事務處」如果取代了傳統的「訓導處」，「訓」與「輔」學生的實際工作是否統歸給「輔導室」，兼負「訓」與「輔」的輔導室又如何妥適界定其名稱？

四、三合一方案以三級預防的系統來為學生提供輔導工作服務，顯然訓輔整合之後的單位要能明確反映其職分，處室名稱調整之後亦要牽動各組任務的調整，始得名符其實。

五、調整行政組織之後如何避免「霍桑效應」？方不致實驗期間全面叫好，而實施之後又是另一回事。

六、實驗方案存有不確定性，實驗期間行政組織調整之後，運作方式與其他學校不同，最後如未全面實施，又需調整回來，無異大費周章。

由於前述六項爭議與問題，讓大部分的實驗學校裹足不前，多採小幅度的調整，不敢作大幅的更張，因此，「訓輔整合」之實驗未必真正進行，也讓三合一方案的推動，週邊的事物大過於核心事物。

參、訓輔整合的前提與做法

筆者參與三合一方案的規畫與執行，面對三合一方案推動過程上的瓶頸，唯恐因為「訓輔整合」核心事項沒有進展，影響到三合一方案存在與否的命運。是以為文撰述「訓輔整合的前提與做法」，在高雄師大「建立學生輔導新體制學術研討會」上發表，並刊載於《學生輔導雙月刊》第 71 期（鄭崇趁，2000b）。其要點摘述如下。

✐ 一、訓輔整合的前提

訓輔整合最終旨趣在促進學校行政組織發揮最高功能，同時也帶動全校師生優質化，具有輔導文化的學校組織氣氛，形成一種積極、人性、士氣高昂、交互支援、和諧共榮的學校文化，因此訓輔整合必須考量的前提有三：

㈠訓輔整合之後，必須能夠實現「帶好每位學生」的教改願景；

㈡訓輔整合的歷程，必須達成「名實相符、專業分工」的服務功能；

㈢訓輔整合結果，必須能夠對於一般教師（教學人員）及訓輔人員產生「交

互作用、整合發展」的效果。

☞二、訓輔整合的具體做法

依據前述「帶好每位學生」、「名實相符、專業分工」以及「交互作用、整合發展」之三大前提，規畫以「學生行動」為對象核心的「輔導新體制」，訓輔整合之後，學校行政組織可以規畫如表 11-1。

表 11-1　訓輔整合之學校行政組織系統

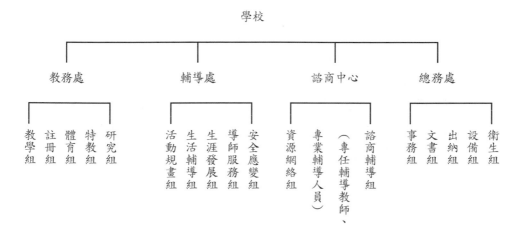

訓輔整合的具體做法：

㈠將傳統的「訓導處」調整改名為「輔導處」，兼負輔導初級預防功能。

㈡將原來的「輔導室」調整改名為諮商中心，設專任輔導教師及專業輔導人員，負責學校輔導二級及三級預防功能。

㈢配合調整學校教務處及總務處各組之設置與職責功能，例如體育組及特教組移教務處，強調以教學為主，衛生組及設備組移總務處，強調環保及支援功能。

㈣新設之輔導處增設生涯發展組、導師服務組、安全應變組，以有效執行初級預防及危機處理。諮商中心設資源網絡組及諮商輔導組，以結合專業人員落實二級、三級預防工作。

☞三、訓輔整合的實驗推廣建議

前述具體做法，僅為中小學大型學校「處」及「組」的初步架構，如要印證

其能否為學校帶來「最佳互動模式與內涵」，則有必要就所有參與實驗學校，挑選出小、中、大型學校，並以對照組方式（同樣類型學校，一校延用原來行政組織運作，另一校以新的訓輔整合後之新組織系統運作），再經二至三年的觀察與評估，其優劣或有進一步調整之處，應可驗證。

肆、「學生事務處」為「訓輔整合」另闢新徑

傳統的「訓導處」已不合時宜，「訓」字在當前的教育環境已難再有發展空間，1994 年修訂《大學法》時，最原先的提案係比照空中大學組織條例，設輔導處而非訓導處，也就是準備將訓導處調整為輔導處。當時若照原提案通過，將有利於今日之訓輔整合。沒想到當時的「訓導長」們介意變成「輔導長」，聯名提議調整為「學生事務處」，後來被立法院接受，經過二讀、三讀後正式頒佈。「學生事務處」名稱逐漸被教育界人士接受，專科學校及高級中等學校逐次將「訓導處」改名為「學生事務處」，為「訓輔整合」另闢新徑。然而「學生事務」之字義，似乎與「輔導」內涵無關，因此也為「訓輔整合」帶來了阻礙，多數的教育人員不再去在意「訓輔整合」議題。

從三合一方案的推廣過程來看，訓輔整合的可行途徑就「訓導處」名稱的改變使用而言，只能調為「學生事務處」，而不再是「輔導處」了。至多可在「學生事務處」下設置訓輔整合之後的組名，來反映訓輔整合的意涵與作為。

伍、學生事務為主流的行政組織系統

既然「訓導處」調整為「輔導處」已非時代趨勢，「學生事務處」已為較大多數教育人員的「較愛」，參酌原有三合一方案的主要精神，學生事務為主流的中小學行政組織系統可以規畫如表 11-2。

表 11-2　中小學學生事務為主流的行政組織系統

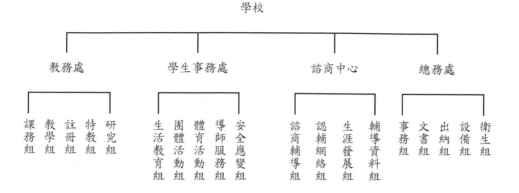

此一行政組織系統與傳統組織系統具體改變有五：

一、訓導處調整為學生事務處，設生活教育組、團體活動組、體育活動組、導師服務組、安全應變組五組，前三個組承續傳統任務，後兩個組新設，俾便與諮商中心之輔導工作銜接。

二、輔導室調整為諮商中心，設專任輔導教師及專業輔導人員，並分四組執行任務，包括諮商輔導組及輔導資料組執行傳統的輔導室工作，另增設認輔網絡組及生涯發展組以專業的性質加強帶動教師全面參與初級預防輔導工作。

三、配合「訓輔整合」的必要，教務處將設備組移到總務處，從輔導室移來特教組（教學為主），另增設研究組及課務組，以均衡處室及分組任務之工作負擔。

四、總務處將原有的保管工作與教務處的設備資源合併，設為設備組，並自訓導處移來衛生組（調整為強調環境衛生為主體）。

五、將教訓輔三合一方案的重點工作事項，設組列入行政組織系統，例如導師服務組（在學生事務處）、認輔網絡組及生涯發展組（在諮商中心）。

陸、學生事務處的主要任務

學生事務處的組織系統概要如前述，各組之主要任務可再發展規範如次。

學生事務處

— 生活教育組
　　1. 辦理學生請假出缺席管理工作
　　2. 規畫學生生活秩序競賽年度工作
　　3. 加強生活禮儀及慶典活動品質
　　4. 宣導執行交通安全工作
　　5. 推動學生班級生活公約
　　6. 實施民族精神教育、民主法治教育、校園倫理教育及時事教育

— 團體活動組
　　1. 指導學生規畫社團及自治會活動
　　2. 指導學生課外活動、社團活動及社會服務
　　3. 籌組學生服務團隊（糾察隊、樂隊、童軍團）
　　4. 規畫班會、週會活動計畫
　　5. 推動工讀制度及義工制度
　　6. 設置校友會及家長會

— 體育活動組
　　1. 辦理師生校內外體育競賽
　　2. 指導學生課外體育活動
　　3. 籌組訓練各項運動校隊
　　4. 訂定各項體育競賽辦法
　　5. 建立學生體育技能測量資料
　　6. 推廣體適能運動

— 導師服務組
　　1. 規畫學校導師制度
　　2. 擬定導師會報計畫
　　3. 建置導師資訊服務系統
　　4. 辦理導師輔導知能研習
　　5. 建立導師評鑑機制

— 安全應變組
　　1. 擬定學生安全及校園安寧計畫
　　2. 成立危機處理小組與規畫應變程序
　　3. 實施校園安全演習
　　4. 辦理校園預防宣導
　　5. 辦理學生申訴審議事項

教育的著力點

柒、結語──學生事務處的最重要功能在帶動全體教師共同為學生服務

　　中小學學生事務處的發展似已定局，我們幾乎可以預見，若干年後國小、國中、高中、高職，每一所學校均有「學生事務處」，學生事務處的組織與任務並未完全明確，配合學校本位管理的流行，勢必越為彈性，如果還有「總員額法」之立法，則今後的學生事務處更將多元多彩，每一個學校只要能夠實踐「帶好每位學生」的教改願景，其本身的組織與任務設計即為最佳型態。

　　望文生義，「學生事務」四字的內涵，可以十分鄙俗，也可以十分高尚，本文僅就「教訓輔三合一方案」的本義與精神，來探究今日中小學的「訓導處」如何調整為「學生事務處」，秉承三合一精神改名之後的學生事務處宜設哪些組，這些組的主要工作任務為何。筆者必須強調，學生事務處的功能不止於行政人員為學生服務，學生事務處的最主要功能在帶動全體師生共同為學生服務，並且要能夠促使老師與行政人員之間具有交互作用，整合發展的效果。

（本文原發表於：中華民國大專校院訓育學會 2002 年年會，2002 年 2 月。）

教育的著力點

12

學校推動「教訓輔三合一方案」工作要領

　　「建立學生輔導新體制——教學、訓導、輔導三合一整合實驗方案」為教改十二個行動方案之一。本方案簡稱「教訓輔三合一方案」，係筆者任職教育部（訓委會）期間，參與直接策訂而難度最高的教育輔導中長程計畫，是以採取實驗方案的方式推動。為推動本方案需要，筆者在教育部長官指導之下已發表兩篇文章——「教訓輔三合一的主要精神與實施策略」（鄭崇趁，2000a）；以及「經營一個具有輔導文化的學校——教訓輔三合一方案的時代任務」（鄭崇趁，2000c）。建構了「實驗學校」推動本方案的基礎工作事項，在宣導觀念及行政實務上已產生效果。茲再以「學校本位」立場，承續前述論著及兩三年來帶領實驗學校心得，歸納學校推動本方案的十大工作要領，期待對於正在實驗或即將參與試辦的學校有更大的幫助。

壹、掌握三合一的主要精神與實施策略

　　教訓輔三合一方案中的「三」，指的是三種人——教學人員（所有教師）、訓導人員以及輔導人員。「一」指的是學生輔導工作。「合」則希望本方案實施之後，能帶動三種人產生「交互作用、整合發展」，把學生輔導工作做得更為週延。教訓輔三合一方案的主要精神，在實現帶好每位學生的教改願景。所謂「帶好每位學生」，係指學校教師和訓輔人員合力，不祇要把好的學生帶好，還要把適應困難及偏差行為學生一併帶好。為實現帶好每位學生，前提為學校能夠充分發揮教訓輔功能；而為了達到學校能夠結合社區資源充分發揮教學、訓導、輔導學生功能，前提在教師與行政人員能夠產生最佳互動模式；為了學校教師與行政人員之間，學校教師與學生之間能夠有最佳互動模式與內涵的產生，其前提為所有教師均能善盡有效教學及輔導學生之責任，闡揚教師大愛。其間之結構關係如

前文圖 8-4（頁 125）（鄭崇趁，2000a）。

　　就策略層面而言，包括系統策略、網絡策略、本分策略，以及交互作用策略。系統策略提示了教師以及訓輔人員執行本方案時的「系統職責」，教師們從六個著力點善盡其有效教學與輔導學生職責：包括㈠有效教學（輔導理念融入教學）；㈡教學中輔導（提高辨識學生行為問題能力）；㈢導師（會運用班級經營及團體動力帶動優質班風）；㈣認輔教師（願意個別關懷學生）；㈤了解網絡（掌握校內外資源）；㈥危機小組（知道應變運作程序）。前三者為初級預防工作事項，第四項為次級預防工作事項，五、六項則為三級預防工作事項，唯一般教師均祇作二、三級對象中的「初級預防」及「協助」部分。對訓輔人員而言，其在本方案之系統職責包括：（初級預防）㈠擔任一般教師之諮詢工作；㈡研訂全校輔導工作計畫；㈢將生涯輔導及心理衛生方案納入輔導工作計畫核心；（次級預防）㈣進行諮商輔導專業工作（個別輔導小團輔及成長營活動）；㈤建立學校輔導網絡以及㈥成立學校危機處理小組；（三級預防）㈦透過網絡及危機小組之運作，引進社會資源，協助學校進行臨床心理治療及診斷復健工作。

　　網絡策略提列校內及學校與社區結合網絡，在校內希望教師與三個處室行政人員能夠成為交互支援形態，為學生提供網絡服務。學校與社區結合之網絡，則希望能由學校教師（行政人員）策動，結合社區社工員、心理衛生人員、心理治療人員、法務警政人員、退休教師、公益團體或個人，形成一綿密網絡服務系統，妥適照顧到每一位學生。

　　本分策略以及交互作用策略屬於「規範性」提示。本分策略強調，三合一方案各項工作之執行，不增加教師們額外負擔，僅在有系統地提列教師們六個能夠善盡本分之有效途徑。交互作用策略則強調本方案各項工作帶動之結果，希望能夠讓全校教師與行政人員之間產生「最佳互動模式與內涵」，形成一種交互作用的組織文化——人人透過系統善盡本分，人人透過網絡交互支援，並且具有共同帶好每一位學生的心願。整體合作的結果，不但有「累加」的效果也看得到「乘積」的功能。

貳、了解實驗方案的特質與運作模式

　　本方案特別強調為「整合實驗方案」，其推動過程與要求重點有別於一般中長期計畫，整合對象指自 1991 年以來教育部推動的一連串學生輔導工作，如輔導工作六年計畫、青少年輔導計畫、璞玉專案、朝陽方案、攜手計畫、春暉專

案、中輟生輔導、少年犯罪預防、認輔工作及輔導網絡工作等，希望本方案的實施能夠為各級學校之輔導工作引導成整合而有系統的做法。採用「實驗方案」則指本方案存有「不確定性」及「彈性」，方案本身僅提列原則及基本規範，各學校真正的做法以及最好的做法，希望能夠由「實驗的歷程中」一邊做，一邊找。也希望實驗的結果，能夠找到本方案核心工作最好的做法，在學校裡頭能夠帶動訓輔人員與一般教師產生最佳互動模式與內涵。

本實驗方案的主要特質近似「行動研究」，必須依據方案設計時秉持的「輔導工作理念」進一步與「學校輔導工作實務」結合，找出最佳的做法與推動方式。因此，本實驗方案在運作上呈現下列三個特點：

㈠設置研討機制，不斷研議核心工作在學校中的最佳做法：研討機制包括三個層級：⑴學校執行小組：學校為執行本實驗方案，應由校長召集，設執行小組，執行小組成員五人至九人，教、訓、輔主任組長及教師代表參加，研議擬訂本校整體實驗工作事項之實施計畫，並按月開會研討，研議四大核心工作及其在本校之最佳做法；⑵研討會：屬第二個層級機制，由各實驗學校校長主任參加，教育部邀集之研討會。教育部設定，凡是參加實驗方案之學校，其校長及訓輔主任定期參加同一階層學校研討會八次，每次就四大核心工作發展的八大議題進行研討，透過專家演講、實驗學校經驗分享、問題發現與解決對策之交流，期能為所有實驗學校，找到每項工作最好之做法；⑶觀摩會及學術研討會：屬第三個層級機制，教育部為展示實驗成果，有效宣導三合一方案的具體做法，設定各層級實驗學校分南北兩地辦理兩次觀摩會及一次綜合學術研討會。觀摩會提供給縣市行政人員以及準備下年度試辦的學校參觀，包括政策宣導、核心工作討論及成果展示說明。學術研討會則進一步尋求理論與實務之結合，為三合一方案奠定學理基礎，並以理論逐一檢核推動事項之妥適性。

㈡設置督導機制，協助學校及教育局落實執行重點工作：本實驗方案的督導機制分成專業督導以及行政督導兩個面向。專業督導由教育部聘請規畫委員擔任，每校兩名，督導事項包括：實驗計畫之研擬開始、重點事項之規畫執行、衍生問題之解決以及實驗成果評估等，督導委員直接到校督導五至六次。其督導評估報告即整個學校實驗成敗的寫照。行政督導設在各縣市教育局，由局長、課長、督學等行政主管人員擔任委員，定期到校了解、督促重點實驗工作之執行，並負責協助解決衍生之行政問題，行政督導結合專業督導在謀求教育部及地方縣市教育局對於本實驗方案的共識與同一的做法。

㈢以實驗作為修法的基礎，為訓輔組織調整找到最適當運作模式：本實驗方

案的核心工作之一，在為學校找到最佳的訓輔組織調整模式，而方案僅提示原則，各校實驗內涵多有不同，何者最好？必須等待實驗二、三年之後方能有初步結果，且在全面推廣之前，《國民教育法》及其相關子法，對於訓輔組織之規範應予順勢修訂。是以本實驗方案的實驗結果將作為修法的基礎，此亦為一大特點之一。

參、經營一個具有輔導文化的學校為努力指標

最近教育單位學習企業界之做法，學校流行建立「共同願景」，就以推動九年一貫課程為例，發展學校本位課程之始，就必須界定本校的課程發展「願景」在那裡？執行「小班教學精神計畫」，就問推動本計畫的願景是什麼？慢慢地凡是做較重大的事務，都要問我們為什麼要做這件事？我們的願景在那裡？相同的推動「教訓輔三合一方案」的願景在那裡，是值得大家深思，且必須共同面對的課題。

事實上筆者 2000 年的專文已明確指出，教訓輔三合一方案的時代任務，在經營一個具有輔導文化的學校。也就是說，三合一方案是在以輔導的理念為核心，結合教學與訓輔措施來經營一個人性化的學校。一個具有人性化的校園組織文化為本方案各項工作共同的努力指標（願景）。

人性化的校園組織文化必須呈現在學生身上，也必須呈現在教師身上，以及行政人員（校長、主任、組長）的身上，其具體努力指標摘要如次（鄭崇趁，2000a）。

☛ 一、學生而言

・了解輔導、認同輔導、善用輔導。
・了解學校輔導措施。
・一般學生及適應困難學生、偏差行為學生均得致妥善照顧。

☛ 二、教師而言

・體認有效教學及輔導學生為教師的兩大天職。
・具有基本輔導素養（含知能、態度、觀念、辨識力）。
・善於將輔導理念融入教學。
・擔任導師時，善於運用輔導態度經營班級優質班風。

・願意認輔學生，也知道認輔工作的基本做法。

☞三、行政而言

・建立學校教學及輔導學生機制。
・建立學校輔導網絡及危機小組運作機制。
・擬訂完善的學校輔導工作計畫。
・示範及宣導帶動全體教師投入輔導工作。

肆、發揮「建立學生輔導新體制執行小組」功能

「執行小組」為實驗學校運作三合一方案的核心組織，從本方案兩三年來的觀察，凡是學校執行小組充分發揮功能者，本方案在該校的實驗效果即非常成功，反之，如果學校執行小組未正常運作，或小組應有功能未能發揮者，該校的整體實驗成果即困難彰顯。因此，發揮「建立學生輔導新體制執行小組」功能，亦是實驗學校當務之急。

如何發揮學校執行小組之功能，以下是實驗較成功學校的做法，可為參考：

一、爭取家長會及社區具有影響力人士參與執行小組成員。因為本實驗方案除策動教師善盡有效教學及輔導學生職能外，尚須建構學校輔導網絡，結合社區資源規畫學生輔導體系及運作機制。家長會代表及社區具有影響力人士參加，可以增益此方面資源與學校的串聯。

二、遴選學校有能力、有意願奉獻輔導工作的教師代表加入執行小組成員。執行小組成員除主任、組長因行政職務關係為當然成員之外，必須要有一般教師參與且方案規畫之工作事項，多直指教師之工作任務，具有能力且願意奉獻輔導工作的教師參加規畫，方能得致每位教師均可接受、可行、有效的、關鍵的做法，同樣的決議，不同的工作順序或流程說明，往往得致完全不同的結果，這類教師代表參加執行小組最有利於小組功能之發揮。

三、執行小組務必定期開會。實驗之初應每週開會，確定實施計畫及重點工作，全面推動之後始可調整為每月開會，開會必須針對四大核心工作相關議題深入討論，直至找到本校最佳或較可行之做法為止。

四、執行小組的會議均必須要有準備，要有會議紀錄。準備事項包括此次會議的主要議程以及相關資料的蒐集，會議紀錄則須記載討論的結果與本校具體採行之措施。

五、邀請督導參加執行小組會議，一方面讓督導充分了解本校實際運作情形，一方面讓本校主要成員與督導會面，共同討論重點工作之執行，最能發揮實驗工作預期效果。

伍、發展以輔導為核心的教訓輔整合組織系統

任何一個方案計畫均有其限制，並非漫無範圍地什麼事都做。本方案因標榜教訓輔三合一，很多教育界人士從名稱上直接解讀，認為教訓輔即學校的整體經營，把學校的經營管理方法全盤托出，任何一件教學、訓導、輔導有關之工作均視為本方案之重點措施，誤以為學校經營即執行教訓輔三合一方案。

如此地誤用與過度解讀，只要再把「核心」強化，即可收到「聚焦」的效果。本方案的精神在以輔導的理念經營學校組織文化，用輔導為核心規畫有效教學措施以及訓育輔導工作即為主要內涵。

由本方案產生的背景緣由分析，本方案來自教育改革總諮議報告書之建議——為了實現帶好每個學生的教改願景，學校應行訓輔整合，建立學生行為輔導新體制。「訓輔整合」是建立學生輔導新體制最根本的基礎工作。訓輔整合之後要能帶動「教學人員（教師）」與訓導人員、輔導人員產生三合一的最佳效果，來為全校學生提供一個更為周延的學生輔導工作服務。

因此，就訓輔行政組織之調整而言，筆者仍然建議：

一、將原來的訓導處直接改名為「輔導處」，以輔導的理念及方法做傳統的訓育工作，以及輔導初級預防工作，包括生涯輔導及心理衛生方案，並主導輔導網絡之建立、運作以及危機小組機制。

二、將原來的輔導室提升為「諮商中心」，設輔導教師及專業輔導人員，執行二級預防的輔導諮商工作，包括個別輔導（諮商）、小團體輔導、認輔制度的規畫、主題輔導週工作、測驗的實施、解釋及學生輔導資料之建立與保管。而服務對象由學生擴大至為學生、教師及家長，提供其輔導工作諮商、諮詢服務。

三、為避免「訓輔整合」之後，訓導處改名輔導處之後輔導處功能過於龐鉅，可將體育組及特教組改隸教務處，回歸以教學為主的行政系統。而衛生組與環境收關，改隸總務處較為名實相符。

陸、帶動教師善盡輔導學生系統職責

從學校經營的立場而言，教訓輔三合一方案的成敗關鍵之一，在看學校校長及主任們能否有效的帶動教師全力投入學生輔導工作。教師能否被動員而投入輔導工作，有三個層次內涵需要考量：

一、教師們是否把「輔導學生」工作當作其教師職分之一？如果學校中大部分的老師仍然只停留在把書教好就盡了其本分，未把「輔導學生」也當作其天職之一，則校長及主任們應花較多的時間宣導強調教改的基本訴求與期待，所謂「把每一位學生帶上來」，就是期待學校教育歷程中，希望所有的老師共同盡力，有效教學的同時，也要對適應困難及行為偏差的學生盡一份心力，也就是「輔導學生」，拉學生一把，或推學生一把。唯有全校教師均把「輔導學生」當作其本分職責之一，在教學之同時，願意花心力協助學生，才能為教訓輔三合一方案立下穩固基礎。

二、教師們已經將「輔導學生」當作其本分職責之一，但不知如何下手，不知道從那個地方實際來協助學生，則學校校長及主任們則可進一步運用表 8-2（頁123），向全校教師們說明，教師們可從㈠有效教學（輔導理念融入教學）；㈡教學中輔導（辨識學生問題行為能力）；㈢導師（班級經營、團體動力）；㈣認輔教師（個別關懷學生）；㈤了解網絡（掌握校內外輔導資源）以及㈥危機小組（重大事件應變運作之程序）等六個著力點下手，由此六個途徑具體地來協助學生。

三、當老師們也知道了如何來協助輔導學生，但整體績效尚不理想，集全校教師力量尚不能週延地關照到全校學生時，校長及主任們宜定期地提醒教師，從前文表8-2（頁123）的六個著力點，逐一檢討，有效果的地方持續耕耘，效果薄弱或不足的地方適時謀求改進，必要時多辦教師之間的觀摩會，例如找績效好的教師，示範如何將輔導理念融入教學、示範如何運用班級經營技術營造優質班風、多辦認輔學生個案研討會，提升認輔教師認輔工作之作為，運用網絡資源系統之案例演練等，實質地提高所有教師在六個著力點上可能之作為。

柒、活絡學校輔導網絡運作實務

教訓輔三合一方案之四大任務指標之一包括「建構學校輔導網絡」，就實驗工作兩三年來觀察結果，實驗學校均能依據前文圖8-3（頁124）的概念，彩繪學

校網絡資源系統摺頁，並且向教師及學生家長宣導，唯各校實際績效落差極大。各校可加強下列三個做法，來活絡學校輔導網絡運作實務，以提升網絡的效果：

一、校長及主任應定期與社輔單位（網絡資源）的負責人聯絡，向他們致意，感謝其對學校學生的協助與幫忙，並反應部分學校的情形讓他們了解，彼此相互熟悉、了解，必要時才能方便資源的引進。

二、學校辦理重要活動應邀請社輔資源單位派員參加，得使這些社輔資源單位了解學校運作脈動與需求，並且增進一般教師與家長認識這些資源單位的機會，由綿密互動中增益交互支援之實質可能。

三、學校應定期演練或觀摩如何運作學校輔導網絡資源，由實際的演練觀摩過程，讓教師及家長更了解資源分布，更熟悉如何透過系統思考，整體考量，為所有的學生找到最週延、最大價值的輔導工作服務。

捌、實施學校本位進修研習計畫

運用學習型組織理論，引導全校教職員工進入學習狀態，乃面對知識經濟時代挑戰，以及學習社會需求的不二法門。教訓輔三合一方案要執行成功，也有賴全校教師在學習進修中逐步建構。本方案需要所有教師全面提升輔導知能，也需要教師專業及專門知能的增長，更需要教師們掌握教育改革的脈動，對學生教育上的需求有一整體的關照與體認。因此，現代教師必須適時的進修研習，進修研習的範圍應包括教改措施、九年一貫課程、小班教學精神計畫、中長程教育計畫、輔導知能、三合一方案、專業及專門知能等。最好的做法，即以學校為單位，規畫學校本位的教師進修研習計畫，前文圖9-3（頁133）可以做為各校設計執行計畫時的參考，筆者主張地方政府（縣市教育局）應以中小學學校規模編列預算，提供學校辦理教師在學校進修研習之經費。偏遠地區學校及規模太小學校再鼓勵其聯合辦理（仍給預算）。

玖、引進督導協助解決問題並鼓舞教師士氣

本方案之特色在設有研討機制及督導機制（前已述及），研討機制在透過研討歷程，讓核心工作找到最好的做法，督導機制則在協助督促實驗學校，落實重點工作。事實上督導對於學校之功能有百益無一害，實驗成功的學校可在下列幾方面善加運用，尋求督導之協助，督導增益整體績效。

一、學校有阻力時，請求督導到校宣導疏通：學校校長答應接下實驗方案時，學校往往會出現抗拒變革的阻力，阻力如果來自全體教師時，靠校長及主任來說服大家配合有時力有未逮，此時校長可敦請督導委員以學者專家之身分，到校對全體教師演講，說明為何要推動此一方案，此一方案老師們配合做那些事項，可以實現何種教育意涵，對於學校及教師本身產生的意義與價值，化解教師的阻力。

二、學校執行小組運作進程不佳時，請求督導列席執行小組會議：學校推動本方案另一個可能之阻力來自行政人員，多數教師兼行政人員有「多一事不如少一事」之心態，對於實驗新方案，亦有排拒現象，以致進程遲緩。事實上本方案設督導之目的之一亦在協助校長，可敦請其直接列席學校執行小組會議，一方面回答，解決行政人員在推動過程中所衍生的問題，另一方面也與校長合作，共同促動執行小組積極運作，維持應有的進程。

三、學校教師士氣不佳時，亦可請求督導到校演講教師心理衛生主題，鼓舞學校教師服務士氣，提高學校教師服務士氣，願意為學生多奉獻一分心力，教訓輔三合一方案才能真正成功。

四、學校遇到專業上瓶頸時，可適時尋求督導協助：三合一方案係以輔導為核心的方案，面臨輔導上的專業瓶頸，以及教訓輔整合措施的妥適作為，有時學校行政人員處理上較困難，而督導了解其他學校的有效做法，可以居中引介或以專業的觀點協助學校有效解決。

五、督導更為積極的功能，在為學校尋求輔導網絡資源以及反映學校困難給教育行政機關，從教育部或教育局透過行政措施，協助學校解決困難。為學校營造三合一的有利環境，增益推動方案的潛能績效。

拾、加強校長及行政主管示範帶動功能

教訓輔三合一方案在營造一個具有輔導文化的學校，也就是一個人性化的校園組織文化，校長及行政主管的示範帶動直接影響此一氣氛的落實與否，也攸關整個方案的成敗。下列事項係校長主任們示範帶動的重要著力點。

一、校長主任們應優先認輔適應困難及行為偏差學生。校長及主任認輔學生後再要求全校教師每位認輔一至二位學生。尤其是校長能帶頭告訴教師們他是如何認輔學生，如何摘記認輔記錄冊，是鼓勵教師參加認輔的最佳方法。

二、校長應帶動主任及組長們處室間合作。本方案的另一指標在教師與行政

人員產生最佳互動模式與內涵，希望教師與行政人員間有交互作用、整合發展的功能，行政人員之間尤應帶頭交互支援，消除本位主義，大家合作無間共同為全校教師及學生服務。教師們感染行政人員的交互支援，才能夠產生和諧共榮、交互輝映的組織文化氣氛。

　　三、學校遇到棘手問題時，校長與主任們能夠帶頭運作網絡資源及啟動危機小組，有效解決問題。展現優質的團隊服務績效，讓三合一方案的優點，隨時在引導著學校教師，邁向精緻卓越的教育實際。

（本文原刊載於：增能與尊重──邁向教訓輔三合一的境界。《國立台北師範學院八十九學年度地方教育輔導叢書》，2000 年 12 月，頁 107-126）

13

從學校組織再造的需求探討教訓輔三合一方案在教育改革中的角色功能

壹、緒言
——學校組織再造的完成是教育改革與發展的重要里程

近年來，教育部配合中央行政組織再造的進程，要求所屬各階層學校進行組織再造，由於教育部頒發的文獻資料強調之理由為：國家財政困難，必須精簡人力，學校應予組織再造（教育部，2001c）。引致中小學教育領導者（校長、主任）的恐慌與抗拒，一方面深怕自己就是被精簡的對象，另一方面則對於如何在學校中進行組織再造找不到著力點。

組織再造有廣狹兩義，狹義的組織再造指組織結構的調整，牽扯到員額編制的改變，是人力結構的重新配置，不一定非精簡人力不可。廣義的組織再造則包括組織運作方式的改變，領導者調整領導行為，有效激勵員工認真負責、積極主動、交互支援，形成優質的組織文化。

從狹義到廣義的組織再造，均與十數年來的教育改革關係密切，學校狹義的組織再造本即教育改革行政體制改革的一部分，廣義組織文化的形塑更是教育改革的主要動能之一。圖 13-1 可以呈現其結構關係。

當前教育改革的全貌，約略可以分成「行政體制」的改革、「課程內容」的改革，以及「升學進路」的改革三大層面。在行政體制方面的改革，主要有：㈠組織再造；㈡校長遴選；㈢學校本位管理、績效責任；㈣中小學小班小校、大學整併等重點措施。在課程內容方面的改革，則為九年一貫課程之實施，其主要特點為：㈠依據七大領域、十大基本能力設計課程；㈡推動學校本位課程；㈢強調統整、班群的教學；㈣希望能教給學生帶得走的能力。在升學進路方面的改革，

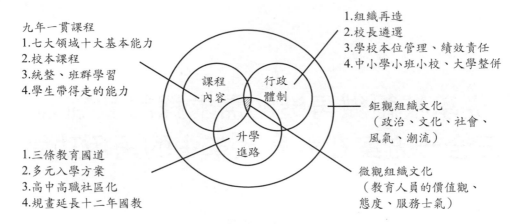

九年一貫課程
1.七大領域十大基本能力
2.校本課程
3.統整、班群學習
4.學生帶得走的能力

1.組織再造
2.校長遴選
3.學校本位管理、績效責任
4.中小學小班小校、大學整併

課程
內容

行政
體制

升學
進路

鉅觀組織文化
（政治、文化、社會、
風氣、潮流）

1.三條教育國道
2.多元入學方案
3.高中高職社區化
4.規畫延長十二年國教

微觀組織文化
（教育人員的價值觀、
態度、服務士氣）

圖 13-1　教育改革的全貌及其與組織文化關係圖

主要有㈠擘畫三條教育國道；㈡推動多元入學方案；㈢實施高中高職社區化；㈣規畫延長十二年國民基本教育。

　　整個教育改革的進程與績效會受到鉅觀組織文化的影響，也會受到微觀組織文化的影響。所謂鉅觀組織文化係指整個台灣大環境大多數人的一般看法，包括對政治、文化、社會、風氣、潮流的基本主張。例如政府不遺餘力推動多元入學方案，最終之旨趣在以多元的升學管道取代單一的大學及高中聯招，然而一般社會大眾有高比例（約 80%以上）仍然主張「恢復聯考」，造成多元入學方案的推動阻力重重，艱辛而難成。微觀組織文化在教育界則指教育人員本身的價值觀、工作態度與服務士氣綜合體之謂。例如教育部公佈九年一貫課程暫行綱要，並準備於 2001 年起實施，在前一年仍有不少老師觀望，認為「真的要實施嗎？」，「有沒有可能再回頭？」充分呈現了一般教師抗拒變革，以及被動消極之心態，是以九年一貫課程實施之初，中小學手忙腳亂，爭議不斷，即為微觀組織文化影響改革的最佳寫照。

　　從組織文化本身探討教育改革與學校組織再造可以發現，學校組織再造原本就是教育改革的一部分，學校組織再造的完成，也是教育改革及教育發展的重要里程。學校組織再造的完成將為我國教育帶入真正開發中國家的階段。

　　「建立學生輔導新體制——教學、訓導、輔導三合一整合實驗方案」（簡稱教訓輔三合一方案）係教育改革十二行動方案之一，教育部 1998 年頒行，此一方案與「邁向學習社會白皮書」所列十四行動方案，併稱為帶動組織文化改革的兩大方案。本文之旨趣，在析論教訓輔三合一方案如何與學校組織再造融合，在整個教育改革中所扮演的角色功能，賦予教訓輔三合一方案應有的時代地位。

貳、學校組織再造的緣由

Hammer 與 Champy（1994）將組織再造定義為從根本上重新思考，並徹底重新設計組織的作業流程，期於成本、品質、服務與速度等重要的組織績效上有大幅度的改善（引自張明輝，2002），在實際應用方面，Kochan、Reed、Twale 和 Jones（1999）認為在推動組織再造方案時，應重視所有的知識與參與人員，鼓勵每個人成為自我導向的終身學習者，嘗試連結工作實務與學術理論，並且創造人際之間的歸屬感。

吳清山等人（2001）進一步指出，學校組織再造是透過組織結構與權力結構之改變，增加教師與家長的校務參與，強化學校的經營體質；其最終目的則在於增進學校效能，提升學生學習表現。

張明輝（1999；2002）則認為，學校組織再造，顧名思義乃改變學校組織架構及運作方式，以因應改革需要。以我國的情形而言，組織再造較為偏重組織結構的調整；而美國則兼及行政措施的調整和教學層面的改革，並有側重教學相關事務改革的情形。

因此，學校組織再造的緣由與「財政困難」及「精簡人力」未有直接關聯。財政有無困難，學校組織均應順應改革與發展之需求，適時再造。組織再造旨在重新調整人力而不一定「精簡人力」，教育部如欲有效推展學校組織再造，早日見到具體績效，應揚棄原有理由，另擬說帖。

學校組織再造的緣由，來自於學校教育體制順應教改上的變革需要，也來自於後現代社會企業管理理論發展後的融合，約略而言，主要者有四。

✎ 一、科技改變人力配置

機器人誕生以後，部分的勞務以及具有危險性的工作可交由機器人來做，工業科技發達之後設備現代化，操作技術已替代了勞力密集工作，資訊科技發展結果，溝通更為便捷，也為人類帶入了虛擬世界，人力結構必須重新調配。

就學校組織而言，「衛星學校計畫（Star School Program）」、「遠距教學（Distance Learning）」、「網路隨選視訊互動教學系統（Video-on-Demand，VOD）」、「家庭聯絡簿網路作業」（教育部，1998b）將逐漸改變了師資培育與教育活動之設計，學校的教職員工組織必須重新調整配置，進行組織再造，否則難以順應現代學生的需求，提供學生最大價值的教育。

☞ 二、願景結合目標

九年一貫課程實施之初，教育部推動小組要求各校規畫「學校本位課程」，而校本課程的第一個工作即「發展學校願景」，當時學校教育領導者（校長、主任）及教師們都遵循照作，但少有人去探討願景與教育目標間的關係。

「建立共同願景」係學習型組織理論五項修鍊之一，原為企業界進行企業變革、組織再造的重要策略。「共同願景」的內涵包括兩大要素：㈠邁向組織目標；㈡反映成員心聲。形塑組織的共同願景必須以目標為基礎，參照成員間對於達成目標歷程之不同意見與看法，求得可兼顧而共同遵循的指標，是以必須由下而上討論以成（鄭崇趁，2001b）。

學習型組織理論引進學校之後，願景領導已經逐漸結合目標領導，學校校長辦學時，除了需帶領著幹部、老師們透過課程設計、教學措施，實踐國定的教育目標之同時，更需融合成員的教育理念與需要，建構超越目標的學校願景，以更為高遠前瞻的願景追求，激勵全校師生職工共塑一個持續成長發展的學習型學校。

願景結合目標係領導策略的提升與轉變，也是學校之所以要組織再造的重要緣由之一。

☞ 三、本位自主優先於一致規範

現代的學校經營也逐漸地引進企業管理上的「本位管理」及「績效責任」，這兩種理念運用在學校即為「總量管制」、「學校本位管理」、「全面品質管理」、「賦權增能」等的具體作為，其精神意涵建構在：㈠留給組織運作的彈性；㈡鼓勵成員多元參與、自主決策；㈢賦與幹部權責、增益其能量發揮；㈣決策經歷系統思考，產生價值最大化。

以學校本位課程之發展為例，學校本位課程指的是全校的總課程活動設計（包含 20%彈性時間的運用），學校的課程發展委員會必須針對本校的下列條件因素進行系統思考，統整考量：㈠全校教師的專長分布；㈡本校學生的素質與需求；㈢社區可資運用的資源；㈣學校本身的特色與傳承；㈤家長的意見與需求；㈥校長及幹部的辦學理念。

學校課程設計以此六大條件參照課程綱要的規範，依班級及領域節數，推動班群並靈活運用彈性時間，實施主題統整教學。此一學校本位的課程設計最符合本校學生的最需要，產生教育價值最大化。

「組織」、「行政」、「課程」、「教學」是「學校本位管理」的四大範

圍，「校本課程」的實施僅是「學校本位管理」的一部分，在整個「學校組織再造」的作為上扮演「開端」的角色，今後尚可再發展至其他三個層面。

為了建構個別組織（如學校）的價值最大化，經營管理理念強調「本位自主」優先於「一致規範」，期待每一個學校均有其特色（不要長得都一樣），乃學校組織再造的另一緣由。

☛ 四、團體競爭力重於個人表現的總和

2004 年美國 NBA 總冠軍賽，活塞隊擊敗被大家看好的湖人隊，讓世人印象深刻，非但跌破千百萬人的「眼鏡」，在我國大學裡也發生了長庚大學「溜鳥俠」事件，教育界為處罰之輕重掀起了另一番波瀾。活塞隊在七戰四勝中，以四勝一敗的優勢擊敗明星如雲的湖人隊，充分展現團體競爭力重於個人表現的總和。

這也是國內教育界最深沉的痛，我國的教育人員素受尊崇，各級學校教師之出身可謂個個人間龍鳳，教師待遇超過一般公務人員之平均水準，教育行政人員多數具備教師資格且歷經高普考洗禮，個別來看均為優質人員，社會地位崇高。但是如此之結合，為何仍然要進行「教育改革」？而且「教育改革」十數年來依舊紛紛擾擾，大家均不滿意？究其原因，除了教育界之外，其他各行各業的人員（主要為家長），對於國家教育總產值並不滿意，雖然個別的老師與教育人員本身不錯，但整體的教育歷程之生產力、競爭力有待提升。

政府施政已講究提高國家競爭力，企業界的經營管理更加強調「生存競爭力」，學校經營如何促使這些原本優質的成員，透過善盡本分，交互支援而形成「累加」以及「乘積」的效果，提高整體教育品質，展現教育的團體競爭力，亦已成為學校必須進行組織再造的重要緣由之一。

參、學校組織再造的做法

我國行政院於 1998 年頒布「政府再造綱領」，推動「政府再造」計畫，主要工作內涵包括：「組織精簡」、「人力精實」及「業務簡化」等三個行動方針，重點則強調「組織再造」、「人力及服務再造」及「法制再造」三個面向。

Michaelis（1998）指出教師的非正式團體大致可以分為三種：社會性群體（social grouping）、意識形態導向（ideological orientation）、權力導向（proximity to power），而學校在探討組織再造的同時，校長應對教師的非正式團體（informal groups）有所了解，並推理非正式團體對於學校組織改變的反應，同時預

期可能的衝突，而校長若能對政策、社會關係以及意識形態的圖像有所了解，則有助於校長之政策決定與執行。

呂生源（2000）指出組織再造係針對組織設計的基本原則重新加以思考，以對於組織進行最有效的重組與改進。其主要方法有四，包括：㈠作業流程的再造；㈡組織型態的再造；㈢管理結構的再造；㈣組織文化的再造。

張明輝（2002）歸納中外學者對於學校組織再造的看法後特別強調，組織再造係透過組織結構與作業流程的重新思考與設計，形成新的組織文化，以適應外在環境變化，並提升組織效能。惟學校組織再造，除強調鬆綁與學校本位經營的精神外，應回歸至教學本質及學生本位，並且結合資訊科技，才能實現學校組織再造增進學校效能的理想。

鄭崇趁（2004d）以「再生」的觀念賦與學校組織再造新義，強調中古世紀之後文化復興運動所強調的「再生」，是今日「組織再造」最佳的註解，含有持續成長，競爭發展之積極意涵。可以從「人員觀念再生」、「組織結構再生」、「工作流程再生」、「核心技術再生」以及「組織文化再生」著力，尋找具體做法，歸納可執行之工作項目。

就學校實務運作的介面而言，組織再造之訴求應可分成兩方面：「組織結構」的調整，以及「組織運作」的改變。兩者均是「行政學」探討的重要主題，學校行政人員之所以擔心組織再造課題，在於多數人只體認到「結構的調整」，而少觸及「運作的改變」（鄭崇趁，2003b）。

組織結構的調整是組織再造的基礎，然而組織結構能否任由學校自行調整，則有賴政府「總員額法」之實施，總員額法實施之後，行政單位的組織調整始有法源基礎。在政府「總員額法」尚未頒行之前，學校推動的「組織再造」，在「組織結構」方面，僅能以「實驗」性質作有限度的調配與試行，難以實現真正的「再造」。例如目前中小學在推動「教訓輔三合一方案」時，原本期待能夠透過「訓輔整合」達到「建立學生輔導新體制」的目的，然卻因為沒有法源授權，「訓輔整合」之組織結構調整始終沒有真正突破，成果不如預期理想。

組織運作方式的改變，是當前學校推動組織再造較為可行的方向，廣義的組織運作包括前述文獻所稱之「成員觀念再生」、「核心技術再生」以及「組織文化再生」等主要內涵。其具體的做法，可參考下列八個重點作為。

☛ 一、推行學校本位管理

其主要精神，在統整考量學校現有的師資專長與學生需求、地區特質等作最

適化的規畫，發展立基於學校最大價值的管理運作型態，目前國民中小學為配合九年一貫課程之實施，在課程設計方面已有學校本位管理的實際經驗，可再擴展至組織、行政及教學等方面。

二、採行扁平化領導

扁平化領導係指組織領導人，必須與組織中各階層人員均衡互動，讓組織成員多元參與重要決策。在學校中則指校長必須揚棄「高高在上」之心態，能經常與組長、老師、學生直接面對面溝通，了解教師的教與學生的學之實際需求與問題，再行決策。

扁平化領導的具體實例，可以陳水扁總統 1996 年任職台北市市長期間，曾以每個週三下午開闢「市長與民有約」時間，凡屬台北市市民，任何人欲對市政提供建言，均可循此管道反映給市長知道。扁平化領導是一種變形蟲組織，任何一個層面的每一個人，均有機會表達意見，參與決策。

三、施行績效責任與全面品質管理

學校可配合年度校務計畫擬訂時，要求行政人員依據績效責任原理原則，設定每人職務之「標準作業程序」以及服務時效檢核點；要求每位教師預為擬定各科教學計畫，並重視每堂課教學目標之檢核。如此則學校行政人員，在職務上能夠提供最佳的服務品質，快速達成行政目標；老師每一堂課均能提供學生最好的學習，使學生學到該學到的知識與技能，則學校之經營，即能與企業界的全面品質管理相互輝映。

全面品質管理在學校教師教學上的運用則應該多實施形成性評量，減少僅作一次性的總結評量，在校長領導上的應用，則應每週召開行政工作會報，逐週檢核各處室重點工作進程，而避免每一學期結束才看處室成果。

四、運用資訊科技強化知識管理

學校知識管理係指學校行政組織運用資訊科技，並結合學校組織文化、組織結構等特性，對學校行政組織中的知識進行搜尋、組織、儲存、轉換、擴散、移轉、分享、運用及創新的過程（張明輝，2002）。此一過程是一種提升組織績效的有效策略，因此，學校組織再造能否成功，有賴於學校知識管理來促成。

學校應運用現代化資訊設施，建立重要工作業務之標準作業程序，實施計畫及實施成果文書檔案，加強教師數位素養，以資訊媒材建置個人教學檔案、學生

輔導資料、補救教學系統、家庭聯絡備忘系統以及個人知識管理系統，學校教師個別的知識管理結合學校行政系統的知識管理，是現代學校「教育競爭力」的重要基礎，而資訊科技的運用層次決定了學校知識管理之實際程度。

五、鼓勵教師成立各種行動團隊

行動團隊是團體力學的運用，普遍流行於學習型企業組織，其基本類型包括：品管圈（3 人至 5 人）、讀書會（15 人至 30 人）、成長團體（8 人至 12 人）、休閒團體（如藝文、運動、旅遊……等，人數不拘）。在正式組織內工作會報、工作小組、黨性團體等也是廣義的行動團隊。

行動團隊之所以流行，在於行動團隊之推動，能夠同時滿足個人目標以及組織目標。就個人來說，參加行動團隊可以「彼此關懷」、「交互支持」、「共同學習」、「發展成長」，滿足個人需求與目標。就團體來說，由於團體動力的交互作用，產生知識螺旋作用，致使「個人增能」、「團體增能」、「士氣高昂」，進而「提升競爭力」，達成組織目標。

學校領導者可鼓勵教師參與各種行動團隊，以行動團隊活化學校組織氣氛，迎接變革，蘊育新氣象。

六、增進教師「關照能」

「關照能」指教師或教育人員關懷、照顧、協助、幫忙學生處理困難、跳脫困境的素養與技術。也就是有能力的愛，或者教師能夠操作（使用得上）的輔導態度與技術（鄭崇趁，2005a）。

用輔導與諮商上的術語，「關照能」的重要內涵包括輔導員（教師）的基本態度及諮商初階技術。基本態度如溫暖、真誠、接納、尊重、支持等；諮商初階技術如同理心、回饋、引導、自我表露、問題解決等。

全面提升教師輔導知能乃培育關照能的不二法門，全面提升教師輔導知能的必要措施，包括：㈠持續辦理教師基礎及進階輔導知能研習；㈡推動教師輔導主題工作坊研習；㈢規範中小學教育學程學生必修輔導原理與實務 2 學分；㈣鼓勵中小學教師進行輔導主題行動研究；㈤開設輔導學分班及輔導教學碩士班；㈥積極辦理輔導學術研討會及行動研究發表會。

各級學校教師「關照能」持續增長，教師與教師之間，教師與訓輔行政人員之間，彼此交互作用，整合發展，再結合社區資源，建立學校完整的學生支持網絡系統，可為學校奠定組織再造的深厚基礎。

☛ 七、建立學習型學校

「觀念態度」與「實踐行為」的改變或調整，係組織再造的重要層面，學校進行組織再造，從某個立場來看，需帶動老師職工「觀念態度」與「實踐行為」之改變。觀念態度上，「持續的學習」是成長發展的不二法門；實踐行為上，即所有教師職工均能實際上參與各種學習、進修、研究之活動。

學校應針對全校教師職工之最需要，整合「教育政策」、「課程教學」、「專業知能」、「專門知能」、「輔導知能」等需求，發展學校本位進修計畫，在本校自辦研習，提供教師每年至少 36 小時以上之研習進修（亦可與臨近大學合作，規畫為兩個學分之綜合通識課程）。

學校應訂定獎勵辦法，要求教師每年基本進修時數外，鼓勵教師積極參與學分班、學位班及各種主題工作坊之進修，獎勵教師每年參與一案教育行動研究，以建立學習型學校，促成學校組織再造的完成。

☛ 八、營造優質的校園組織文化

組織再造的最大目的在期待組織有更大更好的產能，更在期待高產能的同時，組織成員是快樂、具有生命力的。因此經營學校優質組織文化亦為組織再造的重要策略之一，學校教職員工能夠展現熱誠、積極、主動、相互支援，共同為學校目標願景努力的組織文化氣氛，則已經實現了組織再造的目的，也能為「組織結構變革」立下最穩固的基礎。

營造優質校園組織文化的具體方法，包括㈠選擇具有專業素養及服務熱誠教師擔任幹部（主任、組長）；㈡校長及主任組長（幹部）能帶動交互支援，共同完成重要校務活動；㈢充分提供一般教師發揮專長貢獻學校機會；㈣鼓勵教師職工彼此欣賞優點，並合作相互補足對方弱點；㈤鼓勵全校教師職工參與各種行動研究團隊，促使學校成為一個學習型學校。

肆、教訓輔三合一方案與學校組織再造的匯通

從方案名稱上來看教訓輔三合一方案，似與學校組織再造毫無關聯，但詳以剖析其內涵與推動策略，則教訓輔三合一方案強調「訓輔整合」，與學校「組織結構之調整」關係密切。教訓輔三合一方案強調「交互作用，整合發展」更關係著學校「運作方式之改變」。茲先簡介三合一方案之主要內涵，再予剖析其與組

織再造之匯通。

➤ 一、教訓輔三合一方案概述

　　「建立學生輔導新體制——教學、訓導、輔導三合一整合實驗方案」自1998
年頒布實施,為教育改革十二行動方案之一,簡稱教訓輔三合一方案,因採逐步
推廣策略,先行小規模(28 校)試辦,經評估檢討後,再進而中型規模(含區
域)試辦,再檢討評估,確認可行之後再予逐步擴大試辦學校,是以方案名稱中
直接標示為「整合實驗」方案。

　　教育部規畫擬訂「建立學生輔導新體制——教學、訓導、輔導三合一整合實
驗方案」之歷程,頗為艱辛,經過兩次規畫委員會議,五次七人小組會議,1998
年7月21日頒布,其主要內容包括:目標、五大策略、十七項方法,及行動步驟
之規範十項。

　　鄭崇趁(1999)將本方案之目標、策略、方法,進一步予以結構化,如表
13-1,表內策略一係指推動全案之組織系統,而學校執行之實際重點業務工作,

表 13-1　教訓輔三合一方案結構表

目　標	策　略	方　法
建立各級學校教學、訓導、輔導三合一最佳互動模式與內涵,培養教師具有教訓輔統整理念與能力,有效結合學校及社區資源,逐步建立學生輔導新體制。	成立規畫執行組織	一、成立「建立學生輔導新體制規畫委員會」 二、擬定實驗學校實驗計畫 三、辦理學生輔導新體制實驗績效評估
	落實教師輔導學生職責	四、落實教師在教學歷程中輔導學生之責任 五、培養全體教師皆具有輔導理念與能力 六、實施每位教師皆負有導師職責 七、鼓勵每位教師參與認輔工作
	提升教師有效教學	八、策勵教師實施高效能的教學,幫助學生獲得人性化及滿意的學習 九、強化各科教學研究會功能,將輔導理念融入教學歷程,提升教學品質 十、實施教學視導及教師評鑑
	調整訓輔行政組織	十一、調整學校訓導處之行政組織及人員編制,兼具輔導學生之初級預防服務功能 十二、調整學校之輔導室(學生輔導中心)之行政組織及人員編制,加強各級心理輔導及諮詢服務工作 十三、調整學校行政組織及人員編制
	建構學校輔導網絡	十四、建立學校輔導網絡,結合社區資源,協助辦理學生輔導工作 十五、運用社區人力資源,協助學校推動教育工作 十六、研訂學校教師輔導工作手冊 十七、辦理學校教師、行政人員、義工及家長研習活動

資料來源:鄭崇趁(1999:91)。

即以策略二至策略五之四大核心為主要。

本方案之實施旨趣在透過三種「人」──教學人員（教師）、訓導人員、輔導人員之「交互作用、整合發展」，並結合社區資源，共同將學校輔導工作做得更臻理想，實現「帶好每位學生」之教改願景。

鄭崇趁（2000a）將本方案之主要精神與實施策略，用圖 13-2 呈現其結構關係。

要「帶好每位學生」並不容易，必先讓學校充份發揮教學、訓導、輔導功能始有可能，學校要能「整合教訓輔功能」亦非容易，有待教師與訓輔行政人員產生最佳互動模式與內涵才能做到。學校教師職工能否「孕育最佳互動模式」，則有賴所有的教師均能善盡教學及輔導學生職責，「闡揚教師大愛」為基本前提。因此，本方案主要精神具有階層性，且互為因果關係。

鄭崇趁（2002）進一步分析本方案重要的理論基礎（管理哲學），指出本方案十八項重點工作，其背後的教育學理，關聯最密切者包括學習型組織理論、多元智慧理論、鷹架理論、知識管理理論、漸進決策模式等。並歸納統整如圖 13-3。

並非五種理論的應用建構了三合一方案，而是三合一方案的重要工作，個別上符合了這五種理論本身的核心論點，且依賴「交互作用、整合發展」之策略帶動，始能向上發展，產生最佳互動模式與內涵（建立學生輔導新體制）。表 13-2可以對照呈現理論與方案的結合焦點。

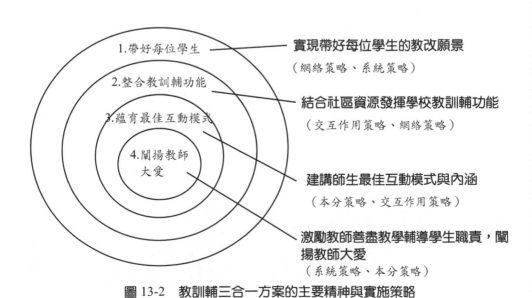

1. 帶好每位學生 ── **實現帶好每位學生的教改願景**
（網絡策略、系統策略）

2. 整合教訓輔功能 ── **結合社區資源發揮學校教訓輔功能**
（交互作用策略、網絡策略）

3. 蘊育最佳互動模式 ── **建講師生最佳互動模式與內涵**
（本分策略、交互作用策略）

4. 闡揚教師大愛 ── **激勵教師善盡教學輔導學生職責，闡揚教師大愛**
（系統策略、本分策略）

圖 13-2　教訓輔三合一方案的主要精神與實施策略

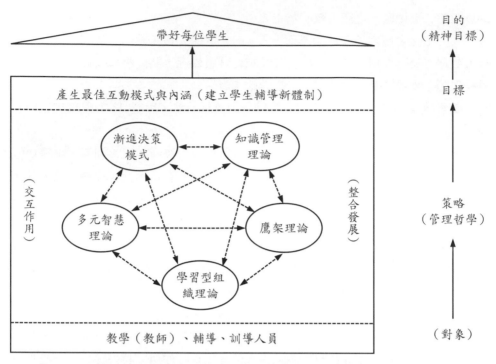

図 13-3　教訓輔三合一方案的管理哲學（理論探源）

表 13-2　教訓輔三合一方案重點措施與管理理論對照表

目標	策略		管理理論應用
建立教訓輔三合一最佳互動模式與內涵，實現帶好每一位學生的教改願景。	交互作用、整合發展	成立規畫執行組織	・試辦推廣（逐步漸進） ・討論最佳作法（系統思考、知識螺旋）
		落實教師系統輔導學生職責	・了解系統職責（系統思考） ・增益輔導知能（自我超越） ・交互支援功能（共同願景、知識螺旋） ・認輔支持學生（充實鷹架）
		增進有效教學措施	・觀摩研討教學（自我超越、知識螺旋、團隊學習） ・提供適性滿意學習（多元智慧） ・教師及教學評鑑（知識外部化）
		整合訓輔行政組織	・整合調整（系統思考） ・彈性定名（漸進發展）
		建立學校輔導網絡	・結合資源（豐厚鷹架） ・交互支援（共同願景、知識螺旋）

資料來源：研究者自製

教育部自 2004 年末起，頒布施政四大主軸及配套行動方案，「建立學生輔導新體制」已整併為「友善校園整體營造」之一部分，今後教育部訓育委員會推動「友善校園整體營造」相關工作，將持續強化「學生輔導新體制的建立」，不一定會再強調「教訓輔三合一」。惟「教訓輔三合一」帶動學校實質改變，大家有目共睹，「交互作用、整合發展」的影響力，已為學校組織再造營造了可予發展（升級）之基礎。

☛ 二、學校組織再造結合教訓輔三合一方案之觸媒

學校組織再造的緣由與做法，教訓輔三合一方案的內涵與推動策略已概如前述，兩者之間結合之觸媒約可分為二部分加以聯結：

♠㈠「訓輔整合」為學校「組織結構調整」的前階基礎

依據教育改革總諮議報告書（行政院，1996：43）之提示「學校應行訓輔整合，建立學生行為輔導新體制」。教訓輔三合一方案之最終旨趣在「建立學生輔導新體制」，進而能夠實現「帶好每位學生」的教改願景。而學生輔導新體制的建立有賴學校之「訓輔整合」，學校當前之輔導人員、訓導人員如何結合教學人員（教師）進行重新的系統整合，共同從「輔導學生」的角色職分下手，建構「最佳互動模式與內涵」，乃成為教訓輔三合一方案最重要之課題。

是以，教訓輔三合一方案總目標具體指出：「建立各級學校教學、訓導、輔導三合一最佳互動模式與內涵，培養教師具備教訓輔統整理念與能力，有效結合學校與社區資源，逐步建立學生輔導新體制。」「訓輔如何整合」不能自外於整個學校的組織結構系統，因此，在教訓輔三合一方案中，「調整訓輔行政組織」策略僅列三個導引性項目；㈠調整學校訓導處之行政組織及人員編制，兼具輔導學生之初級預防服務功能。（建議將訓導處調為輔導處或學生事務處，目前多使用學生事務處）；㈡調整學校輔導室（學生輔導中心）之行政組織及人員編制，加強各級心理輔導及諮詢服務工作。（建議將學生輔導中心或輔導室提升為諮商中心，並設置專業心理諮商人員及分組辦事）；㈢調整學校行政組織及人員編制。（配合組織再造，全校系統考量）。

鄭崇趁（2000b）曾撰文指出「訓輔整合」必須考量的前提有三：

1. 訓輔整合之後，必須能夠實現「帶好每位學生」的教改願景。
2. 訓輔整合的歷程，必須達成「名實相符、專業分工」的服務功能。
3. 訓輔整合結果，必須能夠對於一般教師（教學人員）及訓輔人員產生

「交互作用、整合發展」的效果。

學校組織再造已勢在必行,「訓輔整合」亦已成為學校組織再造最重要的前階基礎,教育主管機關有必要針對各級學校之不同需求,結合學校專家及優質學校校長、主任,共同為大、中、小型學校規畫適切的組織結構(如各有二至三種)提供學校參考,再以學校本位管理精神,要求學校「自主再造」,期待每一個學校,均能經由本位自主的「組織再造」,融合「訓輔整合」的精神,建構「帶好每位學生」的最佳「組織系統結構」。

♠ (二)「交互作用,整合發展」引導學校組織「運作方式」的優質改變

「三合一」含有「交互作用,整合發展」之意,在教訓輔三合一方案「總說明」上被強調,歷年來教育部推動本方案的各項作為上,已被所有的教育部規畫委員們及縣市督導委員們當作「總策略」,亦即整個方案的推動,希望領導者(校長、主任)能夠促動學校訓輔人員主動與全體教師「交互作用、整合發展」,進而產生「最佳互動模式與內涵」。

在「交互作用、整合發展」總策略帶動之下,其分項策略如系統策略、本分策略、網絡策略、交互作用策略、漸進策略等均與學校組織領導的「運作方式」有關,由學校組織人員的善盡系統本分職責,參與學習行動團隊,交互支援,建構支持網絡系統,漸進而優質的成長發展,實乃三合一方案與學校組織再造第二個結合的觸媒,與本文前述學校組織再造的具體做法中,提列之扁平化領導,推動績效責任與全面品質管理,鼓勵教師參與各種行動團隊,建立學習型學校等均有匯通,本文將在第伍部分,進一步以「角色功能」之層面,剖析其深度意涵。

☛ 三、「教訓輔三合一方案」及「邁向學習社會白皮書」共同促進「優質教改環境」 的建立(組織文化的形塑)

本文前已述及,教育改革的績效受制於「鉅觀組織文化」的影響,也與「微觀組織文化」的關聯密切,鉅觀及微觀組織文化的優質改變,有利於教育改革各項工作之推動,績效自然較為容易顯著。「學校組織再造」已屬於教育改革的一部分,廣義的組織再造,即指整體大環境組織文化優質的形塑。

就十二個教育改革行動方案中,有兩個方案與形塑優質組織文化攸關,一為「邁向學習社會白皮書」(教育部,1998b),以十四項具體作為(亦稱十四行動方案),訂頒終身學習法營造學習型社會,促使各行各業人員,均能透過回流

教育，進入學習狀態，達到個人增能及組織增能，進而提高國家整體競爭力。「邁向學習社會白皮書」各項方案工作係從「鉅觀組織文化」下手，催化客觀大環境組織文化優質發展，認同且協助教育改革各項進程。另一則為本文主題「教訓輔三合一方案」，三合一方案從「微觀組織文化」下手，推動四大任務指標，五大策略，十四項具體工作，帶動「教育人員」透過「學生輔導新體制」之建構歷程，產生「交互作用，整合發展」之組織再造實質，促進學校本身形塑優質的組織文化，奠定教育改革的基礎。其間之結構關係可以圖 13-4 顯示。

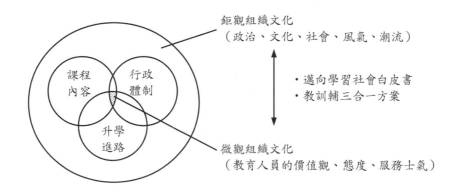

圖 13-4　教訓輔三合一方案與教育改革、組織文化之關係

伍、教訓輔三合一方案扮演的角色功能

從「訓輔整合」作為學校「組織結構調整」的前階基礎，到「交互作用、整合發展」帶動「組織運作方式」的改變，以及形塑「優質教育改革組織文化」的歷程申論中，可以找到三合一方案與教育改革、學校組織再造之間的「關係」與「觸媒」。

本文接續以「學校組織再造」的運作方式介面，進一步剖析教訓輔三合一方案如何在「教育改革」中逐漸形塑教育人員「微觀組織文化」優質的改變，其所扮演的角色功能為何？為教訓輔三合一方案探尋更為深層的意涵。

教訓輔三合一方案在「交互作用，整合發展」總策略引導下，運作四大任務指標，五大策略及十四項具體作為，扮演了「整合者」、「激勵者」、「示範者」、「奠基者」以及「催化者」五大角色，其功能之發揮促進教育人員微觀組織文化的優質改變，如圖 13-5。

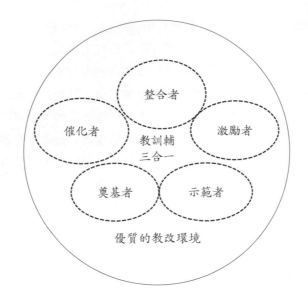

圖 13-5　教訓輔三合一方案在微觀組織文化中的角色功能

☛一、「整合者」的角色功能

　　教育改革或教育發展乃肇因於社會變遷與時代需求,也必須反映「民之所欲,常在我心」的政策引導,而關切教育之民眾（學生以及家長）的想法與需求是多元的,也經常與教育上的學理、原理原則產生矛盾,互為衝突。且不同立場的人士對於教育的調整措施（教改）也會有不同看法與堅持,在此論戰之下,教師們當為何事?校長及主任們應如何領導學校?明確之工作重點何在?形成十分艱鉅之挑戰,教育人員動輒得咎,如履薄冰、如臨深淵。因此,任何教改方案之推動,必須整合現行其他方案的相關做法,也必須提供實務工作者易於整合自身的工作職責。

　　教訓輔三合一方案扮演「整合者」之角色最為明顯,可細分為「組織結構」的整合、「助人管道」的整合、「系統職者」的整合三部分說明其角色功能。

♠(一)組織結構的整合

　　鄭崇趁（2000b）依據前述「訓輔整合」之前提考量,規畫以「學生行為」為對象核心的「輔導新體制」,融入學校整體「組織再造」,建議學校行政組織之結構系統整合如表 13-3。

　　以中小學為例,以「訓輔整合」為前階基礎之學校「組織結構調整」整合做

表 13-3　訓輔整合之學校行政組織系統

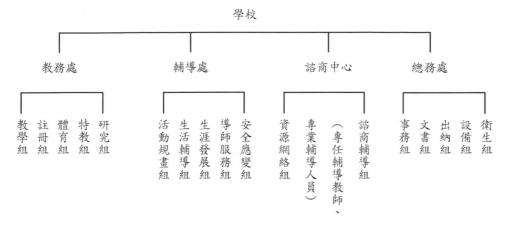

法為：

1. 傳統的「訓導處」調整改名為輔導處，兼負輔導初級預防功能。
2. 將原來「輔導室」調整改名為諮商中心，設專任輔導教師及專業輔導人員，負責學生輔導二級及三級預防功能。
3. 配合調整學校教務處及總務處之設置與職責功能，例如體育組及特教組移教務處，強調以教學為主；衛生組及設備組移總務處，強調環保及其支援功能。
4. 新設之輔導處增設生涯發展組、導師服務組、安全應變組，以有效執行初級預防及危機處理。諮商中心設資源網絡組及諮商輔導組，以結合專業人員落實二級、三級預防工作。

♠(二)助人管道的整合

　　教訓輔三合一方案，為教育人員明確提示助人服務的三條管道——教學、輔導、訓導，並整合輔導三級預防之觀念與社區輔導資源之引進化約成下頁圖 13-6。

♠(三)系統職責的整合

　　教訓輔三合一方案在實驗試辦的過程中，依據方案的精神內涵，結合試辦學校經驗，逐次為中小學教師整合規畫了系統職責，包括六項：(1)有效教學；(2)教學中的輔導；(3)作好導師；(4)參與認輔教師；(5)了解網絡；(6)危機處理。此六項工作本係為所有教師應盡之本分，三合一方案的實施特別予以強調，其實際工作內涵及其與三級預防之結構關係如表 13-4，強調教師系統職責整合之後，必須善

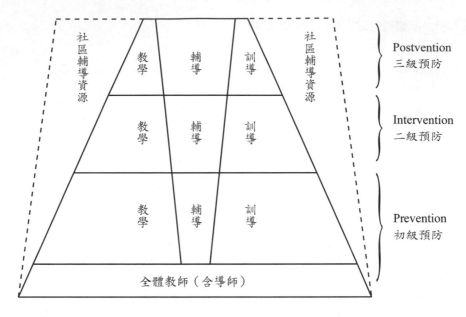

圖 13-6　教訓輔三合一方案之三條助人管道結構關係

表 13-4　教師系統職責與三級預防

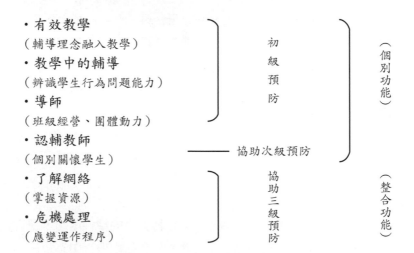

教育的著力點

盡「有效教學」及「輔導學生」兩大天職。

在訓輔人員（含校長、主任、組長及輔導教師、專業社輔人員、生活輔導教官等）方面，三合一方案亦有所規範強調，以三級預防的階層，明列其系統職責（如表 13-5），初級預防、次級預防及三級預防層次，均有其配合校務須加強做好的重點工作事項。

表 13-5　校長及訓輔人員系統職責

```
初級預防
  ‧教師輔導工作諮詢
  ‧策訂校務輔導工作計畫（含生涯輔導、心理衛生方案）
  ‧鼓勵教師認輔學生
次級預防
  ‧諮商輔導（個輔、小團體、成長營）
  ‧建構學校輔導網絡
  ‧成立危機處理小組
三級預防
  ‧網絡與危機小組的實際操作
  （引進社會資源協助輔導專業、臨床工作）
```

「整合者」之角色功能，具統整後簡化之引導效果，例如「訓輔整合」後校務組織系統的佈建，除了具有任務導向功能之外，更可收到「訓育原理輔導化」的實質導引作用。「教育助人三條管道」則進一步引導全校教師職工從「教學」、「訓導」、「輔導」三個介面進行「交互作用、整合發展」。「系統職責的整合」更以「教學」到「訓輔」之歷程，為教師及訓輔人員整合提列具有邏輯系統的重點工作事項，簡要而明確，符合學校組織再造的需求，「先做對的事」，「再將事情做好」。

➡ 二、「激勵者」的角色功能

教育改革績效不如預期理想，部分原因在於教育人員並未得到正面鼓舞而服務士氣低落，何以今日教育人員（教師為主）缺乏迎接變革的動力，不願意奉獻心力，闡揚教育大愛？大致有兩大原因：一則教師的社會地位日益低落，受到功利主義的影響，教師之名份未及以往的尊崇。二則教育改革措施之推行，多採由上而下，不是由老師們主動提出，且均未在年度之前納入校務計畫，是以老師們以「外加」負擔方式來看各項教改措施，難有主動積極之動力。

教訓輔三合一方案係一種實驗方案，含有行動研究之特質，每一學校在試辦

的歷程上，建立了三個層級的研討機制，且配合規畫督導適時介入輔導，推動的過程中有機會徵詢教師們對各項工作具體做法的看法，鼓勵教師能夠考量本校學生最大的價值而採取相對妥適的做法。不斷的辦理教師們的進修研習，由進入學習狀態，激發教師服務士氣，不但有利於三合一方案的推動，也有利於其他教育改革方案的執行。

　　具體而言，教訓輔三合一方案從三個層次運作，激勵教師職工服務士氣。首先激勵所有教師「勇於承擔」，尤其是承擔「有效教學」及「輔導學生」兩大天職，將「輔導學生」列為身為教師者的本分職責之一。其次則激勵全校教師職工「學習成長」，規畫參與各項研習進修，提升能量，促進卓越表現。最後則激勵所有教師職工「交互支持」，彼此關懷，激賞優點，互補不足，建構和諧共榮校園，提升團體競爭力。

　　「激勵者」之角色功能，在促動教育人員的「良心」、「責任」以及「學習」調整改變成為「關懷」、「支持」、「行動」的團隊文化，也是學校組織再造能否具有成效的重要策略之一。

☞ 三、「示範者」的角色功能

　　今日教改沒有績效的另一原因在，說的人多而真正做的人少，我們到處可以看到、聽到「教育改革應該怎麼辦」，但很少聽到「教育改革的潮流下我們可以做些什麼」。很多學者專家以及行政官員設計出了各項行動方案，也多以指揮大家要做哪些事為主，而很少明確列出「我們行政單位可以提供什麼服務，幫助大家突破困境」，因此形成了「教育改革人人有責」，但都是別人應盡的責任而不一定是我要盡的責任，長此以往，教改績效當然不佳。

　　教訓輔三合一方案十分強調校長及主任們示範帶動的角色與功能，其示範工作以下列四項為主：㈠研討機制的主角：三合一方案各項重點工作如何在本校實施，必須透過研討才能確定，才能形成實驗計畫的一部分，而校長及主任為執行小組之主要成員，扮演關鍵主角功能；㈡參與認輔學生：三合一方案理想指標之一為所有教師均參與認輔制度，志願認輔一至二位適應困難、行為偏差學生，其最佳做法即校長及主任本身參與認輔，並以具體的範例帶領所有教師進入認輔行列；㈢演練網絡支持系統及危機處理程序：輔導網絡支援系統及危機處理機制之建立為三合一方案重點工作之一，唯對多數教師而言係「備而不用」事務，如果平時未予適度訓練，常會形成「備而難用」及「備而無用」，是以校長主任有必要定期操作，示範演練讓所有教師熟悉，以達成「備而有用」；㈣校長及主任們

的交互支援：唯有校長及四處主任本身能相互支持，發揮交互支援功能，才能真正帶動所有教師「交互作用、整合發展」。

具有「交互作用、整合發展」的學校，其組織文化會呈現「工作搶著做」的活絡現象，任何改革均將邁向成功；反之，「嚴格劃清工作界線」的學校，其組織文化開始劣質化，再容易的變革也難有績效。

就學校組織再造的需求而言，如何讓老師們願意迎接變革、積極調整，勇於學習新事務，自我增能而成長發展，有賴組織領導者的示範帶動，亦唯有校長主任們願意帶領，善盡本分職責，致力交互支持，始有務實成果。

☞ 四、「奠基者」之角色功能

所有的改革均要有成熟的環境作為基礎，環境不夠成熟（條件不足或解讀偏差），改革均難以成功。就教育改革而言，整體環境包括前文所述「鉅觀組織文化」以及「微觀組織文化」，當前的鉅觀組織文化內涵趨向社會文化功利化、商品化，政治風氣權謀善變，民意多元開放而知識短淺保守，實不利改革。微觀組織文化內涵如教育人員缺乏淑世濟人情操，服務士氣低落，存著當一天和尚撞一天鐘之工作態度，也不利改革。

教訓輔三合一方案從微觀組織文化（教育人員層面）著力，以「逐步漸進」、「全面參與」，以及「支援增能」積極帶動策略，奠定教育改革邁向優質環境的根基。「逐步漸進」策略指三合一方案之實驗試辦採小型規模試辦→中型規模試辦→二分之一學校試辦→直至全面實施。「全面參與」策略強調教師全面參與學生輔導工作，從有效教學結合輔導學生，善盡六項系統職責。「支援增能」策略則指三合一方案重視網絡資源及團隊之運作，強調組織成員彼此互補不足，共同增能，以提高學校競爭力。

就學校組織再造而言，變革基礎的營造決定最後變革成效近一半之因素，三合一方案的實施扮演奠基者之角色，就當前整體教育環境觀之，已依稀可見。

☞ 五、「催化者」的角色功能

教育改革工程至為龐鉅，從事改革工作的人員，容易陷入見樹不見林的迷思，也難具體描繪最後的教改願景與藍圖，多數教育人員僅能就其職務上的本分職責盡力，配合行政單位的教改措施調整執行，在個別職分上難以統整性系統思考。是以教育改革十二個行動方案而論，個別方案的成功，不能算是教育改革真正的成功，要十二個方案均有具體績效才算是真正的成功。

教訓輔三合一方案從三個階層扮演催化者的角色功能。首先著力於「改變教師心態」，希望所有的老師均願意協助學生，並且交互支持共同來協助學生。其次為「促進校園組織優質化」，由相互支持、和諧共榮來提高教育人員服務士氣。最後則為「提升改革效能」，以展現教育績效與競爭力。

　　就學校組織再造的需求而言，三合一方案三個階層的催化作用，正是組織再造運作方式的最高藝術，學校組織再造要真正成功，三合一方案實施的催化者角色功能必須持續累積。

陸、結語

　　學校組織再造的進程，代表教育改革的實質績效之一，「建立學生輔導新體制——教學、訓導、輔導三合一整合實驗方案」本係教育改革十二個行動方案之一，負有帶動改革之責任，就其執行內涵與運作方式而言，對於教育人員本身之微觀組織文化著力最深，扮演著「整合者」、「激勵者」、「示範者」、「奠基者」及「催化者」五大角色，其功能上的發揮可以營造優質的教改環境，增益各項改革措施之績效，更可以拓增社會環境（各界人士）對於教育改革之認同，三合一方案在我國教改的歷史中，有其個殊的地位。

（本文原刊載於：《國立台北教育大學學報》第 18 卷第 2 期，2005 年 9 月，頁 75-100。）

14

如何了解「教訓輔三合一方案」的實驗成效

　　「教訓輔三合一方案」為「實驗方案」，實驗方案最大特質在含有「不確定性」，「不確定性」的具體內涵包括：㈠要不要全面實施不確定；㈡各校的做法不完全一致，通常是邊做邊找到最好的做法；㈢評估各校的實驗成效不適合用同一的標準。是以要了解「教訓輔三合一方案」的實驗成效遠比一般中長程行政計畫之成果更為困難，必須從較多面向、較直接採尋方案設計的原理原則，始能有所斬獲。

　　教訓輔三合一方案最重要之旨趣在策動學校教師與訓輔人員共同協力，產生「交互作用，整合發展」之最佳互動模式，善盡「有效教學」及「輔導學生」兩大天職，實現「帶好每位學生」之教改願景。我們可以從這一系列的工作重點表現，來了解每一個實驗學校的具體作為及成果，評斷其實驗成效。

➡ 一、學校組織文化的優質改變

　　從學校經營的立場來看，「教訓輔三合一方案」旨在經營一個具有輔導文化的學校，具有輔導文化的學校也就是人性化的校園文化組織，教師們充滿著人文素養，願意無條件、也有能力關愛學生，師生互動良好，行政措施與活動規畫均能以學生最大價值考量，師生投入活絡，到處展現積極、主動、關愛、交互支援、力爭上游的優質組織文化。了解三合一方案的實驗成效，觀察學校實驗前後組織文化是否優質化改變，可為第一個指標。

➡ 二、每位學生有否得到妥善之照顧

　　「教訓輔三合一方案」希望能夠實現「帶好每位學生」的教改願景，而本方案係以輔導為核心的整合型態方案，從「輔導學生」之立場來看，學生中的每一位學生是否均已得到老師們妥善之照顧？乃成為另一個可觀察的具體指標。尤其

是學校中「適應困難」、「偏差行為」學生以及「學業成就低下」的學生是否有一完整的機制，動員全校教師及社會資源給與妥善照顧最為重要。

✒ 三、學校教師參與認輔制度之比例

在「帶好每位學生」的前提下，「適應困難」及「行為偏差」學生由學校教師「認輔」，給與學生個別關懷及愛心陪伴，乃三合一方案規畫的重點途徑。就學生總數，適應困難及行為偏差學生所佔比例觀察，必須動員全校教師全體參與認輔制度，每一位教師均願意認輔一至二位學生，「個別輔導」也就能夠在學校中落實發展。是以三合一方案的成效之一，亦可以從學校教師參與認輔制度之比例觀察。

✒ 四、教師班級經營技巧之提升

教訓輔三合一方案帶動教師們扮演好「導師」之角色，一位好的導師，必能運用團體動力及班級經營技巧，經營積極、主動、合作、勤奮、榮譽……等優質班風，以作為優質學校組織文化之基礎。實驗學校教師在實驗方案期間，是否透過研習或教學研究會的觀摩與交互學習，普遍提升了班級經營的知能與技巧，也是另一個可行觀察指標。

✒ 五、社輔資源機構與學校互動情形

「建立學校輔導網絡」為三合一方案四大核心工作之一，檢核學校輔導網絡的建立應分兩大階層：㈠輔導網絡系統的建置；㈡實際運作情形。實驗學校均已建立了有形的網絡系統，然是否實際運作，各校之差異甚大。是以，要具體了解此方面之實驗成效，應著重第二階層之觀察。學校在實驗期間，有否與網絡中的社輔資源機構聯繫？打過幾次電話？學校大型活動有否邀請資源機構人員共襄盛舉？互動情形的了解，是另一有效觀察指標。

✒ 六、教師輔導知能與素養的提升

三合一方案強調經營一個具有輔導文化的學校，也就是人性化的校園組織文化，人性化的校園文化基礎在於教師的素養，教師必須具備人文素養，勝任有效教學之餘，願意輔導學生、關愛學生及有效協助學生，老師能否「有效協助學生」，提供「有能力的愛」，與教師的輔導知能攸關。是以，有系統地了解實驗前後教師輔導知能與素養的提升情形，也是觀察指標之一。

☞ 七、行政人員與教師互動情形的轉變

　　「三合一」係指「教師」與「訓輔行政人員」產生最佳互動模式與內涵，為全校學生提供更為周延的輔導工作服務。三合一方案是否成功，可以從行政人員與教師實際互動情形觀察。觀察其互動情形可從三方面著力：㈠行政人員規畫學校活動時，教師參與情形與認同程度；㈡教師執行學校輔導工作的落實程度，以及㈢活動結束時，分享成果的共享程度。

☞ 八、學校本位管理的程度

　　從學校運作之精神層面觀之，「教訓輔三合一方案」與「九年一貫課程綱要」及「小班教學精神計畫」一致，均強調「學校本位管理」，學校成立執行小組，設計本校最佳「三合一」方案策略，推動重點工作最佳做法，每一個學校做法可以不一致，但是「學校本位管理」的環節必須清晰，必須明確，也就是說「學校本位管理」程度愈落實者，實驗成效愈能彰顯，反之亦然。

☞ 九、校務計畫能否併同三合一方案整體考量

　　實驗方案仍須納入學校之校務整體計畫中，否則容易讓全校教師將「三合一」方案各項工作，當作為年度中「外加」之工作項目，引起「校長外包的工程」、「我們不一定有責任配合」觀念，推展上較為不利。是以考評實驗成效的另一有效指標，可以觀察學校實驗期間，其校務計畫有否併同三合一方案整體考量。

☞ 十、「雞婆教師」形成校園重要文化之一

　　三合一方案對所有教師而言，希望能夠提高所有教師「辨識學生行為問題」的能力，在各科（領域）教學中，遇有徵候的學生，能夠及時關懷，介入輔導。教師擁有「辨識力」為最基本前提，教師願意「適時介入」才能達到真正幫忙學生之實質。是以看到學生異常現象即喜歡噓寒問暖的「雞婆教師」，常是「適時介入」的引子，校園文化中「雞婆教師」愈多，人性化的程度愈濃，也是觀察三合一方案實驗成效的可行指標。

　　實驗學校的成果可以多元方式呈現，實驗績效的評斷也應配合整體的改變趨勢做觀察，前述的十個觀察指標，提供大家探討三合一方案實驗成效的參考途徑，有助於閱讀這冊成果報告。

（本文原刊載於：「建立學生輔導新體制——教學、訓導、輔導三合一整合實驗方案」實驗歷程專輯，導讀文章，教育部，2001 年 10 月，頁 7-8）

教育的著力點

15

教訓輔三合一方案的檢討與前瞻
——整體評估的發現與建議

壹、緒言

研究者曾於 2002 年接受國立教育資料館委託，以「整合導向評估模式」針對「建立學生輔導新體制——教學、訓導、輔導三合一整合實驗方案」進行整體評估，其初步成果發表於當年現代教育論壇「教訓輔三合一方案的檢討與前瞻學術研討會」（台北市立師範學院承辦）。2003 年研究案完成，2004 年國立教育資料館正式印行，其總評分析、結論之主要發現與建議事項，頗能反映教訓輔三合一方案成果與處境，特予摘述介紹。

貳、總評分析

整合導向評估模式從五大層面、二十個向度來評估了解方案計畫的優劣成敗。本研究問卷第 21 題至第 60 題調查結果，可以整理歸納，作為總評排比；問卷第 1 題至第 20 題調查結果，則可以呈現績效比較。分別敘述如次。

一、總評結果

依據整合導向評估模式之二十個評估向度，問卷調查四十題（A21 至 A60）調查結果，累計每題「完全符合」及「大部分符合」認同百分比，並換算其平均相對百分率，概要如表 15-1。

表 15-1 教訓輔三合一方案總評摘要表（整合導向評估模式之運用）

評估向度		題號	完全符合	大部分符合	認同程度	平均（%）	
規畫作業層面	政策決定歷程	A21	6.7	61.2	67.9	68.1	71.4
		A22	6.4	61.6	68.3		
	規畫作業程序	A23	12.6	65.6	78.2	76.2	
		A24	9.3	64.9	74.2		
	年度作業計畫	A25	7.5	61.5	69	71.4	
		A26	8.9	64.9	73.8		
	行政配合措施	A27	7.8	62.3	70.1	69.9	
		A28	7.4	62.3	69.7		
計畫內容層面	方案架構	A29	13.1	68	81.1	79.8	77.1
		A30	12.3	66.2	78.5		
	執行項目	A31	9.4	69.8	79.2	77.6	
		A32	9.2	66.8	76		
	執行內容	A33	8.2	66.2	74.4	74.2	
		A34	8.6	65.3	73.9		
	經費籌措	A35	16	63.1	79.1	76.8	
		A36	18	56.5	74.5		
計畫策略層面	目標策略	A37	13.6	65	78.6	78.4	74.5
		A38	10.4	67.8	78.2		
	方法策略	A39	11.2	67.1	78.3	77.1	
		A40	10.5	65.3	75.8		
	組織策略	A41	11.2	60.6	71.8	73.3	
		A42	9.1	65.6	74.7		
	應變策略	A43	8.0	61.2	69.2	69	
		A44	6.4	62.3	68.7		
執行過程層面	行政協調	A45	8.6	61.6	70.2	70.8	72.9
		A46	9.1	62.2	71.3		
	督導考評	A47	8.4	64.5	72.9	73.3	
		A48	10.2	63.5	73.7		
	專業支援	A49	9.6	61.6	71.2	71.2	
		A50	7.2	63.9	71.1		
	彈性措施	A51	7.5	67.3	74.8	76.5	
		A52	11.3	66.8	78.1		
執行績效層面	量的績效	A53	5.8	55.9	61.7	61.7	67.8
		A54	5.3	56.3	61.6		
	質的績效	A55	8.1	62.2	70.3	68.6	
		A56	6.8	60.1	66.9		
	成果績效	A57	5.8	61.5	67.3	68	
		A58	7.3	61.4	68.6		
	潛在績效	A59	10.2	63.9	74.1	72.8	
		A60	13.0	58.6	71.6		
認同程度總平均（%）							72.7

就表 15-1 資料顯示下列意涵：

㈠整體認同程度為 72.7%，差強人意，唯與教育部期待 85%以上仍有落差。

㈡就五大層面分析，計畫內容層面最佳（77.1%），其次為計畫策略層面（74.5%），最差為執行績效層面（67.8%），認同程度不及 70%，可見教育人員對於三合一方案的實施結果，不甚滿意。

㈢就二十個評估向度而言，最高分前三名為「方案架構」（79.8%）、「目標策略」（78.4%）以及「執行項目」（77.6%）。確可反應出本方案的長處或優點；得分最低的前三名分別為：「量的績效」（61.7%）、「成果績效」（68%）以及「政策決定歷程」（68.1%），亦可反應出本方案的缺失或弱點。

㈣就訪談結果得知，本方案設計之架構及執行內容普遍獲得肯定，唯因推動的歷程未若預期普遍，部分試辦學校教師及行政人員存有觀望態度，且方案績效之考評基準始終沒有確立，影響到執行績效層面的成果。

☛ 二、績效比較

本研究調查問卷前五題（A1 至 A5）係目標達成度之檢核，調查結果如次。

A1 教訓輔三合一方案總目標之達成程度

	合計		充分達成		大部分達成		成效平平		不太理想		極不理想	
	人	%	人	%	人	%	人	%	人	%	人	%
合計	1198	100	45	3.8	553	46.2	493	41.2	87	7.3	20	1.7

A2 教訓輔三合一方案第一項任務指標達成程度
（激勵教師全面參與輔導工作）

	合計		充分達成		大部分達成		成效平平		不太理想		極不理想	
	人	%	人	%	人	%	人	%	人	%	人	%
合計	1198	100	104	8.7	622	51.9	389	32.5	76	6.3	7	0.6

A3 教訓輔三合一方案第二項任務指標達成程度
（增進教師有效教學措施）

	合計		充分達成		大部分達成		成效平平		不太理想		極不理想	
	人	%	人	%	人	%	人	%	人	%	人	%
合計	1198	100	98	8.2	628	52.4	415	34.6	50	4.2	7	0.6

A4 教訓輔三合一方案第三項任務指標達成程度
（彈性調整訓輔行政組織運作）

	合計		充分達成		大部分達成		成效平平		不太理想		極不理想	
	人	%	人	%	人	%	人	%	人	%	人	%
合計	1200	100	45	3.8	495	41.3	519	43.3	120	10	21	1.8

A5 教訓輔三合一方案第四項任務指標達成程度
（建立學校輔導網絡）

	合計		充分達成		大部分達成		成效平平		不太理想		極不理想	
	人	%	人	%	人	%	人	%	人	%	人	%
合計	1199	100	65	5.4	509	42.5	466	38.9	140	11.7	19	1.6

　　就總目標的達成程度而言，約有 50%以上的教育人員認為成效良好，累計約 91%的接受調查人員可以接受（還算滿意）。就四大任務指標之達成程度而言，第一項任務指標（激勵教師全面參與輔導工作）以及第二項任務指標（增進教師有效教學措施）獲致約 95%以上之肯定，且有 60%以上人員認為成效良好。第三項任務指標（彈性調整訓輔行政組織運作）以及第四項任務指標（建立學校輔導網絡）相對認同程度較低，有待努力。

　　從接受訪談人員得知，本案之第三項任務指標（訓輔整合）多數學校不敢輕易大幅調整，是以在實務運作上缺乏真正訓輔整合之設計，認同績效相對較低。而第四個任務指標（建立學校輔導網絡）試辦學校均已建立，唯建立網絡之後少有運作，是以教師們仍然生疏，沒有給與較高的肯定。

　　本研究調查問卷第六題至第十題（A6 至 A10）係學校執行三合一方案十七項重點工作的績效比較，調查結果如次。

A6 教訓輔三合一方案推動之十七大項具體工作，實施績效最好之三項

項目	(07)鼓勵每位教師參與認輔工作	(05)培養全體教師皆具有輔導理念與能力	(17)辦理教師、行政人員、義工及家長研習活動
人次	554	446	421

A7 教訓輔三合一方案推動之十七大項具體工作，實施績效最不理想之三項

項目	(13)調整學校行政組織及人員編制	(10)實施教學視導及教師評鑑	(15)運用社區人力資源，協助學校推動教育工作
人次	398	395	314

A8 教訓輔三合一方案推動之十七大項具體工作，影響輔導工作發展最重要之三項

項目	(05)培養全體教師皆具有輔導理念與能力	(04)落實教師在教學歷程中輔導學生之責任	(08)策勵教師實施高效能教學，幫助學生獲得人性化及滿意的學習
人次	564	515	409

A9 後續推動工作，最應強化的三個項目

項目	(05)培養全體教師皆具有輔導理念與能力	(15)運用社區人力資源，協助學校推動教育工作	(08)策勵教師實施高效能教學，幫助學生獲得人性化及滿意的學習
人次	360	331	330

A10 後續計畫最應增加辦理的三個項目

項目	增設學校輔導專任人員	社區資源整合	教師輔導專業研習
人次	41	29	21

　　參與試辦三合一學校，認為最有績效者為「認輔制度」、「培養教師輔導理念與能力」，而績效最不理想項目為「調整訓輔行政組織及人員編制」，以及「實施教學視導及教師評鑑」。影響輔導工作發展最重要的項目為「培養教師具有輔導理念與能力」及「落實教師在教學歷程中輔導學生之責任」，後續計畫最應強化的項目亦為「培養教師具有輔導理念與能力」以及「運用社區人力資源，協助學校推動教育工作」，後續計畫應增加的項目則為「增加學校輔導專任人員」、「社區資源整合」以及「教師輔導專業研習」。

　　從訪談中得知：「提升教師具有輔導理念與能力」及「推動認輔制度」最被認同，而「持續辦理教師輔導知能研習」、「增設輔導專業人員協助學校」、「整合社區資源」、「落實認輔制度」也是今後應行努力的工作重點。

　　本研究調查問卷第十一題至第二十題（A11 至 A20）係針對三合一方案中教師及行政人員應執行工作認同程度之檢核，調查結果如次。

A11 教訓輔三合一方案規畫教師輔導學生職責之六大工作項目,已具有實質績效之三項

項目	(03)導師(讓導師具備班級經營理念及團體動力知能)	(02)教學中輔導(讓教師具有辨識學生行為問題能力而能從教學中輔導)	(04)認輔教師(讓教師願意擔任認輔教師個別關懷學生)
人次	745	637	618

A12 教訓輔三合一方案規畫教師輔導學生職責之六大工作項目,尚沒有實質績效之三項

項目	(05)了解網絡(讓老師了解學校網絡掌握系統資源)	(06)危機處理(讓老師知道應變運作程序能夠危機處理)	(01)有效教學(讓教師將輔導理念融入教學達到有效教學)
人次	655	582	324

A13 在方案規畫推動歷程中,教育行政單位認為這六項工作係中小學教師的本分職責,方案之推動旨在明確提示善盡本分職責之著力點,並未增加教師負擔

	合計		完全贊同		大部分贊同		小部分贊同		未便贊同		極不贊同	
	人	%	人	%	人	%	人	%	人	%	人	%
合計	1214	100	142	11.7	569	46.9	334	27.5	125	10.3	44	3.6

A14 教訓輔三合一方案規畫學校行政措施之九項重點工作,已具有實質績效之三項

項目	(01)鼓勵全體教師認輔學生	(04)強化學校輔導學生機制	(02)建立學校輔導網絡
人次	663	418	365

A15 教訓輔三合一方案規畫學校行政措施之九項重點工作,不具有實質績效之三項

項目	(09)經營學校成為學習型學校	(07)發展學校最佳訓輔行政組織運作模式	(06)提升諮商輔導(個輔、小團輔)專業服務水準
人次	455	398	358

A16 您認為鼓勵全校教師每位均認輔一至二位適應困難或行為偏差學生之措施

	合計		完全贊同		大部分贊同		小部分贊同		未便贊同		極不贊同	
	人	%	人	%	人	%	人	%	人	%	人	%
合計	1215	100	225	18.5	598	49.2	281	23.1	96	7.9	15	1.2

A17 教訓輔三合一方案策動學校教師全面參與認輔學生，學校做得到嗎

	合計		完全做得到		大部分做得		小部分做得		不容易做到		根本做不到	
	人	%	人	%	人	%	人	%	人	%	人	%
合計	1215	100	84	6.9	597	49.1	302	24.9	202	16.6	30	2.5

A18 要配合教訓輔三合一方案之實施，學校訓輔行政組織均需以學校教師及學生最大價值彈性調整，您認為實驗學校的行政組織調整能夠發揮預期功能嗎

	合計		完全能夠		大部分能夠		小部分能夠		不容易做到		根本做不到	
	人	%	人	%	人	%	人	%	人	%	人	%
合計	1211	100	42	3.5	476	39.3	491	39.7	183	15.1	29	2.4

A19 教訓輔三合一方案強調建立學校輔導網絡及危機處理小組，建構學校二級及三級預防機制，您認為實施三合一方案的學校，已經達成此一功能的程度

	合計		完全符合		大部分符合		小部分符合		不太符合		極不符合	
	人	%	人	%	人	%	人	%	人	%	人	%
合計	1208	100	23	1.9	515	42.6	568	47	88	7.1	16	1.3

A20 您認為教訓輔三合一方案的推動有助於諮商輔導專業化工作的進程嗎

	合計		完全贊同		大部分贊同		小部分贊同		未便贊同		極不贊同	
	人	%	人	%	人	%	人	%	人	%	人	%
合計	1214	100	73	6	617	50.8	412	33.9	95	7.8	17	1.4

就調查資料結果綜合分析，呈現下列意涵：

㈠教師應盡的本分職責中，傳統的導師工作之績效最佳，超過了教學中輔導及認輔，方案的帶動對於原本即熟悉的工作能夠增加其功能。

㈡約有14%的老師不認為輔導學生係其本分職責，約有20%教育人員認為教師全面參與認輔學生做不到，約有 17.5%教育人員認為實驗結果訓輔整合措施沒有預期功能，此三者實為方案推動上的阻力，亟待予以重視，進而面對加強因應。

㈢單獨項目的檢核結果可以呼應問卷 A53 至 A60「執行績效層面」認同程度檢核結果，為執行績效不佳找到部分原因。

參、主要發現

本研究採用文件分析法了解教訓輔三合一方案之概念，以「整合導向評估模式」設計「調查問卷」以及「訪談題綱」，針對「教訓輔三合一方案」作整體評估，從五大層面二十個向度進行認同程度之檢核，獲致十五項結論（主要發現）如次。

☛一、試辦成果差強人意（整體認同度 72.7%），唯與教育部之期待仍有落差

「建立學生輔導新體制——教學、訓導、輔導三合一整合實驗方案」為十二個教育改革行動方案之一，且唯一採用「漸進推廣」模式，結合當前教育界日益重視的「行動研究」、「研討機制」以及「學習型學校」趨勢，先行「小型規模實驗」→評估可行→「中型規模實驗」→再評估可行→逐次擴大試辦規模。無非要爭取「實驗效應」，讓試辦學校老師及校長主任高度認同本方案之設計。教育部原先期待，本方案之評估認同至少應在 85%以上，沒想到整體評估結果為72.7%，雖逾七成，結果差強人意，唯與教育部原有之期待相較，落差仍大。

☛二、方案之內容層面及策略層面優於績效層面

從五大評估層面認同程度分析，計畫內容層面（平均 77.1%）最高，其次為計畫策略層面（平均74.5%），最後者為執行績效層面（67.8%），在70%以下。顯示教訓輔三合一方案在方案之設計，各項準備工作，以及策略之選擇上得到較多的認同肯定，但實施過程方法仍有缺失，影響執行績效的達成。

☛三、本方案之主要優點在「方案架構」、「目標策略」以及「執行項目」之設計

從二十個評估向度分析，認同程度高者依序為「方案架構」（79.8%）、「目標策略」（78.4%）以及「執行項目」（77.6%），顯示本方案的優點在：具有系統的邏輯結構（目標、策略、項目關係縝密），方案目標具有引導性作用（例如最佳互動模式與內涵），執行項目為當前學校之最需要，是可以實現方案目標（帶好每位學生）的重點工作。

四、本方案在「量的績效」、「成果績效」及「政策決定歷程」三個向度顯現了弱點

從二十個評估向度分析，認同程度最低者依序為「量的績效」（61.7%）、「成果績效」（68%）以及「政策決定歷程」（68.1%），顯示本方案最大的弱點在缺乏數量彰顯應有之績效，將是一個吃力難以討好的教改方案，另在政策決定歷程中徵詢民意的深度與廣度較為不足，政策關係人（教師及校長主任）認同程度相對偏低。

五、試辦學校絕大多數教育人員（91.2%）認同方案總目標之設定

從問卷A1總目標設定的認同程度檢核中，高達91.2%接受調查教育人員認同「總目標設定」具有達成成效，顯示絕大多數試辦學校成員均認同目標設定對於學校發展具有積極正向之影響，前述「目標策略」獲致高度認同亦為另一佐證。

六、「增進教師有效教學措施」以及「激勵教師全面參與輔導學生工作」兩大任務指標較具績效

本方案共有四大任務指標，包括「激勵教師全面參與輔導學生工作」、「增進教師有效教學措施」、「整合訓輔行政組織運作」以及「建立學校輔導網絡」，就分項認同程度檢核結果，「增進教師有效教學措施」最高（95.2%），其次為「激勵教師全面參與輔導學生工作」（93.1%），再其次為「整合訓輔行政組織運作」（88.4%）以及「建立學校輔導網絡」（86.8%）。前兩個任務指標較具績效，相對而言，後兩個任務指標則有待加強。

七、仍有相當比率教育人員（約14%）不認同輔導學生為教師之本分職責

本方案宣示教師具有有效教學及輔導學生兩大天職，輔導學生為教師本分工作，是以輔導工作為核心，為中小學教師系統規畫其在本方案中應盡的六個具體工作點：有效教學（輔導理念融入教學）、教學中輔導、導師、認輔教師、了解網絡及危機處理等。然調查結果，仍有約14%教師不認同輔導學生為教師本分職責，形成本方案推動上的直接障礙，必須設法有效解決。

☛ 八、培養教師具備輔導理念與能力具有迫切需求及發展趨勢

從調查問卷及訪談結果均顯示「培養教師具備輔導理念與能力」，對於學校輔導工作的推展幫助最大，本方案的實施以此項工作效果最佳，整個方案的功過成敗，也幾乎維繫於此，前瞻往後的學校輔導工作，也將奠基在教師普遍具備輔導理念與能力，發展趨勢至為明顯。

☛ 九、仍有相當比率教育人員（約 20%）認為鼓勵中小學教師每位均認輔一至二位適應困難或偏差行為學生有困難

從調查問卷及訪談結果均顯示，約有五分之一的教師不願意認輔學生，也主張中小學教師不必認輔學生，認為本方案期待所有中小學教師均參與認輔學生的設計不夠務實，很不容易實現。此一現象似乎為本方案最大之挑戰，關乎整個方案設計的基本原理原則。教師本身修過教育專業學分，教育專業學分本即包括助人服務的態度素養，如果高達 20% 的教師仍然認為可以自外於學生輔導工作，則其他 80% 教師亦可跟進，學校的學生輔導幾可棄守。祇有教學沒有輔導的學校，教育的功能將日益減弱。

☛ 十、增設學校專業輔導人員有其必要

動員全校教師積極參與學生輔導工作乃教訓輔三合一方案最大旨趣，然而從訪談及問卷調查結果，顯示部分的學生輔導工作，例如：中輟生的追蹤輔導、家庭功能失能學生之輔助、社區輔導資源網絡之串連等工作，仍然需要由專業輔導人員來執行，方能產生實際效果，在大型學校中增設專業輔導人員有其必要。中小型學校可依學生數的多寡，結合鄰近中小學，數校共設一位專業輔導人員。

☛ 十一、教育行政人員本身對於三合一方案了解不夠充分

本方案係教改十二行動方案之一，在教育部裡由訓育委員會主辦，係繼教育部輔導工作六年計畫、青少年輔導計畫之後整合型的輔導工作計畫，也是唯一涉及學校組織文化經營的方案計畫，理應全教育部的人都知道，縣市教育局的行政同仁也都應該熟悉，祇要有學校人員談及教訓輔三合一，就能夠很快地給與回應，引導正確的解讀與具體做法。然而事實不然，教育部同仁中能夠真正了解本方案者以訓委會同仁為主，為數不多，有能力講解本方案精神內涵與行政作為者更為少數，縣市教育局同仁則亦疏於關照，能夠倡導帶動者少之又少。祇見到少

數行政菁英帶著少數實驗學校「孤芳自賞」，認同之普及度自然有限。

十二、三合一方案所需經費仰賴青少年輔導計畫，來源不穩定

教訓輔三合一方案雖為教改十二行動方案之一，照行政院（主計處）的看法，並不能編列單獨的經費項目，而需與訓委會更鉅觀的「青少年輔導計畫」整合編配，每年青少年輔導計畫之經費約四億元，能夠編配為三合一方案之經費自然有限，在青少年輔導計畫年度經費困難成長之前提下，三合一方案擬擴大試辦即受到限制。今日，三合一方案之沒有如期全面實施，與經費來源不穩定有直接關係。

十三、部分專家學者曲解三合一內涵形成另一阻礙焦點

教改行動方案之推動必須借助龐大專家學者的人力，渠等代表教育部到各校宣導帶動方案之執行，然部分部聘規畫委員以及縣市聘請的督導，未能深入解讀方案內涵，宣導了不夠正確之觀念與做法，非但無法促動整體實施效果，反而形成另一阻礙焦點，必須花加倍的時間，才得以「修正」、「真正上路」。

十四、「訓輔整合」未及落實實驗

本方案真正的來源在於 1996 年底的「教育改革總咨議報告」，教改總諮議報告書第四十三頁上明示：「學校應行訓輔整合，建立學生行為輔導新體制」，雖然後來行政院教育改革推動小組審查教改十二行動方案時進一步明示：「學校應結合社區資源，建立教學與訓導、輔導三合一之學生行為輔導新體制」。「訓輔整合」本即三合一方案之核心工作事項，在實際計畫書之規畫上，亦設定為四大任務指標之一，且在方案總說明中強調「以實驗結果作為修法之基礎」，然而四年來，各實驗學校多僅將訓導處改為「學生事務處」，未及落實實驗，核心事務邊緣化，十分可惜。

十五、「認輔制度」沒有得到應有的重視

本方案係一以「輔導」為核心的方案設計，過於擴大或狹隘地解讀本方案均有所偏失，是以本方案最重要的旨趣在喚醒學校內的每位教師願意參與輔導學生工作，也知道簡單的輔導觀念、態度與知能，能夠配合訓輔人員共同來協助全校的學生成長發展。因此，設計一條有效的管道，讓老師們直接就能參與學生輔導工作，頗為重要。是以在本方案中為老師們規畫的六項系統職責，不斷地強調每

位中小學教師均應參加「認輔制度」,成為認輔教師(認輔一個至二個適應困難或行為偏差學生),然各實驗學校並未以此為重點,教師認輔學生比率總平均並未超過 50%,感覺上整個方案的實施有點捨本逐末或者喧賓奪主。

肆、前瞻建議

本研究之主要發現悉如前述,此十五點結論註解了教訓輔三合一方案的處境與風貌。研究者仍然關切學校輔導工作之推展,認為三合一方案仍為建立學生輔導新體制的最佳策略,是以就學理與方案本身之精神為基本立場,研提下列十二項建議,希望本方案有更為前瞻性之發展。

☞ 一、規範教師負有輔導學生之本份職責

由問卷調查及訪談得知,部分教師仍然認為「輔導學生」並非其本分職責,影響本方案的推動。在中小學(尤其國民教育階段)應在教師聘約上直接規定,凡是專任教師必須肩負導師及認輔教師職務,教師應以能夠輔導學生為榮。

☞ 二、強化學校教育輔導學生原有機制與功能

學校教育輔導學生之機制原即存在,包括:教師(教學中輔導)→導師(班級輔導)→認輔教師(個別關懷)→輔導教師(個輔、小團輔)→特別輔導(引進資源診斷治療)。強化此一助人服務機制功能之有效措施有三:㈠不斷提升學校教師輔導知能;㈡建立活潑順暢的輔導網絡資源系統;㈢促進教師與訓輔人員交互作用,整合發展,願意交互支援協助校內每位學生。

☞ 三、運用教育上的原理原則(理論)闡述三合一方案的重點工作

教訓輔三合一方案為學校提示十七項重點工作,為學校教師系統規畫六個工作點,也為校長主任們提列了三級預防下的重要執行事項,規畫至為明確。然而績效不如預期理想,有一原因極待思考,教師們雖然知道做什麼,但不知為什麼要這樣做時,動力仍然不強。研究者曾經分析歸納三合一方案之重點工作,其背後的教育理論基礎有:學習型組織理論、多元智慧理論、知識管理理論、鷹架理論、漸進決策模式等五個,可以用來說服並示範帶動教育人員,增益三合一方案的實質績效。

四、分析三合一方案在整體教育改革中的角色與功能

　　教育改革工程浩瀚龐鉅，多數教育人員已心生排拒，面對此一不利環境，教育行政人員推動各項教改措施應予適度調整，揚棄單打獨鬥的宣導方式，應將整個教改風貌一併呈現，並將三合一方案在整體教育改革大環境中扮演的角色與功能予以描繪陳述，方能協助本方案的務實發展。研究者（2002b）曾分析教訓輔三合一方案在整體大環境中，係從微觀的組織文化著力，扮演整合者、激勵者、示範者、奠基者即催化者五種角色，帶動教育人員價值觀、態度及服務士氣之優質改變功能，係所有教改方案中最為核心之事務。

五、發展以三合一方案為主軸的學校本位在職進修計畫

　　將學校教職員工帶入學習狀態係學校因應變革的不二法門，推動教訓輔三合一亦不能例外。唯當前教師需要在職進修之知能至為廣泛，包括教育政策、教改措施、輔導知能、九年一貫課程、教學知能、專門知能、專業知能等等，學校應予整體規畫，以學校教師最大價值為考量，以三合一方案為軸心搭配其他各方面的需要，規畫學校本位在職進修計畫，對於三合一方案以及其他教改方案之推動均有助益。

六、輔導縣市成立「教訓輔三合一工作坊」拓展實施績效

　　依據教育部「建立學生輔導新體制規畫委員會議」之建議，教訓輔三合一方案即將由縣市全面實施，成敗之關鍵已由教育部轉移到縣市教育局，縣市教育局如何來帶動中小學推動方案工作？研究者建議每個縣市均應成立「教訓輔三合一工作坊」，調訓所有的校長及各處室主任，分批以三天的時間來了解三合一方案重點工作之設計與具體方法，方能掌握方案真正的精神，並落實各項工作。

七、配合行政機關及學校組織再造方案規畫訓輔整合之原則與模式範例

　　「訓輔整合」之進程雖未達到「共識」之階段，目前教育部行政機關配合「政府組織再造」政策，亦要求學校進行行政系統組織再造，為「訓輔整合」發展開啟了另一契機。方案規畫時之最初意見：「訓導處改為輔導處（或學生事務處）執行初級預防輔導工作，輔導室改為諮商中心，設置專業輔導人員及輔導教師，執行次級三級預防輔導工作」，或可以併同系統考量，達成建立學生輔導新

體制之目標。

☞ 八、提高中小學認輔教師比率至 80%以上

「認輔制度」是一般教師直接參與學生輔導工作之最佳途途，參與本方案之實驗學校應妥為宣導，兩年之內先將認輔教師之比率推至 80%以上，並落實帶好每位教師如何認輔學生，為三合一方案營造厚實之基礎。

☞ 九、鼓勵校長主任主動示範帶動優質校園組織文化之營造

三合一含有「交互作用，整合發展」之意，教師與教師之間、教師與行政人員之間能否「交互作用，整合發展」，決定於學校之校園組織氣氛。唯有優質的組織文化才能促進成員間的交互支援，產生最佳互動模式與內涵。校園組織文化的形塑，與校長及主任之間的互動氣氛及行事風格攸關，校長及主任應主動示範帶動方案中設定的重點工作，諸如：認輔學生，宣導輔導網絡系統，主任間交互支援，共同完成校務。

☞ 十、定期演練輔導網絡及危機小組運作功能

輔導網絡及危機處理小組之建立，亦是三合一方案工作重點之一，雖屬「備而不一定用」的機制，但不少學校往往因「備而未用」，待學校真的有事，需要用時卻也「備而無用」，對於解決學校需求，沒有真正的幫助。是以，學校輔導網絡及危機小組建立之後，應定期模擬演練，確保其具有運作功能。

☞ 十一、將三合一方案之重點工作列入年度校務發展計畫

教改方案之推動另一阻力之一，在於老師們將各項辦理措施當作「外加」的來做，既不認同，也做得心不甘情不願。解決之道教育行政單位及學校均有責任，教育部應會同各教育局統整教改十二行動方案，明確告知各階層學校，各校應行辦理事項；學校則應將教改有關之措施直接納入年度校務計畫中，此一做法可以讓一般老師由「外加」的變成「本就應做」的，使得結合貫串教改措施與教育實務。

☞ 十二、發展簡易「教訓輔三合一方案績效評估量表」

目前三合一方案之實驗學校具有明顯績效者，約僅四分之一，對其他績效較不彰顯之學校，教育行政機關雖心裡有數，然亦只能「概括承受」，未有進一步

作為。建議行政機關發展「教訓輔三合一方案績效評估量表」，要簡單易行，施測對象包括教師及訓輔行政人員（含校長），半年作一次（配合督導到校時執行），方能確實反應基層情況，協助調整推動方案做法，達成方案實施目標。

（本文摘自：教訓輔三合一方案整體評估之研究——整合導向評鑑模式之運用，國立教育資料館，2004 年 10 月，頁 123-138。）

教訓輔三合一方案的檢討與前瞻——整體評估的發現與建議

經營策略篇

效率　品質　創新　前瞻

國北教大　心聲

帶動　敦愛篤行　薪傳

彩繪　新台灣教育

21 世紀　天空

16

學校本位管理

　　教育界最近有如患了「評鑑恐懼症」，好幾位在中小學服務的朋友向我抱怨：「一些當官的人不知民間疾苦，什麼都要評鑑，輔導工作、特殊教育、民主法治教育、人權教育、兩性平等教育、九年一貫課程、中輟生輔導、教育優先區計畫、小班教學精神的實施、小班小校的執行都要評鑑。為了校長調動，也要辦理校務評鑑，又要發展生命教育評鑑、兒童閱讀運動評鑑以及教師評鑑……等。學校行政單位為了應付各種評鑑工作，疲於奔命，甚至直接影響到正常教學，不但學生及老師沒有受益，亦扭曲了教育評鑑的本質。」

　　教育行政單位為貫徹各項施政效果，辦理各項評鑑工作實無可厚非，然而由於政出多門，沒有將各項評鑑工作進一步整合，實為一大缺失。不過，學校層級的校長、主任們不善於計畫，以及執行各項計畫的過程中不會順勢留下（或建置）活動檔案，也是最大弱點。

　　因此，期待行政單位減少評鑑次數，來求得短暫的「喘息」時間，不如徹底調整改善學校行政管理機制，迎接評鑑，讓評鑑成為推動學校發展的動力之一。

　　「學校本位管理」的精神與內涵，可以引介當作學校經營的新典範。學校本位管理的主要精神，在以學校現有的資源與特色為基礎，規畫能夠給與全校師生最有價值的行政作為。其主要內涵則包括四個階層性歷程：計畫、執行、檔案、評鑑。計畫：設定學校應行辦理事項；執行：按時定期實施計畫設定之事項；檔案：留下工作紀錄及活動資料；評鑑：回饋檢核執行歷程成效。

　　當前學校人員之所以患了「評鑑恐懼症」，主要原因是，執行過程中沒有養成一併建置檔案的好習慣，而且學校本身的校務計畫，也未能融入重點政策。因為活動進行中，未曾留下痕跡（紀錄或照片），學校接受評鑑時，就必須因應評鑑而趕製繁重資料。因為總源頭的計畫不夠理想，老師們總把他應行配合的工作當作是外加的、多做的，實際評鑑結果自然不佳，直接影響學校人員面對各項評鑑的心態。

　　在計畫的層面，學校的校務計畫應可以貫串教改方案、學校發展特點，以及

帶動教師班級經營計畫或教學改進計畫。

在檔案的層面，學校應在執行各項重點措施時，留下活動資料並作成紀錄檔案。如果檔案完整，實際評鑑時不必再有其他負擔，隨時可來，自然可減少評鑑壓力，也可同時轉化評鑑的積極性功能——發現優勢與缺失，提供學校發展改進之建言。

以「學校本位管理」來發展學校教育新典範，從「計畫—做對事，執行—成好事，檔案—留紀錄，評鑑—求發展」，來帶動全校行政人員及教師，則可以徹底跳脫恐懼症的深淵，也可以提供回饋檢核機會，協助學校邁向新紀元。

（本文原刊載於：國語日報，2002 年 10 月 28 日，13 版，學者觀察站專文。）

17

認清教改的全貌與核心

「教育改革人人喊打」，似乎是最近教育界的寫照，筆者身為教育界的一分子，也在教育部服務過十九年，參與了無數與教改有關方案的規畫，雖然現在已轉換跑道到學術界發展，看見教育改革由原先的「人人關心」，到今日的「人人喊打」，總是格外憂心與難過，想要說點什麼。

今日批判教育改革的人士，多數見樹不見林，有點像瞎子摸象，抱到大象大腿的說牠太粗了（沒有配套措施），摸到耳朵的直言牠搖擺不定（基礎不穩），爬到背上的抱怨太辛苦了（乾脆放棄，重新走回老路）。舉個較為直接的例子，有個讀者投書，認為他的孩子被「建構式數學」耽誤了六年，目前要升讀國中，程度不理想，顯見九年一貫課程已經出現了「不連貫」，九年一貫課程設計有問題。殊不知建構式數學遠比九年一貫課程早推出約十年，僅是一種數學教學方法的推廣，老師採用與否可以「自主選擇」，與九年一貫「課程綱要」設計其實是兩回事，不能畫上等號。

或許，幫助一般大眾了解教育改革的全貌與核心，方可增益各界人士對於教改措施的正確解讀，進而認同、支援，匯聚成為實現教育理想的動力資源。

當前的教育改革可分為三大面向：學校體制、升學進路、課程內容。

在學校體制方面的改革，主要有：㈠推動組織再造（配合資訊科技，精簡人力）；㈡實施校長遴選及校務決策多元參與；㈢實施學校本位管理與績效責任；㈣國民中小學小班小校，提高教育品質；㈤鼓勵大學合作整併，邁向精緻卓越。

在升學進路方面的改革，主要有：㈠擘建三條教育國道（普通教育、技職教育、進修教育均可攻讀最高學位）；㈡實施多元入學方案（配合學生多元智慧發展，增加學生選校以及學校選擇學生之彈性）；㈢推動高中高職社區化，協助學生就近入學；㈣齊一公私立及高中職校設施水準，為延長十二年國教預作準備等。

在課程內容方面的改革，主要則為「國民中小學九年一貫課程暫行綱要」之頒布實施。九年一貫課程與其前身之「國民小學、國民中學課程標準」比較，有

下列數點較為進步的不同理念：㈠以七大領域及十大基本能力為課程設計的核心（跳脫以前分科教學窠臼）；㈡鼓勵發展學校本位課程（以每一所學校學生的最大價值考量，不必全部一致）；㈢引導教師自主統整教學、班群教學；⑷培養學生帶得走的能力（生活實用能力，不一定是考試高分的能力）。

三大面向的教育改革與整體環境之關係可用下圖來顯示：

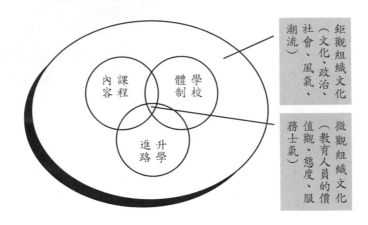

教育改革的實施會受到「鉅觀組織文化」的影響，不能自外於當前的社會文化、政治風氣與世界潮流，亦即要符合「民之所欲，常在我心」的大前提，這也是改革者必須做到的高難度挑戰——專業化措施能使大眾普遍了解。惟有大眾的認同、支持、信任，改革方能成功。

教育改革的實施更會受到「微觀組織文化」的影響，教育人員（尤其是教師）本身的價值觀、態度與服務士氣，直接攸關各項教改措施的成敗。當前的教育改革措施已經有頗為完整的設計，若能提升教育人員的服務士氣，重新喚起類似以前的師範生精神，教師們願意為教育奉獻一生，願意為學生的成長與發展廢寢忘食，則任何教育改革均可水到渠成。因此，教育人員組織文化的經營才是救改的真正核心。

教育改革出現了「瞎子摸象」的現象，值得大家警惕與關切。行政單位應該反省，推動教改的各項措施有否整體呈現？有否從最核心的對象下手？想要批判教改措施的人士也不妨自問，對於整個教改設計，自己了解了多少？提出反對或不同看法時，能否提出造福莘莘學子的更好替代方案？否則，對於教育專業人士多年來努力的現有成果，實應給與適度的尊重。

（本文原刊載於：國語日報，2002 年 12 月 2 日，13 版，學者觀察站專文。）

18

正確解讀基本學力檢定

日前教育部長黃榮村宣布，將針對國小畢業生進行國、英、數三科的基本能力檢定測驗，對於沒有跨過門檻的學生，進行補救教學，引起各界人士不同的解讀，尤其是學生家長更恐慌，生怕自己的孩子跨不過門檻，不知如何是好；也有人質疑此一措施會讓國小的補習死灰復燃，也會造成考試引導教學，大大不可。

這些質疑與恐慌，來自將「基本學力檢定」視同於「聯考」；或者可換句話說，人長期在「聯考」的陰影下，任何形態的測驗、考試或檢定，均以聯考來看它，已無法或沒有能力來分辨它們的不同了。

「基本學力檢定」與「聯考」最大的不同有三：

(一)基本學力檢定難度低，聯考難度偏高：基本學力檢定難度定在「0.1 到0.15 之間（100 個參加檢定學生，至少 85 個以上可以通過），聯考難度定在「0.5至 0.75」之間。

(二)學力檢定在檢定學生一定要學會的基本能力，類似機車駕照的考題；聯考在運用試題的難度與廣度來排序考生的成績，考生只要會的題目比別人多，就有優先選校的權利。

(三)聯考是在為成績好的學生及明星學校而辦，而基本學力檢定事實上是為成績不理想的學生（尤其是學習成就後百分之二十）而辦。

中等資質以上的學生，只要接受常態的教育，均可輕易通過基本學力檢定，家長不須恐慌。教育部也應朝下列幾個特質規畫：(一)不強迫，學生要不要參加有選擇自由；(二)只分「通過」與「不通過」，通過的不再呈現分數，避免比較；(三)沒通過學力檢定的學生可以申請補救教學，補救教學可由教育部補助原就讀的國小或升讀的國中辦理，照顧真正需要協助的學生。

「基本學力檢定」機制發展完成的形態，可超越目前所謂的國、英、數三科，以及僅在國小畢業舉行。它應該包括七大領域以及一年至九年的九個年段。如果政府延長十二年國民教育，也應該發展一至十二年段，每一個年段七大領域均可實施「基本學力檢定」。

「基本學力檢定」在設定維持最基本的各年級教育水準。受惠最大的是學習成就低落的學生，這些學生在原本的教育體制上是弱勢的一群，沒有得到應有的關注與照顧，容易延伸適應困難、行為偏差、中途輟學等問題，成為社會長期的包袱。今日社會各界人士要求教育改革，最終之目標在期待教育人員能夠集合整體力量「帶好每一個學生」，也就是希望能將這些學生一併帶好。機制完成之後，老師及學校行政人員為了提高這些「最後段學生」通過各領域的基本學力檢定比率，勢必更加關照這些原本弱勢的學生；學校中為一般學生實施正常教學之外，更為這些後百分之二十的學生分領域實施補救教學，造福真正需要的學生。

　　「基本學力檢定」的實施不至於造成補習風潮，因為今日的補習業係「聯考」之下的副產品，是傳統升學主義造成的。參加補習的目的，在爭取相對成績排名，其內涵已超過「基本學力」太多。倒是若有少數補習班，願意專為各領域的低成就學生，實施適度的補救（補習）教學，協助這些原本弱勢學生，通過基本學力檢定，為升上國中奠定最起碼的教育基礎，則不失為美談，國家有福。

（本文原刊載於：國語日報，2002 年 12 月 30 日，13 版，學者觀察站專文。）

19

學校組織再造的可行途徑

　　最近中小學面對行政機關的要求，必須進行學校組織再造。很多校長、主任們擔心，學校如何進行組織再造？組織再造勢必精簡人力，在此一前提下，要裁併哪些處室、單位、人員？這些單位人員反彈時又怎麼辦？

　　事實上，政府推動組織再造，並不一定要精簡人力、裁併單位。組織再造的訴求應可分成兩方面：「組織結構」的調整，以及「組織運作」的改變。這兩者都是「行政學」探討的重要主題，學校行政人員之所以擔心組織再造，在於多數人只體認到「結構的調整」，而少觸及「運作的改變」。

　　組織結構的調整是組織再造的基礎，然而組織結構能否任由學校自行調整，則有賴政府「總員額法」之實施；總員額法實施之後，行政單位的組織調整才有法源基礎。在政府「總員額法」尚未頒行之前，學校推動的「組織再造」，在「組織結構」方面，僅能以「實驗」性質作有限度的調配與試行，難以實現真正的「再造」。例如目前中小學在推動「教訓輔三合一方案」時，原本期待能夠透過「訓輔整合」達到「建立學生輔導新體制」的目的，卻因為沒有法源授權，「訓輔整合」之組織結構調整始終沒有真正突破，成果不如預期理想。

　　組織運作方式的改變，是當前學校推動組織再造較為可行的方向，其具體的做法，可參考下列五個重點：

　　㈠推行學校本位管理：統整考量學校現有的師資專長及學生需求、地區特質等作最適化的規畫，發展立基於學校最大價值的管理運作形態，目前國民中小學為配合九年一貫課程，在課程設計方面已有學校本位管理的實際經驗，可再擴展到組織、行政及教學等方面。

　　㈡採行扁平化領導：扁平化領導係指組織領導人必須與組織中各階層人員均衡互動，讓組織成員多元參與重要決策。在學校中則指校長必須揚棄「高高在上」的心態，經常與組長、老師、學生面對面溝通，了解教師的教與學生的學的實際需求與問題，再作決策。

　　㈢施行績效責任與全面品質管理：學校可配合年度校務計畫的擬定，要求行

政人員依據績效責任的原則，設定每個人在職務上的「標準作業程序」以及服務時效檢核點；另外，也可要求教師擬定各科的教學計畫，並重視每堂課的教學目標檢核。如此則學校行政人員在職務上能夠提供最佳的服務品質，快速達成行政目標；老師也能在每一堂課中，提供學生最好的學習，使學生學到該學的知識與技能，則學校的經營即能與企業界的全面品質管理相互輝映。

㈣鼓勵教師成立各種行動團隊：學校校長可引進企業界「品管圈」的運作方法，鼓勵教師成立各種行動團隊，以行動團隊進行類似讀書會、工作支援團體、休閒益智團體的活動，協助學校教師透過「行動」、「實踐」而學習成長，提高服務士氣與團體競爭力。

㈤經營優質組織文化：組織再造的最大目的在期待組織有更大更好的產能，也在期待高產能的同時，組織成員是快樂的、士氣高昂的、具有生命力的。因此，經營學校優質組織文化是重要策略之一，學校教職員工生能夠展現熱忱、積極、主動、交互支援，共同為學校目標願景努力的組織文化氣氛，則已經實現了組織再造的目的，也能為「組織結構變革」立下最穩固的基礎。

（本文原刊載於：國語日報，2003 年 2 月 17 日，13 版，學者觀察站專文。）

20

校務評鑑基本原理

　　最近幾乎每個縣市都在進行中小學校務評鑑，雖然每個縣市的做法均不相同，對於學校的壓力卻大致一樣，尤其是校務評鑑結果多作為校長遴選及遷調的重要參考，引起頗大爭議。有的認為校務評鑑並不等於校長辦學績效，也有的認為既然評鑑的結果要作為校長是否連任或遷調的重要基礎，校務評鑑就是校長個人的事，與學校裡的主任、組長、教師們並無直接關係。另外，對於校務評鑑的實施方式、評鑑指標、委員到校時間及如何兼顧質與量的評鑑，亦有不同意見。

　　這些問題的產生與困惑，肇因於教育人員對於校務評鑑的基本原理欠缺了解，各縣市政府教育局在推動各級學校校務評鑑時，如能在評鑑說明會上加強說明校務評鑑的基本原理，並確實按基本原理執行評鑑工作，相信可以化解阻力，進而爭取學校人員的認同與配合。

　　校務評鑑的基本原理有六個重點。

☛ 一、統整的觀察

　　校務評鑑最貼切的界定是：以學校為本位的教育評鑑。因此，校務評鑑立基於整個學校的辦學經營歷程，必須作全面而統整的觀察。所謂統整的觀察，包括：行政效能、課程教學、學生輔導、教師專業、環境設施、資源整合等主要面向的了解（以宜蘭縣為例）。

☛ 二、化約的指標

　　雖然校務評鑑需要了解學校的全部，但是無法鉅細靡遺的觀察。所以每個縣市在進行校務評鑑時，均分別採用了「化約的指標」來進行。指標的設定在指陳具體的檢覈點，不能太過於繁複，也不能太過於簡略，多數的縣市均設定在一百個至一百五十個指標之間，並且要分群分項設定指標，以宜蘭縣為例，在六大項之下分成二十四個分項，每一分項有五個評鑑指標，總計一百二十個指標。

☞ 三、系統的結構

　　評鑑指標的設定與排列必須遵循下列原則：㈠工作事項的重點；㈡能夠反映學校的實務；㈢是可以用量或質的方式加以衡量的；㈣是彼此有關聯、有順序的。經由系統結構的評鑑結果，才能觀察出整體的辦學績效，也才能彰顯出某一學校的某一分項具有他校所不及的特色。

☞ 四、客觀的歷程

　　評鑑的實施，必須各校一致，符合公平正義的原則，實施歷程須客觀。每一學校皆有「自我評鑑」及「委員評鑑」，學校自我評鑑的方式、期間以及內容應儘量一致；委員評鑑實留校時間之長短、方式以及參與人員代表亦應盡量一致。實施歷程的客觀，才能確保每一個受評學校給評鑑委員「了解的機會」是均等的。

☞ 五、評價的比較

　　校務評鑑的積極層面在獎勵績優學校，消極層面則在發現辦學未盡理想學校，進而督促、協助解決其問題，導引發展方向。無論是從積極層面或消極層面考量，均需進行評鑑結果的比較，而評鑑結果即反映評鑑委員從客觀歷程了解學校後的主觀評價。

☞ 六、理念的實踐

　　教育的理想、原理原則可以透過校務運作歷程加以實踐；而校務評鑑的結果，也就是學校實踐教育理念程度的檢覈。

　　學校準備校務評鑑並不困難，校長們如果能夠掌握下列事項，校務評鑑工作或許會成為全校師生認為年度最有價值的事務：㈠向全校教師宣導校務評鑑的積極目的、功能與基本原理；㈡成立校務評鑑執行小組，小組成員除了校長、主任、組長之外，也可以邀請教師代表、家長代表共同參與；㈢執行小組定期集會，逐次討論各項重點工作的準備做法（或改進事項）；㈣依據分項建置檔案（不必每一指標均有檔案）；㈤審慎填報自評報告；㈥對於委員到校評鑑的歷程詳加準備與演練；㈦據實回報委員的提問，避免矯飾。

　　（本文原刊載於：國語日報，2003 年 4 月 21 日，13 版，學者觀察站專文。）

行動團隊活化校園

　　最近 SARS 威脅校園，每個學校均成立應變小組，擬訂應變計畫，設定各項因應措施，帶動所有師生共同投入這場史無前例的抗 SARS 戰爭。抗煞的緊張與恐慌也讓多數的校園組織氣氛產生了明顯的轉變，以前的歡笑減少了，師生談話的距離加大了，每個人的胸口似乎都感覺到悶悶的，表現出對整體大環境的一絲無奈。

　　「無為在歧路，兒女共沾襟」是描寫一家人因國家戰亂，父親被徵調當兵，媽媽帶著幼小兒女送到岔路口，大家哭成一團，沒有一點對策的景象。抗 SARS 的戰役險峻而艱難，稍有疏漏則前功盡棄，滿盤皆輸，是以校園中絕不允許「哭成一團，毫無對策」的景象出現，我們必須為這憂鬱化的校園組織文化把脈，找尋對策，護住這片國家競爭力的基礎園地。

　　抗 SARS 的隔離方法已經找到了「動線管制隔離法」，或許普遍實施之後，真的可以控制疫情。對於校園組織文化憂鬱化的對策，或可推行「在學校中普遍設置行動團隊」的方法，以行動團隊彼此關懷，交互支援，共同抗 SARS 之餘也活化了校園組織氣氛。

　　就當前的校園處境而言，至少可成立四種團隊：㈠應變小組團隊；㈡工作激勵團隊；㈢成長學習團隊；㈣休閒健身團隊。

☛ 一、應變小組團隊

　　面對 SARS 的侵襲，學校首先要成立應變小組，由校長召集主持，重要幹部（四處主任、衛生組長）、護士及教師代表均要參加。應變小組即行動團隊，針對學校的防疫宣導、環境衛生整備、通報系統的建置以及個案狀況的研判，均應適時開會研議，即時處置，必要時邀集專業人員參與討論。

　　應變小組應將各項應變措施撰寫成「學校防 SARS 應變計畫」，條列各項加強工作以及各種應變機制、配套措施。每日檢核，必要時調整強化，應變小組的行動落實、有效，是安定學校師生心理的最重要基礎。

✎ 二、工作激勵團隊

團體面對不確定因子威脅時，最需要親密的工作夥伴相互支援，彼此關切，確保在艱困的環境下仍可平順達成任務，不降低組織生產力。學校校長可鼓勵行政單位分別成立工作激勵團隊，鼓勵教師依據年級或年段組成工作激勵團隊，行政單位的行動團隊要結合學校的應變計畫，配合貫徹各項應變作為，做好防疫的教育宣導工作，演練如何啟動危機處理機制；教師的行動團隊則討論如何將防疫知能融入教學，由教師的彼此關切督促示範給學生學習，一方面落實具體防範措施，另方面增強支持關懷力量，協助師生跳脫憂鬱陰霾。

✎ 三、成長學習團隊

在防疫期間，凡遭到居家隔離或在家學習的師生，學校應鼓勵其組成成長學習團隊，聘請專業人士到校帶領此一團體。如有全班停課，居家隔離情況，則該班學生應進行班級輔導，班級輔導的方式也可參照成長團體的做法，設計八到十二次的團體活動來安定學生心理，協助轉化成正向、勇於面對挑戰的積極心態。

✎ 四、休閒健身團隊

防範 SARS 侵害，最根本的作為，即生活保持規律正常，多運動，以增強身體免疫能力，因此學校宜推動休閒健身團隊，除各類與健身有關的課程應加強教學之外，教師及職工也可自組休閒健身團隊，每週至少要有兩至三次健身活動。

行動團隊的運作可以活化校園，扮演鼓舞士氣，激勵成長，達到相互扶持的功能，在目前面對 SARS 威脅階段最需要。校長應以身作則，率先加入前述之行動團隊，並以行動團隊的積極運作，帶領全校師生共同抗煞，平安度過危機時期。

（本文原刊載於：國語日報，2003 年 5 月 26 日，13 版，學者觀察站專文。）

22

優質校長的核心能力

又到了中小學校長遴選的季節，幾家歡樂幾家愁的景象、意外落馬與魚躍龍門的不同處境，帶給教育界幾許波瀾，這一陣子的話題總跳脫不了校長遴選。

中小學校長由「甄選→儲訓→派任」到「甄選→儲訓→候用→遴選」是一種進步的做法，讓原本即有資格的候用校長必須經過公開遴選才能當上正式校長。遴選制度希望能找到真正優質的校長，筆者以為，優質校長的核心能力，應包括下列八項。

☛一、教育專業的能力

校長是教育事業的領航者，是教師與學生的楷模，必須以教育的原理原則來管理教育事務，因此，校長必須具備深厚的教育專業素養，擁有明確的教育理念、熟悉重要教育理論、課程與教學知能，並且能夠有效結合教育理論與實務。

☛二、愛人助人的能力

「教育之道無他，愛與榜樣而已」，是大教育家福祿貝爾的千古名言，在中小學階段愈顯重要，因為中小學近乎全民教育，教育事業的主人翁——學生，本即良莠不齊，一個學校中就有相當比例適應困難及偏差行為學生，我們要設法帶好每個學生，沒有真正的「教育愛」，沒有能夠助人的「輔導知能」難以勝任。

☛三、統整判斷的能力

教育事務日趨複雜，校長必須日理萬機，統整判斷的能力格外重要。校長必須具備學習型組織理論所強調的「系統思考」能力，能夠全面的解讀教育問題，迅速掌握核心關鍵事項。

☛四、計畫管理的能力

優質的校長必須運用校務計畫的擬定，有效結合教育政策、師資資源、學生

需求、社區特色、辦學理念、課程規畫等面向，將人、事、物設定到位，以學生的最大價值考量，促使可能的資源透過計畫管理，得以發揮最高效能。

☞ 五、實踐篤行的能力

優質的計畫管理必能兼顧關鍵性與可行性，因為身為校長除了要有能力擬定好的教育計畫外，還須有能力具體實踐篤行擬定的計畫事項。例如推動教訓輔三合一方案時，執行認輔制度及建構輔導網絡是學校的重點計畫工作，校長若能優先認輔一兩個學生，親自為老師及家長解說學校輔導資源系統，帶動教師共同參與，即為實踐篤行能力。

☞ 六、溝通協調的能力

在企業界，「單打獨鬥、個別表現」的時代已經過去，在教育界亦然。要辦好學校教育工作，把所有的學生都帶上來，必須有效結合全校教師、職工以及學生的相互支援、協同合作，並且開闢校外資源，讓校外教育輔導資源能夠透過網絡系統，絡繹不絕的流進學校，協助學校，產生「交互作用，整合發展」的效果；校內外資源能否有效整合，有賴校長溝通協調能力的表現。

☞ 七、應變危機的能力

學校常有重大事故發生，危機來臨時學校如何應變，考驗校長能力。優質的校長平時即應具備「見微知著」的功夫，對於可能造成學校重大影響的事件或人事，能夠預為防範；果真遇到重大事故，也能即時有效處理，將學校或個人之傷害降至最低。

☞ 八、研究發展的能力

帶領學校的成長發展，提高學校的競爭力，也是校長的重責大任之一，現在的校長亦須扮演教師行動研究的模範角色。校長必須有能力從事教育研究工作，至少必須能與學者專家結合，進行教育行動研究。因此，優質的校長最好接受過長期的校長專業培育。

以上八項核心能力不可能憑空驟降，勢需有一專業培育課程規畫與執行。我們期待從校長遴選制度的演進，能夠逐次建立校長「專業發展」與「校長證照」的時代。

（本文原刊載於：國語日報，2003 年 6 月 30 日，13 版，學者觀察站專文。）

23

實施中小學教師分級制度

最近中小學師資培育供過於求的問題，引起了各界的重視與迴響，正當社會各界與媒體交相指責教育行政單位，沒人為此失當的政策負責時，筆者卻有更深層的看法。這時候正是落實部分教育改革措施的關鍵時刻，尤其政府若能在一、兩年內針對新進中小學教師實施教師分級制，阻力應該最小。

政府在 1994 年修訂公布《師資培育法》，自此開啟了中小學師資培育制度多元化時代。教育部對於師資培育數量的政策即交由市場機制去調節，不再給與任何計畫性管制；事實上，也沒有一個學校願意被管制，教育部也管不了。

除了傳統的師範院校本就定量培育中小學師資外，各公私立大學及新改制的科技大學、技術學院也競相設置中小學教育學程，加入培育師資行列，再加上學士後師資班的持續辦理，就形成了今日供過於求的局面。各大學在申請設置教育學程時，就知道會有這種現象，申請選讀教育學程的學生也知道將來會有這種現象，選擇就讀師範院校的學生也應該早就想到。每個當事人均十分清楚，自己仍然願意接受挑戰，才會選擇投入戰場。而今日情況更加嚴峻時，就要行政官員為這些人負責，似乎有些牽強。

從積極的面向看待此一問題，師資培育供過於求的現象，有助於各校選到更優秀的教師。非有真才實學者當不上老師，當上教師者受到的尊敬相對增加，可提升教師的社會地位，在多元競爭的情況下，供過於求的現象反而是教師尊嚴的護身符。

再從消極的面向看待此一問題，則隱藏了另一警訊。為什麼那麼多人想當中小學教師，而一當上教師之後就變成了「教育改革」的主要革新對象？似乎顯示了「制度本質」有問題。老師太好當了，大家擠破頭，只要進得去，就能夠「專業自主」，外界雖然不滿意，根本沒有任何約束力，不求長進亦能退休終老。是以，「教育改革」已經喊了近二十年，但學校的競爭力、活力總是難提升。

在僧多粥少的此時，政府可考慮將原本已有規畫雛形的「中小學教師分級制」，再進一步研議配套措施後，宣布自明年新進教師起實施，應可在十年至二

十年內建立具有「教師專業發展」意涵的教師分級制度，達成務實的教育改革。這些配套措施應包括下列：㈠教師分四級，並拉大四級間研究費的差距（每級至少相差一萬元以上）；㈡酌移初任教師待遇五分之一到第四級教師；酌移第二級教師十分之一待遇到第三級教師；㈢教學、服務、輔導、進修、研究達到指標的教師，每四年到八年可升一級，第八年未升級者，薪津不再增加；㈣從新進教師實施；現職教師可依舊制任職到退休，亦可依據分級指標參加檢覈，改敘為第三級或第四級教師。

實施中小學教師分級制具有下列優點：㈠給與教師生涯發展軌跡，讓教育工作者有努力方向；㈡可以適度提醒教師，逐年檢覈教學、服務、輔導、進修、研究成果，避免流為不適任教師；㈢將教師帶入全面學習狀態，增進學校活力及競爭力；㈣可配合教師層級選拔兼任行政人才，例如第二級教師可兼組長；第三級教師兼主任；第四級教師始得遴選校長。校長回任教師時，亦以第四級（最高級）聘用，以示尊崇。

更重要者，實施教師分級制以後，可以讓中小學學校組織文化產生優質的改變。重新喚起老師們積極投入教育事業，每位教師勤奮的照顧學生，不斷進修研究，提升能量改善教學；並且交互支援具有共同帶好每個學生的心願，達成實質的教育改革。值得一試！

（本文原刊載於：國語日報，2003 年 7 月 21 日，13 版，學者觀察站專文。）

24

十二年國教化解教育沉痾

　　教育部最近積極規畫十二年國民教育第一階段工作，並將它列為九月即將召開的「全國教育發展會議」三大議題之一。惟新聞媒體的報導似乎不夠捧場，各界的反應也沒有預期的熱中，除了黃榮村部長、吳明清次長苦口婆心一再強調宣導外，好像大家都已懶得談它，因為過去談太多次了，結果總是雷聲大雨點小，不了了之，尤其是當前國家經濟面臨窘境的時候，談它更像天方夜譚。

　　筆者最服膺幾位教育部長們的共同心聲：「教育改革並沒有失敗，只是尚未成功」，教育改革今日之所以引致部分爭議，各界人士交相指責，主要在「做得不夠、做得不完整」，大家看到不夠完整的東西有意見，而非做錯了。例如，推動多元入學方案，代替單一式聯招；實施國中基本學力測驗，參酌在校成績輔導升學；推動高中職社區化，整合普通教育與技職教育，事實上均在為實施十二年國民基本教育預作準備。因此，政府若能在近期內宣告三、五年後實施「免試、不強迫、就近就學、繳交基本學費、運用教育代金（券）補助就讀私校」，並有立法基礎的十二年國民基本教育。或許當前的諸多爭議都可合理解釋而不存在，國人才看得到教改的具體成果與績效。

　　國家的經濟發展雖不及數年前的成長速度，只要國民平均所得超過一萬美元，就是實施十二年國民基本教育的條件，就台灣當前的社會經濟水準而言，已經超越許多，且已累積了七、八年能量，正是蓄勢待發時刻。筆者期待至深，希望在全國教育發展會議之後能夠有具體的實施方案，以及推動立法的配套措施。

　　規畫十二年國教具有下列四大積極意涵。

➤一、實踐人文教育思想

　　回歸教育本質，實施以人為本的教育，乃長久以來教育界人士大聲疾呼的口號，但是真正的做法在哪裡？卻人言人殊，莫衷一是。實施十二年國民基本教育，免考試，直接促使國中及高中職教育正常化，回歸以教育本身為目的的中等教育，直接照顧到弱勢族群，增加那些原本因為公私立學費落差而無法接受中等

教育後段的近百分之十學生，每個學生不必負笈他鄉即能接受完整的十二年基本教育，是人文教育思想的具體實踐。

☞二、提升教育機會均等

落實教育機會均等的國民教育，是我國教育政策長期努力的指標，教育機會均等具有三個層次的意涵：㈠入學機會的均等；㈡受教過程的均等；㈢適性發展的均等。就九年國民教育而言，入學機會的均等做得較理想，受教過程的均等以及適性發展的均等皆有待努力。實施十二年國民基本教育之後，有助於提升三階層教育機會均等之實質內涵，使「受教過程的均等」以及「適性發展的均等」不再流於空談。

☞三、邁入現代開發國家

實施十二年國民基本教育，也是現代開發國家的具體指標之一。其積極意義，代表國家有能力培養所有的國民成為現代化的公民；也惟有整個國家的人民均至少接受了十二年的基本教育，這個國家才稱得上現代開發國家。台灣要跳脫長期處於「開發中國家」的窘境，規畫推動十二年國民基本教育，應是有效的積極策略，也將是突破瓶頸的著力點。

☞四、化解長存教育沉痾

教育的現有景況，是長期發展而來的，當前教育的諸多沉痾，大多其來有自。任何的教育改革措施，通常均經仔細研議，長期醞釀始成方案。今日教改措施沒能得到各界認同，前文已強調，原因在於「做得不足」，而非「做得不對」；實施十二年國民基本教育，方能讓諸多教改措施做得完整，真正回歸到教育本質，既可重新建構教育發展系統指標，更可以從根本化解長存的教育沉痾。

筆者衷心期待十二年國民基本教育時代的來臨，教育部的規畫進程如能掌握「經費標準化」、「設施均等化」、「內涵優質化」、「方案法制化」的旨趣，十二年國民基本教育具有深遠的積極意涵。

（本文原刊載於：國語日報，2003 年 8 月 25 日，13 版，學者觀察站專文。）

25

催生《學生輔導法》

　　《國民教育法》修正案正在立法院審議中，完成第一讀時，為配合「組織再造」與「總員額法」的規畫，不再詳細規定每一學校的明確組織員額編制，所有一級、二級單位均不明示，由學校依經營規模及個別需要自主決定。

　　此一趨勢雖屬「良法美意」，可為將來學校本位管理奠定基石，卻也引來輔導學界恐慌，不少有識之士認為此舉形同廢除學校輔導室，於是大聲疾呼，發動網路連署，希望立法院進行國教法修正案二讀時，能夠恢復規定學校設置輔導室的條文。

　　在 9 月 13 日、14 日全國教育發展會議上，由於出席委員多人建議（含筆者），黃部長亦在會議上明確回應，國教法有關輔導室的條文不應刪除。唯結果如何，仍須靜待立法院從法理與實務考量審議，才能確定。

　　針對此案，筆者有更積極的建議，中國輔導學會應可藉此機會結合民意代表、專家學者以及行政官員共同催生《學生輔導法》，以學生輔導法規範各級學校專業助人機制，為一般學生的心理健康，以及適應困難、行為偏差學生的專業協助，建構合宜的輔導網絡系統。

　　《學生輔導法》原為「教育部輔導工作六年計畫」（1991 年至 1997 年間執行）預定重點工作之一，後來因為三個原因（以致）延遲至今尚未完成：㈠配合教師法第七條規定，教育部於 1997 年頒布《教師輔導與管教學生辦法》；㈡國內高階及中階輔導人力不足，僅能執行六年計畫設定的三分之一強工作；㈢對於學校輔導工作應先普及化或專業化，輔導專業人員與行政人員見解有所落差。

　　目前客觀環境已改變：㈠《教師法》修正後，教育部正式函知停用「教師輔導與管教學生辦法」，法令競合問題已不存在；㈡經過「教育部輔導工作六年計畫」、「青少年輔導計畫」、「教訓輔三合一方案」、「兩性平等教育實施方案」、「中輟學生通報及復學輔導方案」的長期實施，中小學輔導基礎已十分渾厚；㈢「為弱勢學生建構完整的輔助系統，帶好每一位學生」已形成教育人員的共識，同時也是各界人士對於教育界的期待。因此，國教法修正案對於學校組織

的簡化趨勢，同時也為學校輔導工作專業立法留存更大空間，輔導界人士應能體會此一難得的契機，順勢積極而為。

《學生輔導法》應以規範下列七大事項為優先考量：㈠教師輔導學生的責任與輔導知能素養。例如所有教師均應參與學生輔導工作，擔任導師、認輔教師並注意教學中輔導。每位教師均應參與 36 小時（2 學分）以上輔導知能研習，全校五分之一教師修習輔導學分 10 學分以上，十分之一教師修習輔導學分 20 學分以上；㈡學校輔導學生系統化機制。例如輔導行政組織，處理學生問題三級預防的單位與程序；㈢依學校規模（師生人數）規定專業輔導人員（心理諮商師、臨床心理師、社工師）駐校輪值的基本時數；㈣建置學生的測驗與輔導完整資料；㈤逐年訂定學校三級預防輔導工作計畫，以及完整的評鑑檢核機制；㈥建立學校輔導網絡，結合社區資源共同輔導學生；㈦成立校園危機處理小組，有效因應緊急突發狀況。

《學生輔導法》的立法過程不會太容易，《社工師法》立法的成功經驗值得學習，中國輔導學會可扮演最佳策動單位，推派熱心會員及學者專家、學校輔導實務人員組成「《學生輔導法》推動小組」，負責條文草案的擬定，宣導代言，並由專人與立委、行政官員專責互動，直到完成立法，公布實施為止。

《學生輔導法》乃教育部「教訓輔三合一方案」及「青少年輔導計畫」的具體實踐，也是將「計畫性」輔導工作轉化為學校「經常性」輔導工作的主要媒介。《學生輔導法》更可以作為學校組織再造，以及經營優質校園文化的法源基礎；面對當前憂鬱傾向學生大幅增加，自我傷害學生層出不窮的窘境，有必要以三到五年的時間，予於促成。

（本文原刊載於：國語日報，2003 年 11 月 10 日，13 版，學者觀察站專文。）

26

校慶閒話　閒話校慶

　　最近很多學校都在慶祝校慶，校慶活動目不暇給，教育界同仁的交流總圍繞著校慶話題，我們校慶在做什麼？你們校慶又辦了哪些特別活動？到底校慶的意涵何在？校慶應辦理哪些活動來慶祝？且讓我們在校慶閒話裡閒話校慶。

　　雖然媒體僅刊載一些飆舞、鋼管秀、化裝舞會、比炫、比酷、比辣、比爭議的活動，事實上，各校的活動設計遠比報導的豐富百倍，深入去觀察了解，均可以看出一個學校的傳承、特色、活力與將來發展的脈絡。校慶活動就像每個學校自辦博覽會一樣，是彰顯學校競爭力的焦點時刻。

　　就以國立台北師範學院為例，12 月 5 日是學校校慶日，學校將前兩週及後兩週期間訂為校慶月，學術單位及行政單位配合規畫各項活動，重要者有運動大會、傑出校友表揚、校慶茶會、園遊會及社團表演、校慶音樂會、校慶體育表演會、啦啦隊競賽、校慶美展、校園創意造形競賽、年度學術論文發表會，今年更於 12 月 6 日擴大辦理千位校友回娘家活動，中午圍爐餐會，新闢防空洞藝廊辦理校友美展，這些活動均具教育意涵。

　　辦理校慶活動可以招數盡出、百家爭鳴、百花齊放，不過，下列五大旨趣與功能不能忽略。

☞ 一、闡揚創校精神

　　校慶首要任務在喚醒師生體認學校的辦學宗旨，為學校的傳承賦予時代新義。所以各校的慶祝大會上，校長或與會貴賓都會在致辭時，不斷強調創校精神，適時標榜學校過去的重大成就與當前處境，鼓舞學校師生士氣，扮演成功的傳承創發角色。因此，大部分的學校會在慶祝大會上一併辦理傑出校友表揚，藉著學校培育出來，對國家社會有重大貢獻的校友，示範給還在學校的學生當作學習指標。

☞二、提供大型活動

學生的學習應該兼顧德、智、體、群、美，五育均衡發展，現今學校分科教學的現實上，除了智育以外，需要一些綜合活動（尤其是大型的）來強化德、體、群、美育的實施。校慶每年一次，往往成為學校規畫學生整體學習活動的核心階段，以校慶日為學校師生大型活動的日期；例如各校每年一次運動大會，大都選擇在校慶日配合舉行。其他如美展、音樂會、園遊會、學術論文發表等全校性的跨系際大型活動，也都在校慶日前後舉行，帶動全校師生多元參與綜合學習活動。大教育家洛克曾說：「健全的心靈，寓於健全的身體。」為這些與學生身體、心靈攸關的大型活動作了最好的註解。

☞三、展示學習成果

從另一個立場來看，校慶期間的大型活動，也是提供師生展現學習創作成果的舞台與時機。國北師校慶美展，校園空間造形藝術展，校慶音樂會（在國家音樂廳舉行），校慶體育表演會，都是學校師生年度大戲，是當屆畢業師生最重要的學習成果展示，透過演出，具體展現在校所學，一方面回報學校培育之恩，一方面爭取社會大眾認同支持學校發展，為學校注入活力與生命力。

☞四、交流師生情誼

校慶活動的第四個功能在交流促進師生情誼，為當前逐漸疏離冷漠的校園組織文化，灌注另一股暖流；藉著競賽活動，增進系際、班際學生的交流互動，藉著慶典的參與，強化師生情誼的質與量。

☞五、揭示發展脈絡

社會變遷與時代需求，不斷的考驗學校經營形態，學校不能再永遠不變；學校發展方向符合時代脈絡，學校才會有希望，師生才能活潑奮發。因此，部分面臨轉型壓力的學校往往在校慶活動的同時揭示學校明確發展脈絡。這次國北師千位校友回娘家活動，同時辦理「北師展望」座談及千位校友連署，籲請政府同意國北師改名為教育大學，是具體實例。

（本文原刊載於：國語日報，2003 年 12 月 15 日，13 版，學者觀察站專文。）

27

平常心看「師範聯合大學系統」

教育部委託台灣師大教育研究中心，責由郭前部長為藩擔任召集人、潘慧玲教授、吳鐵雄教授（前教育部常務次長）及梁恆正教授等為研究規畫小組成員，規畫籌組「師範聯合大學系統」，為當前之師範校院發展尋找另一可行出路。然而迄至目前為止，各校反應並不熱烈，除了台中師院及新竹師院經過校務會議通過，正式表態參與系統，國北師經校務會議決議參與籌備委員會外，多數學校持保留態度，甚至龍頭老大國立台灣師範大學堅絕反對，連參加籌備委員會之嘗試性參與均遭封殺，讓師大出身的規畫小組十分難過。智慧型方案遭受「民意」無情踐踏，能不唏噓。

「師範聯合大學系統」係比照美國加州大學系統性質規畫，其主要內涵為㈠各師範校院為主組成聯合大學系統，各校保有原有自主權，但接受系統委員會之指導、資源分配與統籌規畫；㈡設有總校長及各校校長；㈢頒發聯合大學畢業證書，由總校長及各校校長具名；㈣設系統委員會，主要職責在：審議提撥專案經費，各學校系所中心之調整，中長程發展方案、評鑑及籌募發展基金等；㈤規範進退場機制；㈥不影響各校改名大學及其他整併之進行。

教育部已承諾如若聯合大學系統成立，將以五年五十億的經費協助加入系統的師範校院，規畫小組也已完成了「試行要點」，並由教育部出面與立委協商，得到初步之認同與支持，理論上重點關卡均已釐清界定，儼然是一條師範校院轉型發展之有利途徑之一，至少加入系統的學校，可以得到額外的資源及整合型人力協助，提高學術研究及教學服務上之競爭力。加入者有好處而沒有壞處。

今日各校之所以猶豫不前，代表幾點意涵：㈠當初九所師範校院曾規畫策略聯盟，近似於今日的聯合大學系統遭到教育部反對未成局；㈡教育部黃部長曾經主張九個師範校院併校，設總校長及九個副校長領導學校發展；㈢試行要點中之規範運作情形雖介乎前兩者之間，各校教授們之解讀較偏向於接近黃部長之原構想；㈣教育發展長期受到政治力量左右，充滿不確定性，各校教授們已缺乏信心，例如新近計畫改名為大學的師院純由政治考量，看不出教育發展上的標準與

邏輯；㈤教育部對於一般大學、技職校院及師範校院的協助與發展規畫採用不同的標準，對師院而言確實不公，現在雖有誠意，教授們反而不予信任。最極端的比喻是：教育部丟了一個垃圾桶，要將這些垃圾放在一個桶子裡面。

就當前之狀況而言，師範聯合大學系統並未真正成局，教育部原本計畫在總統大選之前正式掛牌之企圖，可能受到阻礙（至少必須四校加入才能成系統）。事實上如果教育部之做法稍作調整，或可以吸引各校競相申請加入，調整的做法下列意見或可參考：㈠本學期結束前（2004 年 2 月底）止僅蒐集，各校對「師範聯合大學系統試辦作業要點」之修正意見，三月初再公布明確的試辦要點；㈡93 學年度開學之後再要求各校校務會議討論表態是否參加；㈢配合試辦要點積極研訂中長程（三至六年）計畫，明確提列支援補助項目；㈣以試辦要點並同試辦中長程計畫，並核列經費，送請立法院備案，確保執行經費額度。

師範校院面臨嚴峻的挑戰，勢非轉型不可，雖然各校均由教授治校，各有自己的發展規畫，但爭取政府資源的協助十分困難，政府在政治掛帥，教育式微的現實下，各校沒有提出與其政策導向一致之方案，不太可能獲得支持。今日教育部受到郭前部長的理念與使命感感動，給與十足面子，支持規畫「師範聯合大學系統」，各校應可借力使力，積極加入，爭取到資源再說。師範校院的發展策略應以多元彈性，有資源就不放過為最佳選擇。〔作者註：「師範聯合大學系統」在杜正勝接替黃榮村任教育部長後，已停止運作，目前各師範學院均已順利改名為教育大學，唯教育部同意師院改大的條件有二：㈠三年內師資培育員額減半；㈡與臨近綜合大學整併。〕

（本文原刊載於：國語日報，2004 年 1 月 19 日，13 版，學者觀察站專文。）

28

追求知識的三大階層

　　近來教育人員之進修十分活絡，中小學教師的基本學歷已經提升到大學畢業以上，教育行政人員、學校教師、主任、校長更有相當多的比例在職進修碩士學位、博士學位。就整體教育組織文化而言，已經符合學習型組織理論的訴求，為建立終身學習社會立下了最起碼的基礎，值得稱慶。

　　傳統上，大學畢業以上的人就稱為知識分子，就是國家的菁英，負有導引人類發展的社會責任，教育人員取得學士學位，進修碩士學位，進修博士學位三者均在追求知識；學士、碩士、博士三個階段所追求之「知識」到底有何不同？經常是研究所課堂上必須討論的課題，有必要予以釐清。以下係個人淺見，提供參與進修學位教育人員參考。

☛一、學士階段「建構知識」

　　大學階段所追求的知識在於知識本身的系統化及結構化，一般大學的課程包括普通學科（28 個通識學分）、專門學科（主修學門領域學分約 80 個以上）、專業學科（如教育專業學分 26 個或 40 個），這些課程經由教學活動歷程，足夠讓每一位大學生建構一套屬於自己的知識基模，以中小學教師而言，每一位合格教師，只要是大學畢業以上，對於如何教育中小學生，均應有一套自己的看法與足以實踐自己看法的能力。對於人（學生）有完整的了解，如何安排課程，實施教學、輔導個別差異，進行評量與補救教學等有一套完備的知識，此之為「建構知識」。

☛二、碩士階段「活用知識」

　　進入碩士階段所追求的知識在於「理論與實務的結合」。教育人員進修教育領域有關研究所，攻讀碩士學位，其最大旨趣即探討各種教育學理如何能夠在實務上應用，理論讀通了，教育現場或學校實務上才能運用得上；沒有明確解讀理論之精髓者，往往無法活用，成為死知識。就以教育人員耳熟能詳的「多元智慧

理論」為例，會解釋多元智慧理論涵意，背得出七或八種智慧名稱者，尚不足以稱之為活用知識，必須在教育行政措施或教學實踐上有具體作為，例如(1)強制規範中小學實施正常化教學，不准配課（使學生多元智慧因子均有刺激啟發之機會）；(2)大專以上學生以優勢智慧選讀科系（容易讀得順手，有成就感）；(3)大專發展社團、分組活動、興趣選向課程（使學生優勢智慧有明朗化機會）。如此，始得稱之為「活用知識」。

☛ 三、博士階段「創造知識」

博士是學術界最高榮譽，具有博士學位的人稱之為「知識分子中的知識分子」。攻讀博士學位的歷程，即在「累積資源，創造知識」。創造知識應以更為宏觀之角度看待，不宜受限於字面意涵。凡是對原有的教育理論重新研究，有新的發現，或對原有的理論知識有所補充、驗證、新的解釋……等均稱為創造知識，「創造」不一定無中生有，在「有」中有「更好」的註解即為創造知識。以同一種教學法的多次實驗研究為例，研究結果再次驗證以前的研究結果，或研究結果與以前的結果相反，或研究結果在某一論點上有更新，更好的、不同的發現，均可稱之為「創造知識」。

大學階段追求知識的形態或方法多用「講述」法，大部分由教授講，學生聽，藉由知識的移轉，逐步「建構知識」，讓知識系統化、結構化。碩士與博士階段則多用「討論共學」法，大部分的學科，多由學生報告，教授帶領學生共同討論，由討論中釐清知識的本質與表象，進而謀求理論與實務結合，重新詮釋理論知識之意涵，進而創造知識。因此，在研究所課程，多以「對話討論」進行，也唯有師生不斷討論，持續辯證，方得以迸出「智慧的火花」，充實豐富了既有的「知識銀行」。

教育人員必須持續進修，不斷地追求知識，追求知識之意涵具有不同階層的功能，從「建構知識」→「活用知識」→「創造知識」為教育人員提供了多元深入的進修管道，任君選擇。

（本文原刊載於：國語日報，2004年3月1日，13版，學者觀察站專文。）

29

教育愛的傳承與實踐

父母子女之愛、夫妻男女之愛、師生教育之愛為人間三種大愛,三種大愛的本質與動源不同,父子之愛來自血緣之必然,夫妻之愛來自尊重的需求,教育之愛則來自價值的體認。人生有幸成為父母子女,因為身體中留著彼此遺傳基因的血液,血濃於水,必然父慈子孝,展現人間大愛。男女之間的愛,儘管相互吸引的條件不盡相同,最終能成為夫妻伴侶、白頭偕老者,皆建立在彼此的激賞尊重,是以中國古訓告訴我們,夫婦之道必須相敬如賓。教育愛最為特別,教師從事教育工作歷程中,體認到愛護學生、關心學生、教導學生,協助學生成長,是他畢生最有價值的志業,願意無條件的關照學生,是以又稱為教師的大愛。血緣之愛以「情緒」為基礎,尊重之愛乃「情感」的表達,價值之愛則提升為「情操」的彰顯。

壹、教育愛四大特質

教育愛是教育界最為可貴的文化遺產,古今中外成千上萬的教師,之所以樂為教師,將教育學生當作一輩子志業,默默耕耘,長期奉獻,實乃教育愛的傳承與實踐。傳承教育愛必先了解其內涵特質,「教育愛」具有下列四大特質。

☞ 一、接納包容之愛

教育活動是一種具有價值取向的活動,教學歷程是一種特殊的人際互動過程,成功的教與學,教師與學生均有責任,教師要能有效教學,學生也要具有受教性。然而當前中小學,學生本身受教性程度不一,適應困難、行為偏差者有一定的比例,教師首要發揮的教育愛,即接納包容這些學生。

☞ 二、積極關注之愛

教育愛的另一個內涵特質為,能對學生表現主動積極的關懷。依據以往的調

查研究顯示，學生遇到困難或挫折時，通常先找同學或朋友討論，或任由問題惡化不處理；家人與教師反而是最後不得已才告知。身為教師者，如能提升辨識學生行為問題的能力，積極主動關注學生，給與必要的支持，協助突破或紓緩困境，即為教育愛的發揮。

✏ 三、沒有差別的愛

教育愛的施予不會因為學生的背景不同而有差別，「有教無類，因材施教」為教育愛作了最好的註解，父子、男女之愛會因親疏有別，而需「等差之愛」，惟獨教育愛沒有差別，教師對教育價值的體認愈深，教育愛的程度就愈濃，並且對每個學生都一視同仁，雨露均霑。

✏ 四、不求回報之愛

教師對學生的關愛照顧是不求回報的，教師能看到自己的學生順利成長發展，日有所成，對國家社會有貢獻，就是最大的回報。因此，教師實踐教育愛時，內心並未期盼將來學生能夠回報他什麼，是一種但求耕耘，不問收穫的大愛。

貳、實踐教育愛的四個著力點

實踐教育愛必須找到具體著力點，教師可從下述工作實踐。

✏ 一、提升教學效果

把書教好是身為教師的本分職責，本來不容置疑，每位稱職的教師均會把書教得很好，讓學生很快學會該學的東西。然而就如前述，有部分的學生受教性較低或者學習過程中「失神」，並不是教師正常教學，學生就都可以成功學習的。因此，教師必須不斷經營班級，將輔導理念融入教學，提升教學效果，不讓學生因學習落後問題而衍生其他問題，此為實踐教育愛的第一步。

✏ 二、擔任認輔教師

教育部推動教訓輔三合一方案，積極鼓勵中小學教師全面參與認輔學生，認輔制度是學校中每個教師均可以參與的助人愛人工作，也是學校個別輔導工作的主要形態。教師擔任認輔教師，是實踐教育愛的第二個著力點。

☛ 三、關照特殊學生

社會變遷繁鉅，時代的巨輪考驗著人類，人生聚遇變化莫測，特殊遇境的學生，如單親子女、外籍配偶子女、家逢巨變學生等，需要教師適時覺察，並給與相對必要的支持或協助，關照特殊需求的學生可為實踐教育愛的第三個著力點。

☛ 四、增益學生能量

「幫忙釣魚，不如教他釣魚的方法」。在教育活動歷程中，只要能夠增益學生發展能量者，諸如知識、技巧、方法、適應等的累增，都有助於學生成長發展，也是實踐教育愛的著力點。

教育人員扮演著多重角色，三種人間大愛都予以力行方稱圓滿，尤其是教育愛的傳承與實踐，透過價值的體認與堅持，散發其他行業不可取代的情操，創發生命崇高的意涵，豐富人間大愛。

（本文原刊載於：國語日報，2004 年 4 月 5 日，13 版，學者觀察站專文。）

教育的著力點

從「再生」出發
探尋「學校組織再造」的著力點

　　筆者最近參與了中小學校務評鑑，在與中小學領導同仁（校長、主任）的互動過程中，感受到基層教育工作者對於「學校組織再造」的具體做法最為困惑，不少教育人員需要直接的對話與討論。

　　「學校組織再造」的推動，最恰當的闡述，可用中古世紀結束，文藝復興運動──「文化再生」的觀念出發，再從組織再造的四大介面──「觀念態度的再造、組織結構的再造、運作方式的再造以及組織文化的再造」探尋其具體的著力點。

☞一、在觀念態度的再生方面

　　學校組織再造的目的，主要在帶動學校的主要成員──教師及學生具有「學校永續經營」、「提高學校效能與競爭力」、「追求精緻卓越的教育品質」觀念，是以學校領導人員（校長、主任），可不斷的透過集會宣導下列事宜：㈠社會變遷快速，學校教育需求不斷改變，教育人員唯有不排拒變革，勇於承擔，調整教育策略，學校才能永續經營；㈡個人展現積極服務態度，配合執行學校整體規畫，人盡其才，彼此交互支援，才能不斷提升學校辦學績效及團體競爭力；㈢教育愛的傳承與實踐是教育人員最具價值的資產，個人持續增能並且透過行動促進團體增能，是追求精緻卓越教育品質，闡揚教育愛的不二法門。

☞二、在組織結構的再生方面

　　學校組織再造強調「精減組織員額編制」是誤用了組織再造的學理，組織再造的目的在「重新調配人力」，而非一定要「精簡員額」。運用「再生」的觀點來看「組織結構」的調整，是在為學校找到最大價值的組織架構與人力配置系統，在此一系統（組織結構）下，每一位教師及行政人員均能擺到最適當的位

置，每人均能發揮對學校最大的貢獻，組織結構的調整讓學校這部大的機器（機制）有順暢重新出發的態勢。是以學校可以執行下列措施：㈠實施學校本位管理，以學校最大的產能來決定學校的組織人力編配系統；㈡依據教師職工專長與性向決定行政事務與授課教學工作，促使每位成員對學校貢獻價值最大化（人適其所、人盡其才、才盡其用）；㈢賦予組織單位意義化及價值導向的單位部門名稱，豐富角色任務內涵（例如將訓導處直接更名為輔導處，以收「訓育原理輔導化」及「身教」之意涵）。

☞三、在運作方式再生方面

「組織結構的調整」屬於外表形態的改造，就像人的「骨架」；「運作方式的改變」則屬於內在行事的風格，比較上像人的「肌肉」或「血液」的更新，是以學校組織再造如果只談組織結構的調整實乃最為狹義的觀點，必須擴及至「運作方式的改變」，才有豐富而深渠的內在價值。在此方面，學校運作可以加強下列事項：㈠校長實施扁平化、走動式領導，讓教師、學生、組長、主任、各階層職工均有表達意見（心聲），參與決策的機會；㈡推動績效責任、全面品質管理，建立各處室主要業務標準作業程序（S.O.P.），申請 ISQ 認證，增進教師職工個人服務效能最大化，全面提升教學及行政品質；㈢鼓勵全校師生職工建置個人及單位處室知識管理系統，運用電腦資訊媒體儲備個人知識能量及團體知識能量，蘊育學校競爭潛能；㈣建立合理的職工輪調機制，配合個人性向專長與意願任期，調節維護組織運作之彈性，賦予各項工作再生能量。

☞四、在組織文化再生方面

組織文化的再造為學校組織再造的終極目的，營造優質的校園組織文化，讓學校成為充滿積極、熱忱、負責、活力、交互支援、溫暖、人性、希望的學習型組織校園，實乃學校組織「再生」的理想旨趣。如何促使學校組織文化「再生」，下列的具體作為可以參照：㈠鼓勵教職員工全面參與進修，進入學習狀態，進修中的成員服務士氣最高昂，對於競爭力的提升幫助最大；㈡鼓勵教職員工成立各種行動團隊，包括專業成長、工作伙伴、休閒遊藝之各類行動團隊，以行動團隊之運作活絡校園組織氣氛；㈢增進處室單位間交互支援共同協辦大型活動或特別任務，實踐學校「交互作用，整合發展」之三合一方案精神；㈣實施「願景領導」，運用共同形塑之願景指標，引導全校教職員工及學生形成最佳互動模式與內涵。

「再生」是組織再造的深層意涵，依此觀點出發，在組織再造的四大介面均可找到著力點，本文希望能為徬徨於「不知如何下手」的中小學教育領導者，提供較為務實的核心工作建議，有助於學校組織再造的推動進程。

（本文原刊載於：國語日報，2004 年 5 月 17 日，13 版，學者觀察站專文。）

31

師資培育政策的調整策略

最近各縣市都在舉辦中小學教師甄試，從預定錄取名額與報考人數的比率，可以看出當前中小學師資培育已嚴重的供過於求，從每一縣市報考者均數千上萬，而錄取都僅為數百人之情形觀察，輾轉報考多縣市而不一定獲錄取之「備用教師」已經十分可觀，且此一批「備用流浪教師」儼然已形成教育界的「未爆彈」。

我們無法準確預估「備用流浪教師」的逐年累增，何時會「爆炸」，我們也無意苛責當前教育行政部門沒有作好師資培育規畫。從 1994 年《師範教育法》改為《師資培育法》之後，此一現象早在預料之中，政策之成敗得失，自應由全民（立法代表民意）負責。

為紓緩師資培育失衡的嚴重程度，避免引爆「教育炸彈」，筆者建議教育行政部門應即調整下列施政策略。

☛一、 停辦學士後教育學程班

學士後教育學程（或學分）班的開辦，原係中小學師資培育不足時之權宜措施，而今日各師範院校及設有師資培育學程之大學，卻以常態化培育，且競相增班，以致今日全台灣全年培育的中小學師資總量，遠遠超過全年總需求量的二至三倍。如能即時停辦學士後教育學程班，並不影響師範校院或設有師資培育學程大學的正常運作，有助於將「供需課題」回歸正規機制調節。

☛二、 將「國家教師資格檢定考試」調整至「教學實習」之前

明年開始辦理國家教師資格檢定考試，教育界人士十分期待，認為此一檢定機制，至少可以管控品質與數量，為中小學學生找到「夠水準」、「好的」老師，且一次解決，可免於多次「流浪」。然而筆者觀察所得較為悲觀，因參加教師資格檢定考試的候用教師，均已修畢規定的學分，經歷半年的實習（實際上得等半年應試，前後等於一年），萬一沒有通過檢定考試，因為投資龐鉅，難以另

作他圖，勢必再設法代課，等一年再報考參加檢定考試，直至通過為止。總量壓力近年內難以紓解。筆者建議將教師資格檢定考試移前，在學生修完學程規定學分後，參加資格檢定考試，通過資格檢定考試者再修習半年四學分的教學實習，實習成績及格始得參加各校教師遴選，登記為正式合格教師。此一措施之調整具有三大優點：㈠沒通過資格檢定考試者可以即早規畫其他生涯發展；㈡教學實習階段不致於淪為準備考試期，不符合教育原理；㈢得到真正的師資質量管控，不再有候用流浪教師。

☞三、 同意師院改名教育大學或轉型普通大學

師資培育制度已由傳統的「計畫培育」，發展為今日的「能力本位」，師範院校係當年「計畫培育」需求下的時代產物，今日如再延用「師範大學」或「師範學院」已名不符實，勢須即早「改弦更張」。過去教育部要求各師範院校一定要與其他學校整併的政策，證諸於近十年來的發展，有其實務上的困難；未若直接同意其改名教育大學或轉型為普通大學較為可行。師範學院改大學之後增設非師資培育系所，逐次加強辦學重點之轉型，既可降低中小學師資培育人數，又可提高教育人才之胸襟素養，實為兩全其美之措施。

☞四、 運用公費節餘款獎助優秀學生選讀師資培育課程

師範院校學生由公自費並行逐漸發展成全部自費，政府原編列的師範生公費預算應善加運用，回饋到「確保師資品質」的作為上。筆者佩服國立台北師院張玉成校長在第三十四次師範院校校長聯席會議上的提議，由政府設置高額獎助學金，獎助優秀（例如各系所前三名）清寒子弟選讀師資培育課程（例如每學期十萬元），以接近「公費」的待遇，為中小學師資來源維持在較高的品質。

中小學師資培育的問題，有量的壓力，也有質的顧慮，當前的紛紛擾擾是近年政策設定與執行的果實，我們在「概括承受」之餘，為政者有必要反省與因應，以上四個建議，前三項對於量的調節應有幫助，後一項對於質的提升亦有正面導引作用，謹供參考。

（本文原刊載於：國語日報，2004 年 6 月 14 日，13 版，學者觀察站專文。）

教育的著力點

32

校長領導卓越獎的評選指標

　　教育部今年首度辦理中小學校長領導卓越獎，將選出全國最卓越的中小學校長二十位，每位得獎的校長除頒發獎座之外，更頒給二十萬元的獎金，對於獲獎校長的激勵將超過以往的師鐸獎，可視之為教育界的奧斯卡金像獎。

　　校長領導卓越獎的評選歷程分兩階段，初選由縣市政府負責，縣市政府教育局依據部頒要點設定之比例選荐所屬縣市中小學（含幼稚園）最卓越校長參加教育部複選。教育部為客觀有效執行本業務，業已透過公開招標程序，委由國立台北師範學院（校長培育與專業發展中心）負責規畫執行複選及頒獎典禮業務。

　　筆者因兼任國北師校長中心主任職務，必須直接負責本項業務的規畫與執行。首先遇到的最大難題是，評選這些領導卓越校長的指標如何設定?怎樣的評選指標才可以選出真正的領導卓越校長。雖然這一評選指標，最後會由教育部聘任的評選委員以及諮詢顧問開會討論，共同審慎研訂。然而在整個討論過程中，總要有人草擬初步架構與內涵，作為討論研議之基礎。本文的旨趣，希望能扮演此一角色功能，進而能拋磚引玉，蒐集到更豐富珍貴的意見。

　　筆者幾經思量，校長領導卓越之評選指標至少應包含五大面向：㈠教育理念；㈡經營策略；㈢校園氣氛；㈣辦學績效以及㈤發展特色。茲將此五大面向的重要內涵，概述如次。

一、教育理念方面

　　一位好而傑出的校長，首先要有紮實的教育專業素養，對於如何教育學生有一套完整的看法，精通教育哲學與教育科學，能夠將崇高的教育理念與學校實務結合，並化為具體的行動。因此，評選卓越獎的校長，必須要設法觀察校長的教育理念，下列幾個方法似可採行：㈠讓參選的校長表達其最欽佩的中外教育家或教育思想；㈡由參選校長依據自己的教育理念，分析其與教育目標及學校願景的關連；㈢針對弱勢族群學生或適應困難學生教育輔導措施，檢核參選校長教育理念的融合；㈣運用教育新興議題，如外籍配偶子女教育，親職教育等，檢核參選校長教育理念的發揮。

☛ 二、經營策略方面

　　一位優秀的好校長對於學校整體的經營必須有一套，做好企業界所強調的「策略管理」，所謂「策略」指的是介乎「政策」與「措施」之間的手段或方法，也就是校長領導學校運作的重要工作點，以「建立學生輔導新體制——教學、訓導、輔導三合一整合方案」為例，政策為「建立學生輔導新體制」，或者是「三合一方案」，策略為「交互作用，整合發展」，措施則為學校應行辦理的十七項具體工作。評選校長辦學的經營策略可從下列方法觀察：能否結合重點教育政策，選用具體策略經營學校。例如推動三合一方案，能將「交互作用，整合發展」策略，廣泛深入到校務各個層面。

☛ 三、校園氣氛方面

　　好而卓越的校長應善於經營學校組織文化，校園組織氣氛應呈現積極、熱心、參與、充滿愛與希望的優質文化，觀察重點應包括：㈠教師與行政人員的關係是否融洽；㈡行政單位處室人員之間有否交互支援；㈢全校學生行為表現是否充滿快樂與希望；㈣教師對於行政服務與校務運作的滿意程度。

☛ 四、辦學績效方面

　　卓越的校長經營學校一段時間之後，必能有具體的辦學績效。觀察重點包括：㈠教師的課程設計與教學技巧的提升；㈡學生的學科成績及活動成績表現均在平均水準以上；㈢部分教師的教學表現及學生的活動表現，足供他校觀察學習；㈣校長接任學校後在前三項指標的提升程度。

☛ 五、發展特色方面

　　學校發展特色也是評選卓越校長的參照指標之一，觀察重點包括：㈠學校特色是否為學校教育重要核心技術（課程教學）或深具教育價值活動；㈡學校特色是否普遍到學校大部分師生均有參與；㈢學校特色帶給學校及社區實質影響程度；㈣學校特色對於整體社會文化潛在影響作用。

　　評選褒揚領導卓越校長為本年度教育大事，將再次樹立中小學領導楷模，設立標竿校長，評選指標攸關實際獲獎校長的風格與內涵，扮演關鍵性的影響作用。本文為初步芻議，希能帶來更多珍貴建議，提供給教育部作為明智的決定。

（本文原刊載於：國語日報，2004 年 7 月 5 日，13 版，學者觀察站專文。）

33

偏遠小學併校的積極策略

　　日前有機會返雲林家鄉，為中小學教師講授中輟學生輔導課程，與雲林國小張政一校長討論到偏遠地區小型學校經營問題，張校長談到雲林縣政府最近有意裁併偏遠經營規模太小學校，唯仍然面臨裁併學校地方人士的反對，找不到好的解決方式，進程受阻，也相對地不便進行新校長的甄試與培育，猶豫難解。

　　事實上，談論偏遠小學併校課題已超過十餘年，就學理而言，學生的學習環境以及同儕人數須達到相當的規模，彼此有互動、學習、助長的刺激，對於學生才是完整而適當的教育。規模太小，學生文化刺激不利，政府雖然加倍教育投資，但事倍功半，在當前講求績效責任的經營時代，偏遠小學校的存在，極不協調。

　　當地社區人士之所以反對併校，最主要的理由為學校的存在，是社區教育文化活動的主要場所，是社區的文化精神堡壘。學校存在，象徵性的精神意義存在，學校不在，對社區的向心力影響頗大，能反對就反對，能拖就拖。還有些比較重視孩子教育的鄉紳，他們竭力反對當地的小學被併校，但是他自己的孩子、孫子每天用專車接送到山下較文明的學校就學，讓當地學校校長、教育局主管無法理解他們真正的主張與實踐行為。

　　本文的目的，嘗試為這個議題尋找彼此可以接受而推動上較無阻力的策略，希望能為相關政策的實踐作些許貢獻。

　　筆者以為凡是全校學生數在百人以下的學校，均應優先執行併校，目前偏遠山區的產業道路已四通八達，客觀環境已有利於併校的規畫，山腳下較大型的學校與客運公司長期簽約就能每天定時接送學生上下學，必要時蓋一棟學生宿舍，提供特別需要的學生住宿，學生就學問題實際上可完全解決。

　　至於被併學校則改變經營型態，由教育局整體規畫後，向社區人士溝通，併校並非廢校，而是讓原來的學校改換新的風貌，原來學校的設施會全面更新，並且擴大活動場域，仍然是社區文化教育精神堡壘，也可為社區帶來展新發展的生機。

　　縣市教育局可依學校資源特色及縣市整體需求統籌規畫，調整這些學校經營

內涵，使之成為假日遊學學校、鄉土教育中心學校、學生生活體驗學校以及中途學校等等。

✏ 一、改辦為假日遊學學校

實施週休二日以來，國民的休閒活動如何安排，學生如何運用假日作較為有意義、有價值的學習活動，是另一新興課題。目前計畫裁併的學校，多在偏遠的山區，規畫成假日遊學學校是最可以發展的方向，台北縣漁光國小就是成功的範例。漁光國小現有學生不逾十人，除了這些學生的正常教學之外，計畫裁併的學校，資源相近者即可比照學習規畫。

✏ 二、籌設成鄉土教育中心學校

偏遠學校原本就是社區的文化精神堡壘，計畫裁併的學校可先行蒐集社區的文化材，將特殊的資源經過系統的整理，籌設成鄉土教育中心學校，配合九年一貫課程校本課程的結合，鄰近學校學生的部份單元活動主題，可以到本中心來實施教學活動。

✏ 三、規畫成學生生活體驗學校

學生最喜歡參加育樂營活動，體驗學習也是當前學校教育重視的教學方式之一，計畫裁併的學校可配合此一趨勢，由教育局有計畫地投資，規畫休閒育樂挑戰設施，配合體驗課程需求，提高其教育意涵，供鄰近學校及社區民眾申請使用。

✏ 四、發展為獨立式中途學校

社會日益複雜，學生背景多元而分歧，選替性教育措施的需求日愈殷切，每個縣市為部分適應困難或家逢變故學生，安排至獨立式或半獨立式中途學校，實施中介選替性的教育已有需要，計畫裁併的學校適度地規畫，應可發展為獨立式中途學校，為選替性教育的實施找到合宜場所。

併校的阻力來自於當地居民的觀念，如果縣市政府執行併校行動之前，先對於計畫裁併的學校給與轉型經營的規畫，向社區居民保證繼續提供社區文教精神堡壘的角色功能，似可水到渠成。

（本文原刊載於：國語日報，2004 年 8 月 9 日，13 版，學者觀察站專文。）

34

新台灣之子的教育策略

「新台灣之子」有廣狹二義：狹義的解釋，是指行政院長游錫堃在去年教育發展會議上所使用的，限於外籍配偶所生的孩子，美其名為「新台灣之子」。廣義的解釋，則因為「新台灣」的名詞十分崇高，將來所有在台灣生長的人，均為「新台灣人」。因此，主張新台灣之子應該指「這一代新台灣人」所生的孩子。採取廣義的說法較符筆者的主張，也是筆者為文的主要目的之一。

從前述狹義的內涵到廣義的申論，新台灣之子的教育必須關切今後台灣整體教育的發展策略。而這些發展策略的內涵，尤須觀照到新弱勢族群（外籍配偶所生子女）教育的妥適規畫。

二十一世紀的新台灣，受到社會變遷、政黨輪替、少子化、教育改革、外籍配偶、外籍勞工、產業外移、加入ＷＴＯ、國際化、科學化與民主化等多空交戰的影響，實質的教育形態具有下列四大特徵。

☛ 特徵 1：基本教育的需求益形殷切

從廣設高中、大學的政策執行以來，國中畢業 16 歲青年，已有 95%以上在學，高中職畢業 18 歲青年，也已超過 15%以上就讀大學，中等教育後段成為基本教育的需求，已形成所有國民的共同願景，政府必須勇於面對，妥適規畫。

☛ 特徵 2：學生的背景與起點行為落差加大

由於本土精英少子化，而外籍配偶子女形成新弱勢，中小學學生總數銳減，適應困難及行為偏差學生的比例反而增加，背景與起點行為的落差，使得整體教育的難度相對提高。

☛ 特徵 3：教師及教育人員角色重新定位

當前的教育改革績效紛紛擾擾，致使教育人員的社會地位大不如前，尊嚴不再。執行新台灣之子的教育之後，將使教師與教育人員角色功能重新定位，是一種市場化、商品化、知識化、專業化、科技化、民主化、國際化、功利化的共同結晶。

☞特徵 4：教育體制的變革將重整定型

新台灣教育或許將發展成「國民基本教育」與「專門技術教育」兩大階段，國民基本教育十二年提供全民的基本教育，專門技術教育由學生配合「優勢智慧」（性向興趣）選擇合適的學校科系就學。

依此四大特徵與需求為經，以廣義的新台灣之子為緯，建構「新台灣之子的教育」，筆者以為，下列四大策略尤需落實規畫。

☞策略 1：實施十二年國民基本教育

政府應於近期內完成十二年國民基本教育實施方案的規畫，並以方案內涵轉化為法案條文，移請立法院審議後盡早實施，以解決目前中等教育後段的「高就率與高不均等」現象，更重要的是為新台灣之子建構嶄新而優質的基本教育環境。

☞策略 2：訂頒學生輔導法

學生背景與起點行為落差擴大之後，適應困難、行為偏差、學行低落、中輟的學生相對增加，學校必須加倍強化整體輔導學生機制，安定學生，提高學生受教性。因此，教育部應積極籌畫，訂頒《學生輔導法》，為各級學校建置具體而豐富的學生輔導資源。

☞策略 3：推動選替性教育與補救教育常態化

不適應一般常態性教育學生的受教權應予保障，提供積極性的差別待遇。選替性教育（alternative education）與低成就學生的補救教育措施應該普遍化，務必每校均有，為學生提供實際的「適性發展」均等教育。

☞策略 4：建立一到十二年級基本學力檢定制度

讓學生學到「帶得走的生活能力」，乃目前九年一貫課程的主要精神，學生能力背景空前分歧情境下，如何確定學生學習成效？筆者主張建立一到十二年級的基本學力檢定制度，以具體的檢定表現（八十五分以上）來確認實際知能達到的學力年級。

「新台灣之子」為台灣新世紀帶來嚴峻的挑戰，也帶動教育轉型發展契機，我們無法逃避，更應積極面對，前述四大策略或為今後可實踐的教育措施。

（本文原刊載於：國語日報，2004 年 9 月 6 日，13 版，學者觀察站專文。）

35

校長領導卓越獎的教育意涵

　　教育部在教師節的前夕（9月27日）頒發首次的校長領導卓越獎，除由部長親自頒給獎座外，二十位得獎校長，每人頒贈獎金二十萬元，對於獲獎者的尊崇超越了以往的師鐸獎，可稱之為教育界的奧斯卡金像獎。

　　國立台北師範學院「中小學校長培育與專業發展中心」接受教育部委託，負責承辦本案獎勵的「複選」及「頒獎典禮」事務，筆者就實際參與執行工作的心得，深覺本項獎勵措施將對我國教育界產生深遠影響，特再次為文，闡述其教育意涵，提供大家更為深化的省思空間。

☛ 一、關注校長領導的重要

　　「校長領導卓越獎」的設置，最直接的教育意涵，即代表教育行政當局對於校長領導的重視，不惜發放高額獎金（二十萬元）獎勵擅於領導、辦學績效優異的中小學校長，給與超越師鐸獎的尊榮。雖說參選者與得獎者不一定在乎物質的獎勵，在乎的是得獎的象徵意涵（我是一位卓越的校長），然而高額度的獎金以及少量（全國二十位）的得獎者，確可以襯托其珍貴程度與重要程度。

☛ 二、界定領導卓越的內涵

　　本項獎勵案選拔程序分初選及複選，初選由縣市政府教育局就參選人，進行資料審查，依教育部規定名額，荐送教育部複選，複選採發表審查，參選者口頭發表十五分鐘校務經營報告後，接受並回答評審委員提問十五分鐘，初選及複選標準如何界定？形成本案成敗最關鍵事務。因此，配合複選作業需求而發展的「校長領導卓越獎審查標準」，形成為界定「領導卓越」的主要內涵，包括參選者之「教育理念」、「經營策略」、「學校氣氛」、「辦學績效」、「發展特色」等五個重要面向。

☞ 三、樹立卓越領導的典範

全國中小學校長約三千餘位（加上幼稚園園長則更為龐鉅），93年度僅選拔出卓越領導校長二十位，其中高中職組四位，國中組四位，國小組十位，幼稚園組二位，這二十位校（園）長占不到總數二十分之一，教育部有意藉由初選及複選歷程，樹立「卓越領導」的典範，諸如連續四年考績甲等，且總平均要高分；資料準備精要而不繁複，要能夠吸引審查委員關注；口頭報告邏輯性強，能夠結合自身教育理念與個殊經營策略，並且能展現辦學績效與特色；回答委員提問能以實際案例檢證辦學成果等。這些典範的樹立將逐漸成為以後校長們平時辦學的參照準據。

☞ 四、創發校務經營的策略

在整個初選及複選過程中，評審委員共同關切的課題之一，在於學校經營面臨困境時，校長運用了何種策略（或措施）能夠有效紓緩問題，解決困境，進而浴火重生，再予成長發展。因此，凡是參選者口頭報告能夠以此方向舉例說明者，往往獲致評審委員較高的評價，回答提問時亦然。整個初選及複選過程中，似乎就在蒐集各校創發校務經營之有效策略，主辦單位如能再用心編輯，實足以提供所有校長們經營校務時參考。

☞ 五、導引校長培育的方向

社會變遷急遽，校園民主化、資訊化、本土化、國際化、市場化的潮流，迫使校長經營學校的難度不斷提高，多有校長難為之象，侈談「領導卓越」。國北師院有鑑於此，特聯合北部縣市，將校長儲訓制（八週）提升為培育制（20 學分以上，含校長領導臨床實習），嘗試發展中小學校長專業培育及專業證照制度，「校長領導卓越獎」的辦理，適足以扮演導引校長培育方向的角色，選出來的卓越領導校長可以當作培育班學員的師傅校長，傳承校長們的智慧與經驗。

☞ 六、擴展優質校長的影響

依據主辦單位教育部之規畫，參與複選校長的基本資料一律公布在網站上，供大眾閱覽，得獎者二十位，其辦學理念、重要成果與得獎事實均即時公告，更由承辦單位國北師院校長中心負責規畫辦理北、中、南、東四區「卓越校長智慧傳承研討會」，藉由得獎校長與中小學校長對話交流，擴展優質校長之影響力，

全面提升校長領導能力之水準。

　　頒獎後總是曲終人散，大家揮一揮衣袖，不帶走一片雲彩。唯獨「校長領導卓越獎」具有深厚的教育意涵，似乎國家的教育大業，可能因為此一獎項的設置，逐次改善體質，進而將要發光發亮。

（本文原刊載於：國語日報，2004 年 10 月 4 日，13 版，學者觀察站專文。）

校長領導卓越獎的教育意涵

教育的著力點

36

卓越校長的共同特質

今年，教育部第一次辦理「校長領導卓越獎」，頒獎表揚二十位中小學卓越校長，除了頒給可以永久保存紀念的「獎座」以外，更頒贈每位獎金二十萬元，對於這些獲獎校長的肯定以及尊榮超過以前的師鐸獎，受到教育界更大的迴響與關注。

目前，承辦此一獎項的國立台北師範學院（校長中心），正依合約之規定，帶領這些得獎校長分區辦理「智慧傳承」研討會，讓得獎校長們與各區中小學校長們分享參選歷程與經驗交流，藉以拓展獎項功能，傳播校務經營策略，提升辦學績效。

在「智慧傳承」研討會上，大家關切的話題是：這些獲獎的校長們，是否有共同的特質或條件存在？如果有，共同的特質為何？筆者身為本計畫之主持人，經歷整個複選、頒獎的觀察，聆聽得獎人多次的報告說明，覺得這二十位得獎卓越校長確有共同特質存在，其共同特質大致如次。

☞ 一、和諧的校園文化

卓越的校長們，大都能以「人和」為基礎，經營優質的校園組織文化。能夠獲獎校長的學校，教師、學生、家長、教育主管機關人員對於校長的口碑，都是肯定的，一致的，教師與教師之間，教師與行政人員之間，教師與家長之間都能一團和氣，交互支援，整個學校呈現優質的組織文化。

☞ 二、積極的活力行政

得獎的校長們，均具有「積極任事」之態度，勇於承擔，活力四射。不但帶動各行政主管主動服務全校師生，提升教育品質，更樂於接辦教育局各項中大型教育活動，拓展師生視野，結合正式課程與潛在課程功能，以活潑的行政作為，造福全校師生。

☞ 三、創意的發展措施

卓越的校長們，大都有經營學校成功的實例，往往在學校面臨困境或發展瓶

頸時，能夠推出創意點子，以有效率的策略帶領學校跳脫困境或超越瓶頸，向上提升。例如處理不適任教師問題，透過教室觀察協助教師提升教學素質，推動教師學校本位進修及家長成長營隊，促進學生回流等。

☛ 四、整合的校務運作

得獎的校長們大都具有「整合」的特質，能夠將教育部的各項重要政策，教育局的施政重點，學校師生的主要需求，以及校長自身的辦學理念，整合成具體而單一的「校務計畫」，領導主要幹部，帶動全校師生逐一實踐，在當前政府行政系統本身政出多門，以及各層級長官要求重點不一的現象，仍不會造成校務運作的困擾。

☛ 五、永續的辦學績效

卓越的校長們呈現的辦學績效，不一定在高升學率或者學生的片斷學業成績表現。能夠呈現「永續發展」的校務經營成果者較受青睞，例如為弱勢族群學生建立了人性化的關懷照顧機制，為學校與社區建置了綠色連線資源，營造學校成為地區學生最喜歡，最想就讀的學校，有效結合本土化（鄉土教材）及國際化（英語教學及活動）者。

☛ 六、結構的表達系統

校長領導卓越獎的選拔分為兩階段，第一階段由教育局負責「初選」（資料審查），第二階段由教育部進行「複選」（發表審查）。初選階段能否脫穎而出，代表縣市參加教育部的選拔，重在平時的表現與口碑，資料的整理能將平時辦學的績效展現較為重要。進入複選時，由於要進行發表審查，發表的時間僅三十分鐘，三十分鐘內包括親自報告十五分鐘，接受詢問十五分鐘。是以參選的資料呈現方式至為關鍵，承辦單位規範為三十頁以內，得獎的校長，大都能將「教育理念」、「經營策略」、「校園氣氛」、「辦學績效」、「發展特色」等要項，結構系統地呈現，要項與要項之間具有邏輯關係，能夠用一張「結構圖」或「系統表」來說明。結構的表達系統也成為卓越校長們共同特質之一。

本文之目的，在為第一屆校長領導卓越獎作一總結評論，並提供給明年準備參選的校長們參考，期待明年再度的盛會。

（本文原刊載於：國語日報，2004 年 11 月 15 日，13 版，學者觀察站專文。）

37

校務評鑑應包含教學評鑑

　　目前各縣市正在進行中小學校務評鑑，由於校務評鑑結果當作校長辦學績效的主要參考依據，攸關校長能否留任或參與調校遴選的成敗，以至於接受校務評鑑學校的教師多以行政評鑑或校長評鑑視之，不覺得與己身有關。

　　事實上「校務評鑑」是學校整體評鑑，而課程教學是教育的核心內容，兩者合併應占校務總體比重 50%以上，而課程設計與教學實際工作分別而言，課程設計屬行政管理事項，教學實際工作才是真正的教育成果，兩者比重約為四分之一與四分之三。目前各縣市校務評鑑指標中，課程教學約占 25%至 30%，並以資料檢核為主，實有偏頗，有調整的必要。

☞ 一、教學評鑑時機已臻成熟

　　筆者最近參與台北縣中小學校務評鑑工作，台北縣已將每校評鑑時間延長為一天半至兩天，配合規畫進行教學評鑑時機似已成熟。筆者認為在評鑑進行第一天，除了校長簡報，初步查閱資料之後，應配合規畫實際的教學觀察評鑑。在第三節課每一年級抽一班，由六位評鑑委員分別進入的抽中班級教室，進行一節課完整教室教學觀察評鑑（召集人則流動方式參與）。

☞ 二、訂立規範及配套措施

　　如果每校的校務評鑑均規範第一天上午的第三節課為「教學評鑑」時間，具有下列三項優點：㈠時間固定，凡是本節課有課教師均可預為準備，不至於抗拒過大；㈡促進全校教師參與度，讓全校教師參與校務評鑑，並且以教師教學表現代表校務重要成績，榮辱與共促成校長、行政人員、教師為生命共同體；㈢教師評鑑基模，可以建立將來教師評鑑的基本雛形。

　　當然如在校務評鑑中實施一節課完整的教室教學觀察評鑑，尚有配套措施需要規畫：㈠酌予調整校務評鑑「課程教學」比重；㈡發展簡易的教學評鑑量表，提供評鑑委員使用（最好一張完成，約二十個至二十五個指標及五分之一質的評

述欄位）；㈢慎選評鑑委員，尤其是家長會代表及醫護專業人員代表以具有教學經驗者優先；㈣實際評鑑進行中，抽中接受教學評鑑之教師一律參加評鑑委員與教師代表之座談，有彼此交換意見，進一步說明教學活動緣由與方法技術之機會。

☞三、平時累積教學檔案

目前校務評鑑均已要求學校教師提供個人教學檔案，唯教學檔案的內容並未規範，教師們有什麼教學補充資料就蒐集成冊，配合展出，也不標明在某一領域某一單元配合教學使用，是以在各校陳列接受評鑑委員檢閱的教師教學檔案，多以校本課程中的特色課程為主，並且質量落差極大，評鑑歷程中僅能參照，不適合評比。

教師教學檔案的製作應以領域陳列，並標明明確教學單元使用參考資料，是以學校（校長、主任）應平時即鼓勵教師教學準備時，「順手」留下教學時使用的資料及簡易的教學成果，建檔累積成為「教學檔案」，而不是校務評鑑時，才要求老師配合演出，拼湊沒有系統的「資料蒐集檔案」。

如果校務評鑑中規範固定的節次，抽每一年級一班進行實際的「教學評鑑」，被抽中必須接受教學評鑑的教師，更能夠展示其配合的「教學檔案」，將實際蒐集到的教學資料（資源）運用到教學活動上，增加學生學習效果者，應最能打動評鑑委員心坎，給與最高的評價。

☞四、調整評鑑歷程，增加教師參與度

當前校務評鑑的歷程中，教師僅幫忙兩件事：提供教學檔案以及準備「抽中」參與教師與評鑑委員座談。形成兩種不利校務整體發展的情況：行政人員埋怨一般教師漠不關心，而教師也只能袖手旁觀，難以插手。事實上校務評鑑是一個學校展現學校整體競爭力難得的機會，若校務評鑑中包含「教學評鑑」，則可以把校務評鑑化為全體教師的共同事項，彰顯校務評鑑最為崇高的旨趣。

（本文原刊載於：國語日報，2004 年 12 月 13 日，13 版，學者觀察站專文。）

38

關照能與支持網

2004 年的歲末，教育部舉辦「友善校園總體營造計畫」研討會，筆者應邀主講「新台灣之子的教育策略」，演講中曾指出「友善校園總體營造計畫」建構於四大根基——教育愛、關照能、支持網以及競爭力。會中雖曾具體說明，會後仍有不少教育界同仁討論並探詢其內涵。就所列四大根基而言，「教育愛」與「競爭力」在教育界使用較為普遍，而「關照能」與「支持網」則有進一步闡述之必要。

☞ 一、培育關照能營造友善校園

「關照能」指教師或教育人員具備關懷、照顧、協助、幫忙學生處理困難，跳脫困境的素養與技術。也就是有能力的愛或者教師能夠操作（使用得上）的輔導態度與技術。

用輔導與諮商的術語來說，「關照能」的重要內涵應包括輔導員（教師）的基本態度及諮商初階技術。基本態度如溫暖、真誠、接納、尊重、支持等；諮商初階技術如同理心、回饋、引導、自我表露、問題解決等。

關照能的培育與宣導確為友善校園總體營運的重要根基，而全面提升教師輔導知能乃培育關照能的不二法門，全面提升教師輔導知能的必要措施，包括：㈠持續辦理教師基礎及進階輔導知能研習；㈡推動教師輔導主題工作坊研習；㈢規範中小學學程學生必修輔導原理與實務二學分；㈣鼓勵中小學教師進行輔導主題行動研究；㈤開設輔導學分班及輔導教學碩士班；㈥積極辦理輔導學術研討會及行動研究發表會。

☞ 二、建構支持網帶好每個學生

「支持網」則指教訓輔三合一方案所強調的「學校輔導網絡」，學校教師及輔導專業人員結合社區與輔導有關的資源人力，共同協助學生，稱之為輔導網絡系統。「網絡」含有「系統」及「絡繹不絕」之意。教訓輔三合一方案要求各校

必需建立學校輔導網絡，等同於要求學校要為學生建構一個明確的「支持網」。

「支持網」所要結合的主要對象，宜包括：學校教師、訓輔人員、社輔單位社工人員、衛生單位公共衛生人員、醫療單位心理諮商人員、法務警政單位警察司法人員、公益組織團體或個人、退休教師或志工、家長以及社區人士……等，從「支持性」到「矯治性」，網絡愈綿密，愈能有效支持學校帶好每個學生。

支持網的建立應該劃分等級，教育部要建立全國的支持網絡系統，縣市也要建立全縣的支持網絡系統，學校則須個別為學生建立學校支持網，全國的支持網絡系統應以電腦系統資料庫為之，建置輔導人力系統、輔導設施系統、輔導課程系統、輔導活動系統、輔導測驗系統、輔導個案系統等，並定期（按季或半年）維修，提供學校規畫辦理輔導工作的豐沛資源。

縣市的支持網絡系統應以全縣的社輔資源的蒐集為主，每年編印手冊發送學校，也可透過電腦系統，傳送各校使用。

學校支持網呈現的最佳狀態宜用「摺頁」，將學校鄰近可行結合的社輔單位及人力繪成系統圖，提列單位名稱、電話、負責人或聯絡人，印發給所有教師及家長，必要時可啟動網絡系統資源，即時協助需要師生。

☛ 三、盼立法規範發揮教育功能

當前教育環境面臨三大挑戰：：㈠適應困難及偏差行為學生比例大幅增加；㈡外籍配偶所生子女比例已占八分之一，三、五年後更將趨近於四分之一；㈢憂鬱症人口日益增加（WTO 警示 2020 年文明國家將有兩成人口有憂鬱症傾向），考驗十分嚴峻，教育的原有功能勢必日益低落。因此，教師的關照能及學校的支持網將更為重要。

如何能讓所有教師均具備實際關照學生的能量？如何能讓每一個學校均為學生建置綿密而可運作的支持網絡系統？在面對整體教育環境嚴峻考驗的同時，尚能發揮輔導的教育功能，實現帶好每一個學生的教改願景。筆者寄望於「學生輔導法」的訂頒，教育部應覺察局勢的嚴重性與必要性，以三至五年的時間完成立法工作，將教師的關照能與學校的支持網納入《學生輔導法》中規範。

（本文原刊載於：國語日報，2005 年 1 月 10 日，13 版，學者觀察站專文。）

39

教育的競爭力

　　競爭力近來受到企業界以及政府關注。企業界關心公司的永續經營，必須評估「市場競爭力」；政府受到國際指標——國際競爭力評比的壓力，國家競爭力名次的起伏象徵施政績效的優劣。是以近年來總統、縣市長、立委等主要選舉多以提高「國家競爭力」為重要政見，執政黨與在野黨均強調競爭力的重要，也都直接或間接要求政府各部門施政必須提高競爭力。

　　而教育的競爭力到底在哪裡？有無具體的指標可循？教育機關的成員（如部長、局長、校長、教師），強化哪些事項可以提高教育的競爭力？即成為教育界必須關心的課題。

　　衡量教育競爭力的指標，必須參照國際化量的比較指標，教育實施過程的歷程指標，以及教育成果的學生表現指標。

　　在國際化量的比較指標方面包括：國家總預算投資在教育上的比率、各階層教育師生人數比、各階層教育學生單位成本、各階層教育普及化情形、師生學術成就在國際間的相對地位與流通情形。

　　在歷程指標方面包括：師資的條件規範與素質、師生關係與校園組織文化的優劣、教育設施的均衡配置與高度的使用率、學生能夠適性學習、學生輟學率與選替性教育措施的發展。

　　在學生表現指標方面包括：一般學生基本能力素養與文明國家之間的比較、精英卓越的學生能否在國際競賽中獲得名次、弱勢族群學生能否得到必要的照護（沒有落後的學生）、學生的多元智能均有啟發明朗化的機會、學生實際就讀大專院校的系所以及畢業後職業選擇有否符合其優勢智能（性向興趣）發展。

　　就前述國際指標、歷程指標以及表現指標統整觀察，如欲提高我國教育競爭力，下列五項措施最為重要。

☞一、提高合理教育投資比例

　　國家持續推動教育改革，成果未如預期理想，從某個角度而言，實乃教育投

資長期不足所致。筆者長期觀察教育總預算占政府總預算的實際比例,我國與歐美先進國家比較,每年教育投資均相對短缺百分之三(即三百億元),由於基礎經費不足,相關措施的調整,總難邁向精緻、卓越的實踐。提高合理的教育投資乃提升教育競爭力的首要工作。

☛ 二、獎勵優質人才投入教職

教育的競爭力展現在每個學生均能有適性發展的教育歷程,為國家造就各行各業最勝任的人才。唯有延攬最優質的人才,經過培育為人師,方足以擔當「適性教學」的重責大任,其專業素養之運作難度不下於「醫師」與「法官」;是以政府另一當務之急,在積極協助師範院校順利轉型為教育大學,提供必要資源,獎勵優質的人才投入教師行列。

☛ 三、強化多元智能教育歷程

依據多元智慧理論的啟示,今後的中小學教育應依據課程標準(綱要),實施正常化教學,俾使多元智能均有刺激啟發的機會;而大專以上教育則應針對學生之優勢智慧(性向興趣)給與適性發展(明朗化)的機會,是以大學院校宜普設第二專長學程及豐富多元社團,提供學生定向、深耕之機會。

☛ 四、增進教育人員管理能力

如客觀條件難以配合,投資經費未能有效改善情形下,競爭力之提升則更賴於歷程指標的強化。教育行政人員有責任在有限的資源下,透過經營管理運作,提高效能與效率。因此,全面增進教育人員校務經營管理能力,也是提升教育競爭力的重要基礎。

☛ 五、全面提升教師教學績效

在另一方面,如果每位教師均能有效教學,學生能夠順利學習,每個學生基本能力普遍提高,也是教育競爭力的另一表現。是以政府有必要規畫發展教師評鑑、教學評鑑以及教師分級制等配套措施,全面提升教師教學績效,為教育競爭力奠定更為深厚的基礎。

教育競爭力展現在有生產能力的學生身上,經過系統思考、統整觀察結果,其較可行的著力點在政府投資、師資教學與適性發展三方面。

(本文原刊載於:國語日報,2005 年 2 月 14 日,13 版,學者觀察站專文。)

40

校長遴選的行銷策略

各縣市國民中小學校長遴選工作又要開始作業了,部分接受國北師校長培育班的子弟兵,今年已有參與遴選之機會,競相請教師長,如何行銷自己以爭取遴選委員之支持,順利當上校長。筆者身為校長培育班主任,當然希望經過培育班洗禮的子弟兵,均能很快當上校長,伸展其雄才大略。

「學校公關與行銷」已成為校長專業發展必修學分之一,對於「候用校長」自我行銷資料則較為稀少,筆者經數年來觀察,歸納成下列六點建議,提供參與競爭的候用校長們參考。

☞一、「本業績效」立行銷之根

所有「候用校長」,在未獲遴選派任為校長之前,均為學校主任,主任本分工作做好,彰顯業務績效,乃首要之行銷策略。無論是身為教務主任、學務主任、總務主任或輔導主任,每一個學校均有發揮的空間,自己的學校就是最好的舞台,將自己本分職責做得發光發亮,為學校教師建立最佳服務學生系統,能夠帶動教師職工交互支援,行政有效支援教學,造福學生。主任職務上表現的貢獻讓大家都看到,感受得到,是建立行銷的最重要根基。

☞二、「校內口碑」固行銷之本

做好本業工作之後,接著要建立校內的人際關係,要以服務、協助的態度,對待所有的教師及職工,要讓長官(校長)、同輩(其他主任及組長)、部屬(職工及有關老師),均感受到我們的誠心與投入,校內人緣好,自己的奉獻就能夠獲得對等的回饋,生命的價值意涵也就愈加的豐富,遴選委員通常會以多元管道探聽候選人服務情形,直接向工友、門房、職員、家長一一直接打聽,因此,「校內口碑」的形塑是鞏固良好行銷成果之本。

☞三、「積極任事」開行銷之機

勇於承擔,積極任事,可以爭取到表現的機會,是自我行銷的第三個有效策

略。校長候選人平時除了將本校的職分盡力做好之外，應向校長表達，願意多承擔全縣性的大型教育活動或專案，透過這些工作的表現，行銷自己的能力與優點，讓教育局的長官可以看得到，也讓遴選委員們有觀察的具體事項。

☛四、「專業溝通」定行銷之調

參與遴選工作，為了爭取委員投票，到處拍馬逢迎、送禮關說，是最下等，也是最可議，讓遴選委員最瞧不起的行為，因為這不符合一位「好校長」應有的品格。對於所有遴選委員禮貌性的拜訪是需要的，但拜訪溝通的話題，應該以如何經營學校為主，如果有機會當上校長，會用何種教育理念及哪些措施來經營學校，將學校帶往哪個方向發展，並聽取遴選委員們的指導建議，以教育的專業素養來溝通爭取支持，才是最直接有效的途徑。

☛五、「關鍵人脈」突行銷之圍

遴選委員的聘請雖經過一定的法定程序，多為賢達公正人士，受到社會的肯定與支持，也代表某一介面角色對於「學校校長」的期待與需求，然而在多元價值體系的社會中，有些委員我們不容易見到，沒有機會行銷，有時也會「秀才遇到兵」，產生有理說不清的窘境。在這時候我們可以設法找到「對委員具有影響力」的關鍵人物，對此「關鍵人物」進行專業溝通，希望說服關鍵人物之支持，願意間接促成遴選委員的支持。

☛六、「謙讓禮賢」轉行銷之勢

自我行銷的最高策略是「謙讓禮賢」，以退為進。「學校校長」是尊貴而專業的職務，需要真正有才德的人，始能勝任。在參選的歷程中，我們應隨時對照評估自己與對手的勝率，假設自己沒有七成以上的勝率，表態「謙讓禮賢」反而是轉勢運作的良方，誠心的禮讓對手，可以相對地獲得更多支持資源，為下一個學校營造更為渾厚的競爭實力。

自我行銷的策略可歸納為三個介面：「實物」（牛肉）、「方法」與「技術」，就參與校長遴選而言，「本業績效」與「專業溝通」是「牛肉」的實物，「積極任事」與「謙讓禮賢」則屬方法策略，「校內口碑」以及「關鍵人物」乃技術之運用。此六者有其輕重順序，運用之妙存乎一心。

（本文原刊載於：國語日報，2005 年 3 月 14 日，13 版，學者觀察站專文。）

41

金黃與雪白的教育對話

五月油桐花盛開，白如雪，美稱「五月雪」；五月相思樹也開花，黃似金，號稱「黃金海」。前年的五月，政大後山，且見滿山雪白油桐，交雜著蔽天金黃相思，蔚為奇觀，有如一場：「金黃與雪白的對話。」，令人讚嘆。今年五月，油桐花季的宣導廣告特別搶眼，五月雪的魅力遠遠超過黃金海。本文之旨趣，希望能喚起大家陶醉於油桐花的雪白之際，也能關注相思的金黃，藉由「金黃與雪白的對話」，為五月旋律注入教育意涵。

☞ 一、「教師」伴「學生」共舞

教育的舞台，主要由教師與學生共同扮演，教師帶著學生藉由教育的歷程，開展生命的豐富意涵。滿山遍野的雪白油桐好似學生，純真無瑕，雪白就是學生的本性，金黃蔽天的相思花就像教師，是價值的領導者，金黃就是教師的象徵。「金黃與雪白」的第一度對話，就像教師伴著學生共舞。

☞ 二、「理性」與「感性」交織

教育的內涵，充滿著感性與理性的對話。感性喚起共鳴，理性塑造智慧，共同編織教育的果實。金黃代表教師的理性，雪白代表學生的感性。理性引導著感性前進，教師雖為少數，但不會失去其應有的角色功能，「金黃與雪白」的第二度對話，彰顯了教師學生生活中，「理性」與「感性」的交織。

☞ 三、「目標」引「本質」發展

教育工作是一種啟發學生本質伸展的活動，所以各個教育階段都設定了教育目標，作為引領學生學習發展的方向。油桐花的雪白，就像學生的本質，純淨未染；相思花的金黃，恰似教育目標，具有價值取向。教育的歷程最忌缺乏目標引導，沒有活動目標的課程，就如盲人摸象，不能帶給學生真實的生活經驗；沒有十大基本能力指標的設定，九年一貫課程七大領域的實施，即失去核心焦點。

「金黃與雪白」的第三度對話，象徵著教育「目標」之設定，引領著學生「本質」的持續發展。

四、「正式」含「潛在」課程

教育的主要內容稱為課程，課程分為課表上明列的「正式課程」，以及課表上未明列，但對於學生會產生潛移默化的影響「潛在課程」；因此，正式課程是明確的、具體的，潛在課程是寬廣而模糊的，但也是潛藏而無限的。金黃的相思花有如正式課程，明顯而具體；雪白無涯的油桐花則似潛在課程，到處皆有，雪白遍野，潛藏著無限生機，蘊含著深遠的未來性。「金黃與雪白」的第四度對話，呈現了整個大地課程，「正式」的金黃課程包含於「潛在」而無限的雪白課程中。

五、「理論」與「實務」整合

教育的歷程強調活用知識，每一學門均在探討「理論」與「實務」的整合，學理論述能夠發揮在現實的實務運作上，才是有用的知識。金黃的相思花很像「理論」的介面，扮演教育上「知識」的具體型態，是所有討論與活動的焦點；雪白的油桐花又像「實務」的介面，扮演教育上「知識」的運作功能。因此，「金黃與雪白」的第五度對話，展現了教育歷程上「理論—金黃」與「實務—雪白」之整合互動。

六、「均衡」中「適性」成長

我國教育目標強調學生德、智、體、群、美均衡發展，多元智慧理論則注重學生「優勢智能」適性成長，兩者的立場一致但重點有些區隔，是當代教育實務的兩大主流。金黃的相思花就像我國國民教育目標，強調五育「均衡」發展，揭示了全人格教育的理想旨趣；雪白的油桐花又像多元智慧理論強調的「適性」成長，尊重人性中的個別差異，雪白遍野的油桐，每一棵均能「適性」的找到自己的舞台，「金黃與雪白」的第六度對話彰顯了教育最深層的意涵，老師帶著學生，在「五育均衡」中「多元適性」成長。

「金黃」與「雪白」譜出了五月的旋律，也為五月的教育哲思，塗抹一片彩霞。

（本文原刊載於：國語日報，2005 年 5 月 9 日，13 版，學者觀察站專文。）

42

管理優勢　打造私校競爭力

　　因為參加中小學校務評鑑工作，前三個月共造訪了二十五所中小學，包括公立國小十一校、私立國小兩校、公立國中兩校、公立高中職五校、私立高中職五校。對於公私立學校經營形態的區別，頗有心得，也感觸良深，尤其是兩所私立小學，雖然師資條件不佳（近半數未取得合格的教師資格），卻可以成為明星學校（幾近貴族學校），讓關心孩子教育的家長，願意花加倍的金錢，不辭辛勞的將孩子「送來」就學，其緣由值得教育人員深思與體察。

　　公私立學校最大的不同，在於「管理」人事的形態有別，套用行政管理學上的流行用語，私立學校對「教師」的管理，徹底講究「績效責任」──教師要為他的班級學生負完全責任。對於「事務」的管理則要求「標準作業程序」，以達成「全面品質管理」，所以家長覺得學校可以提供一定品質的教育內涵，為求放心，願意排除萬難，讓孩子就讀私校。

　　筆者詳加觀察，私立學校的經營管理方式，值得公立學校學習的地方很多，尤其是下列六項具體措施，更可供大家參考。

☛ 一、建立親師溝通平台

　　私立學校校務經營的最大特點，在於讓學生家長放心，學校內建立的親師溝通平台要比公立學校周延綿密。以筆者評鑑的兩所私立小學而言，每一個班級都有班級網頁，提供家長與教師及時溝通管道，並保有目前各校使用的聯絡簿，以利教師與家長個別溝通，避開部分私密交流在網頁上的不便。親師溝通平台的建立，彼此意見通暢無阻，是私校經營管理上的首要特色。

☛ 二、立即回饋家長需求

　　私立學校最重視家長的意見反應，要求教師每天定時批閱聯絡簿，對於家長的意見立即回饋，家長有個別需求，都能在最短時間內獲得滿足。家長在班級網頁上所提的建議，教師都會在當天給與正面回應，遇有難解課題，也能適時提報

校長或董事會，提供其他資源協助解決。

☛ 三、實施導師責任制度

私立學校的級任導師及導師工作，要比一般公立學校吃重，導師除了上課外，要全天候關注全班學生的生活作息，照護學生有秩序的學習，處理學生互動間發生的任何問題。學校要求所有教師留校八小時以上，沒有課也不得不假外出，班級學生的安全與學習成果，由導師負完全責任，也由導師向學生家長負責。導師責任制度是私立學校管理上的另一特點。

☛ 四、重視生活品格教育

培育有能力、有教養的學生，讓家長滿意，是私立學校經營的目標，所以私校遠比一般公立學校還要重視生活品格教育，對於學生生活常規、好習慣的養成、參與活動的紀律與表現，要求較為嚴明，學生較為活潑有禮，能夠主動問候客人來賓，不會拘束，平時的表現能夠彰顯有教養、有能力的面向。

☛ 五、統一規範課程教學

私立學校在課程設計與教學實施上較為一致，沒有彈性，每一年級的所有班級都使用同樣的課程與教材，教師的教學方法也盡量雷同。學校會發展出較為獨特的課程與教學，並以學生的學習成果來彰顯學校特色。

☛ 六、及時補救落後學生

私立學校對於部分學習落後的學生，都要求教師及時實施補救教學，務必使所有學生跟上教學進度，做到「沒有落後的孩子」。及時補救落後學生，學生能夠務實的進步成長，也是讓家長放心的關鍵所在，成為私校的另一特點。

私立學校師資條件通常不如公立，然而私校的經營管理比公立學校具有競爭優勢，主要來自前述六大措施。如果公立學校都能比照私校的方式經營管理校務，所有教師的潛能均能被有效激發，全國教育的競爭力將大幅提升。

（本文原刊載於：國語日報，2005 年 6 月 13 日，13 版，學者觀察站專文。）

43

教育改革的得與失

　　前年在「教育改革，人人喊打」的時候，筆者曾在本專欄為文，強調批判教改不宜「瞎子摸象」，要了解教改的全貌與核心。所謂教改的全貌，至少包括「行政體制」、「課程內容」以及「升學進路」的改革及其主要內涵。最近在研究所「教育政策分析」的課堂上，學生最熱中討論的課題是：教育改革的功與過、得與失。本文希望能承續前文，對於教育改革作一簡要的批判思考。

　　觀察數年來的教育改革，筆者認為對於國內教育主要有下列四項貢獻。

✎ 一、得──喚醒本土意識

　　1999 年《教育基本法》尚未公布實施前，台灣的教育是以三民主義的教育為宗旨，以大中國意識形態來規畫教育內涵。但教改之後，最大的不同在於台灣本土意識覺醒，九年一貫課程綱要直接強調鄉土教育及母語教學，國語文大量採用台灣本土作家作品；歷史、地理教科書編輯方式大革命，先教社區、鄰里、縣市、台灣，再兼及大陸。喚醒本土意識，為當前的台灣教育找到新的核心。

✎ 二、得──尊重多元價值

　　教育改革以來，鬆綁、開放、多元、自主等觀念一直被強調，就升學進路而言，推動多元入學方案、小班教學精神計畫，標榜多元化、適性化、個別化教學。幾年來被引用最多的教育理論當屬「多元智慧理論」，教育的實務上，「優勢智慧明朗化」重於「德、智、體、群、美五育均衡發展」，因此技職教育體系被空前的重視。

✎ 三、得──重視統整課程

　　九年一貫課程的實施，讓教育的內容產生實質與形態上的轉變，對於傳統分科教學的缺失作了革命性的調整。課程統整或統整課程是九年一貫課程最大的特色，其具體的實踐，在國民中小學本身，強調「學校本位課程」的實施；在教師

本身，則強調應進行「主題統整教學」。教給學生帶得走的十大基本能力，取代過去較為零碎知識的學習。

☞四、得——關懷弱勢族群

教育改革以來，大家逐漸重視特殊教育、原住民學生教育、單親家庭學生教育、外籍配偶子女教育，教育經費預算雖然逐年縮編，但這些對象補助經費的比例卻相對增加。教育優先區計畫，將單親家庭子女及外籍配偶子女比例多的學校列為優先指標，專案型中長程計畫及各種獎助學金的增加，具體呈現了教育關懷弱勢族群所做的努力。

相反的，因為教育改革的衝擊，也為台灣教育帶來了下列四點不利的影響。

☞一、失——忽略教育投資

教育改革的進行與討論，並沒有帶動國人更加重視教育，尤其是在政黨輪替之後，由於施政重心偏於交通、國防、社會福利，教育經費日益縮編，《憲法》第一百五十八條的教育經費保障條文被刪除，忽略必要的教育投資，實為教育改革之後的首要缺失。

☞二、失——貶損教育人員

教育改革最大的受害者是各級學校教師及教育行政人員，他們往昔的「尊榮感」逐漸式微，社會聲望逐年降低，形成了另一惡性循環。優秀人才不再選擇教職，師資多元化以後所培育出來的教師，受到市場化、功利化影響，也不再以天下為己任。

☞三、失——擾亂教育環境

教育改革之後，「可以發聲談教育的人」普遍增多，「教育專業」不一定被尊重，民間教育改革團體如雨後春筍相繼成立，言論與訴求似是而非。在學校教育上，家長會與教師會正式參與校務運作，家長會代表可以參與課程設計與校長遴選，教師會組織沒有朝向專業發展；教育環境從此紛紛擾擾，校長難為，教師難為，家長也難為！

☞四、失——降低教育功能

還沒教改之前，教育的普及功能，曾經創造了台灣奇蹟；教育改革之後，迫

使台灣教育面臨轉型，教育體制與內涵充滿不確定性，投資減少，優秀人才不再選擇投入教育行列，教育行政主管任用以政治考量優先於教育專業素養，好像大家都可以談教育，事實上是大家在教育領域的大舞台上一起「學教育」，大幅降低了學生應該獲得的教育功能。

數年來的教育改革好似黃粱一夢，只期待早日夢醒，回歸教育專業的途徑。

（本文原刊載於：國語日報，2005 年 7 月 18 日，13 版，學者觀察站專文。）

44

系統思考延長十二年國教

筆者樂於看到「延長十二年國民教育」再度成為大家想要談論的課題，並且主張十二年國民基本教育立即可行。只要政府願意，教育體制的調整以及經費的籌措均不至於有太大的困難。今日政府教育部門官員仍然觀望、政策未明，乃肇因於未能「系統思考」所致，沒有完全掌握教育整體環境，找到可行的關鍵策略。

筆者要首先指出，把國民教育向下延伸一年，要比規畫實施十二年國民基本教育「難度高」，理由是當前五歲兒童的就園率約僅 35%，每一年齡層人口以三十萬人計，國民教育向下延伸一年，政府就必須負責處理二十萬人次就學所需的設備與師資。而目前十五足歲、就讀高中高職及五專等第十年教育者，已達該年齡層人口數之96%以上，高中、高職階段總計三個年級真正未就學者僅約五萬人，並且當前的高中、高職及五專現有設施與師資，原本就足以容納這五萬名學生之所需，規畫延長十二年國民基本教育，事實上在調整學校分布、拉齊設備與師資水準，遠比向下延伸一年要設法增建幼稚園及急速培育幼兒教育師資，來得容易可行。

延長十二年國民基本教育所需之經費是否過於龐鉅？甚至拖垮國家財政？確實是我們應該面對的課題，如果我們所實施的十二年國民基本教育，學生完全免費，學雜費全數由政府負擔，當然所需龐鉅，政府沒擴大稅基不可能負擔，但是，如果我們規畫延長的十二年國民基本教育是當前高中、高職教育的改良型態，就讀的學生仍然繳交基本學費，而且拉齊公立及私立不均等的現象，再由政府以教育券方式補助私校協助辦理國民教育所需費用差額，則學生基本學費與政府負擔經費可予彈性規畫調整，以就學率超過90%以上的基礎規模而言，政府一定有能力再增加投資照顧那些尚未入學的10%學生。

「高中高職教育社區化」是延長十二年國民基本教育必要的手段策略與績效成果。「學校社區化」——每位學生均能夠就近就學，就讀適合其性向發展的高中或高職學校，每一社區（或縣市）均有適合每位學生就讀的高級中學教育設

施，不必負笈他鄉或通學太遠，實為延長十二年國民基本教育的理想之一。

　　然而「學校社區化」有別於「去明星化學校」。目前實施延長十二年國民基本教育最大的阻力之一，在於明星高中及明星高職的抗拒，渠等「明星學校」肩負著「中等教育階段」為國家培育「菁英人才」的神聖使命，生怕延長國教之後，社區化跟隨著去明星化，中等教育階段從此耽誤了國家人才之培育，有失職責。

　　事實上「學校社區化」將造成「明星高中職的重新洗牌」，而非「去明星化」。在我國的教育實際上「明星學校」永遠存在，目前已實施國民基本教育階段的國民小學與國民中學，各縣市均有明星國小及明星國中存在，只是這些明星學校與三十多年前未實施九年國教之前未必一致。高中高職學校社區化之後，因為優秀學生大多留在當地升學，加上當地教師們的努力經營，新的明星學校將如雨後春筍、逐次取代目前的明星高中及明星高職。

　　「聯考」使菁英學生集中在少數幾個學校中，一起接受教育，造就了今日的明星高中與明星高職。延長國教年限，實施學校社區化之後，每一個高中高職均有機會透過教師的有效教學及學生輔導服務而發展成明星學校，更符合教育的本質。

　　筆者在研究所階段拜讀了美國人文主義教育家阿德勒的「派迪亞報告」，深受其影響，本報告主張只要是人，均有接受十二年基本能力教育的潛能，政府應該為所有的國民規畫實施完整的十二年基本教育，這也是政府應負的責任與義務。我們要為那些尚未接受高中階段的 10%學生請命，我們也要為那些因為聯考分數差距而就讀私立高中職學生，以及必須相對付出巨額學費的家長請命，我們更要為負笈他鄉就讀高中教育階段的學生請命，呼籲政府及早規畫延長十二年國民基本教育，實施高中職學校社區化。

（本文原刊載於：中央日報，2002 年 6 月 16 日，教育版專文。）

45

實施十二年國民基本教育的問題與對策

壹、緒言

最近由於多元入學方案產生了重大爭議，以及政府去年宣布國民教育向下延伸一年的實務進程遇到困難，學界與民意單位相繼有人重彈「延長十二年國民教育」老調。期待老調重彈的「熟悉旋律」，能夠真正喚起民眾及為政者「共鳴」，經由統觀的「系統思考」，進而「做對決策」，逐步調整學生為學體制，能對普遍的學生產生最大的價值與利益，真正回歸教育的本質，也順勢平息當前紛紛擾擾的「教育問題」。

筆者一向主張「規畫延長十二年國民基本教育」立即可行，實施十二年國民基本教育可以從根本解決諸多教育問題。延長十二年國民基本教育本身要解決的問題不少，但是這些問題都是當前政府及學校有能力解決的。本文之旨趣在於分析這些環節上的主要課題與對策，提供大家整體思考方向。

貳、實施十二年國民基本教育的主要問題與對策分析

政府自 1968 年起實施九年國民教育，由於先總統　蔣公宣布到真正籌備期間僅一年，時間上過於倉促，造成了經費、設備及師資調配上的困難，以致三十多年後的今天，雖然成果豐碩，也被譽為台灣奇蹟的奠基者，然教育界人士以及當時參與規畫人員，莫不餘悸猶存，再三告誡，「延長十二年國民基本教育，千萬不要犯了當年的急躁」。此一經驗卻也直接間接地造成今日尚未真正實施十二

年國民基本教育之原因，學者避而不談，而為政者缺乏前瞻性眼光以及應有的擔當與風骨。

筆者 1982 年至 2000 年間任職教育部行政職務十九年，深知教育部多次嘗試延長十二年國民基本教育，然而最後均以其「前階」或「中介」配套措施收場，例如：（1983年）延長以職業教育為主的國民教育實施計畫；（1990年）延長國民教育初期計畫——國民中學畢業生自願就學高級中等學校方案；（1993年）發展與改進國中技藝教育方案——邁向十年國教目標，以及 1998 年開始的教育改革行動方案（其中多元入學、高中職社區化被視為延長國教的先備前階工作）。這些持續性的配套措施，事實上已為「實施十二年國民基本教育」奠定了可以立即實施的基礎。茲從「經費」、「設施」、「師資」、「課程」、「就學」、「國教本質」、以及「立法程序」等七方面問題進行對策分析。

一、繳交基本學費紓緩經費問題

「延長十二年國民基本教育」，政府每年必須多負擔多少經費？依據彰化師大教育研究所接受教育部委託研究推估結果，延長國民基本教育向上延伸一年約需 400 億元，三年計需 1,200 億元，亦即政府如果規畫延長十二年國民基本教育，實施免學費的十二年國民基本教育，政府每年必須比現在多負擔約 1,200 億元，就當前中央政府教育部門的總預算規模每年約僅 1,500 億元，不可能驟增乙倍，是以不可行，政府選擇了向下延伸一年，每年約需增加 200 億元之經費負擔。

此一經費推估之前題為「學生免繳學費」、「設備師資一律由政府負擔」，是以增加一個年齡層的高中職教育即需 400 億元的龐鉅經費。殊不知現在並未實施十二年國民基本教育，而 90 學年度十五足歲就讀高中職（含補校、五專）學生已達 96%以上，政府僅負擔約 45%學生就讀公立學校的基本設備及師資經費，並且公立高中職學生仍然繳交每學期近萬元的學雜費。

筆者主張政策規畫在實踐民意之需求與理想，需求必須立即解決，而理想的追求與達成則可逐步漸進，並且應該建立在現有基礎之上。是以延長十二年國民基本教育，延長的三年就讀學生繳交的學雜費不逾現有公立高中職之學雜費，民意是可以接受的，私立高中職經營學校企業化，降低之學生單位成本，再以服務導向回饋國家，造福莘莘學子，應可大幅降低延長十二年國民基本教育所需總經費需求，政府可以每年 200 億元至 300 億元為標準，來規畫延長十二年國民基本教育，即可在近期內拉齊公私立之不均等，以及縣市間城鄉間中等教育後段師資及設施上之落差。

☞ 二、規範高級中等學校基本設備標準，五年內齊一各校設施水準

國民教育的特質之一在提供學生均等的學校設施，學生無論在哪一個學校就讀均應有相同品質的教育設施。如何齊一公私立間設施水準的落差及城鄉間的差異，亦是規畫十二年國民基本教育的重要課題之一。

我國中小學均頒布學校設備標準，小學有「國民小學設備標準」、國中有「國民中學設備標準」、高中有「高級中學設備標準」、高職有「高級職業學校設備標準」，依學理而言，如果每個學校之設施均能達到設備標準之規定，即能確定每一學校均可提供一樣品質的教育設施。然而問題在中小學的設備標準均採「高標」訂定，設備標準當作各校「努力」的指標，不一定非達成不可，是以國內中小學僅少數學校真的達到設備標準的規定，多數學校僅一小部分達到，也因為是「高標」，學校沒有真正達到，政府亦無由要求，是以形成今日參差不齊景象。

規畫延長十二年國民基本教育重點工作之一為訂定「高級中等學校基本設備標準」，以政府五年之內可以協助所有公私立學校均能達成之水準為規畫指標，策訂執行之後能夠確保所有的學校在五年之內均能達到「基本設備標準」，學生接受同樣水準設施的教育，符合受教過程之均等，以符合延長國民教育年限的本意。

☞ 三、輔導私校進用合格師資合格率80%以上，始准支領教育代金（券）

規畫延長十二年國民基本教育的另一個難題為私校合格教師率偏低，教育部應配合各大學中等教育師資培育學程之發展，以及規畫實施十二年國民基本教育之期程，責令各私校限期提高合格教師比例，合格教師比例超過80%之學校，收受學生始得支領教育代金（券）。

☞ 四、規畫核心課程，增加彈性選修，整合高中高職基本教育課程分流問題

國民教育應為基本教育，國民教育延長至高中及高職階段之後，如何因應當前分流課程設計，而整合為基本教育課程，亦為重要課題。筆者主張每縣市之公私立高中及高職，宜依區域之劃分，鄰近三至五校結盟，共同提供學生三分之一

核心基本課程，三分之二彈性選修課程，結盟之學校學生掛相同學籍，互選之科目學分一律承認，必要時配合學生選課趨勢，由教師跨校授課，修畢所有規定之課程（學分），由提供核心基本課程之學校發給畢業證書。

☞ 五、執行高中高職社區化方案，輔導學生就近就學

學生均能就近就學（至少不必跨縣市越區就讀），亦為國民教育基本精神之一，是以，高中高職社區化實乃延長十二年國民基本教育必要手段與重要結果。為了排除延長十二年國民基本教育之阻力，政府應更積極落實高中高職社區化方案，並以三年時間將現有國立高中高職逐次回歸縣市立，以五年時間由縣市依區域高中高職學校之分布，鼓勵三、五校區域結盟，共同招收區域（社區）學生，使學生均能就近就學，為十二年國民基本教育奠立基礎。

☞ 六、以先進國家發展經驗，彈性調整國民教育特質，融合學理爭議

國民教育的特質應為：全民教育（強迫教育）、基本教育、公共教育、免費教育以及均等教育。規畫中的十二年國民基本教育，如若未符合這五項特質，仍有「學理」上之爭議，政府必須面對解決。

筆者（2001年）「實施十二年國民基本教育策略分析」一文，曾經歸納先進國家國民教育之發展趨勢，其重要者七項：㈠持續延長國民教育年限至十二年；㈡中等教育後段之國民教育以「普及化」代替「義務化」（例如：日本延長國民基本教育年限，但不要求強迫受教）；㈢追求精緻卓越的國民教育品質，並重視「受教過程」及「適性發展」的均等；㈣受教學生繳納基本學費取代完全免費及福利化政策；㈤私人興辦國民教育日益受到重視；㈥發展教育券措施，尊重學生受教選擇權，維持彈性學制；㈦實施另類教育（alternative education）方案，照顧學習上適應困難學生。政府規畫宣導延長國民教育年限，似可以先進國家之發展趨勢來融合學理上之爭議。尤其在「免費」與「強迫」兩個議題上，可規範更高的原則來取代。

☞ 七、經由立法程序，確立「十二年國民基本教育實施方案」與實施進程

過去，政府曾有多次規畫延長十二年國民基本教育，迄今未能實現，筆者認為最大的原因，在行政部門僅提方案，而未將方案法制化，最後即不了了之。是

以，現在規畫延長十二年國民基本教育之根本途徑，除了教育部應即早成立「十二年國民基本教育規畫委員會」，規畫策定「十二年國民基本教育實施方案」之外，應將實施方案予以法制化，配合擬訂「十二年國民基本教育實施條例」、「十二年國民基本教育基金條例」、「十二年國民基本教育代金（券）條例」等，送由立法院完成立法程序，立法完成後方能確保延長十二年國民基本教育務實可行。

參、結語——國民所得逾一萬美元的國家，是實施十二年國民基本教育良好契機

我國多次研議延長十二年國民基本教育，未獲成功的另一原因，在於整體社會經濟水準尚未完全成熟，學者專家多主張留待國民所得突破一萬美元。我國在 1995 年以後，國民平均所得已正式超過一萬美元，近年來穩定成長，至少維持在一萬二千美元之間，可謂整體社會經濟水準已然成熟，實為政府積極規畫延長十二年國民基本教育的良好契機。

（本文原應「私立學校教育學會」之邀撰寫，亦如期刊載於該學會期刊，2002 年 3 月）

教育的著力點

46

經營學校優質組織文化的有效策略

學校組織文化影響整體辦學績效。組織文化指校園內主要成員互動之間的氣氛，即一般人俗稱之校風或班風。組織文化的分類眾說紛紜，而「優質化」及「劣質化」係最基本的劃分方法，一個學校具有「優質化」的校園組織文化，代表這個學校的教職員工服務學生的熱忱高，積極認真，同事關係熱絡和諧，彼此交互支援，且都能以學校第一，學生為先，學校充滿著朝氣蓬勃氣象，因此學生獲致最好的照顧，反映其辦學績效卓著。反之「劣質化」的校園組織文化，指教職員工具有消極鬆散的氣氛，未盡心力於教學及服務學生工作，甚至成群結黨，言不及義，長久之後，將逐次減低或抵銷原有之辦學效果。

經營優質的校園組織文化已成為學校領導者——校長的當務之急，本文之目的在介紹幾種有效的經營策略，提供校長辦學時參酌，期能帶動風潮，形成教改進程上的助力。

➡ 一、營造學習型學校

學校本身是提供學生學習的主要場所，教職員工如能一邊盡心力於教學及學生服務之外，又能一邊在職進修，努力於自身的專業成長與學習，則這個學校最有希望，發展的潛能最大，學生最有福氣。

就整體的教育改革而言，其最終指標（或者可稱之為教改願景）在建立終身學習的社會，亦即社會上的各行各業，均能有機會一邊工作一邊進修。因為學習型的組織團體具有兩大優點：㈠成員服務士氣高；㈡組織的總生產力可持續提升。就第一個優點而言，肇因於組織成員一邊工作一邊進修之同時，能夠將進修學習的理念與原理原則適時回饋，結合在本身的工作實務上，提高工作流程的正確度與妥適性，相對提高服務品質。就第二個優點而言，指團體中的個人增能（empowerment）累積而成團體增能，多數的成員工作表現持續成長，即能持續增加總生產力，提高組織競爭力。

營造學習型學校的具體方法很多，下列四種較為常用：㈠鼓勵教職員工進修

高一級的學位；㈡統整安排教師參加各種進修及工作坊研習；㈢規定每位教職員工每年參加進修之基本時數（如 18 小時或 36 小時）；㈣補助教職員工因進修所需學雜費或差旅費。

☛二、實施學校本位在職進修計畫

學校之所有教職員工均需進修，參與各大專院校或別的同一階層學校所辦的各種研習活動是一有效途徑，由學校自行辦理則為另一有效途徑。政府應依學校規模大小，教職員工人數之多寡，直接編列經費給學校，提供學校辦理學校本位進修所需財源，例如：小型學校五萬元，中型學校十萬元，大型學校二十萬元，或者依教職員工人數核列每位每年一仟元至二仟元。學校則應統整考量教師職工之最需要，針對教改知能、教育政策、專門知能、專業知能、九年一貫課程、輔導知能、有效教學等重要主題，設計安排全校教師均可在學校直接參與的研習活動，例如：至少規畫設計 72 小時研習時間，並要求每位教職員工至少要參與其中的 36 小時。辦理研習進修時間以寒暑假期為主，也發展學期中的多元進修研習型態，例如：結合晚上或週休二日的某一時段，甚至穿插運用教師空堂時段。

學校本位在職進修計畫，是營造學習型學校重要方法之一，也是經營優質校園組織文化之重要策略。

☛三、組織行動團隊

學習型組織理論包括「團隊學習」，意指組織中必須每一個人均加入學習，每一個人均必須追求自我超越，而不是僅少數的菁英分子。能帶動組織內每一個人均參與進修學習的方法，可規畫組織各種類型的學習行動團隊，例如：讀書會（15 人至 30 人）、成長團體（8 人至 12 人）、休閒團體（含藝文、運動、旅遊等，人數不拘），以工作導向的團隊，如工作會報（幹部或部門成員參加）、工作小組（品管圈 3 人至 5 人）。

組織行動團隊可以產生下列四個功能：㈠產生交互支援作用，增益組織更大作為；㈡產生彼此激勵作用，支持團體成員持續學習成長；㈢增加「深度匯談」機會，提升團體凝聚力；㈣分享驗證學習心得，產生知識螺旋作用（knowledge spiral）。

是以學校校長應鼓勵教職員工多參加校內及校際間的各種學習行動團隊，並以身作則，加入團隊帶動成長。

四、建立學校共同教育願景

「建立共同願景」係一種組織成員心態的支持與引導,在當前推動九年一貫課程之同時,各學校已普遍建立。教育行政機關推動九年一貫課程均要求學校發展「學校本位課程」,而發展學校本位課程時均需先行建立學校的共同教育願景,目前各國民中小學配合學校本位課程之規畫,學校教育願景多已建立,學校師生已有共同遵行的共同指標。

共同教育願景的建立,必須強調其內涵與建構程序之妥適性,並且必須與教育目標有所區隔,方不致產生混淆。「願景」的主要內涵有二:「反映成員心聲」以及「邁向組織目標」,是以願景的內涵與外延大於組織目標,通常更為抽象,但必須足於表達組織成員的心願。是以共同願景建構之程序必須由下而上,交互討論以成,而非由校長提示,大家表決通過。

五、實施扁平化領導系統

「民之所欲,常在我心」是政治學上的名言,用在學校行政的運作上亦然,校長在領導學校發展成長的同時,其所做的各項決策必須能夠得到全校師生的認同與支持,其所作的決策必須符合學校師生共同的心聲。是以一校的領導者必須充分掌握師生們的想法與期待,以全校教職員工生的需求作為規畫發展學校藍圖的基礎。

為了充分掌握「學校民意」,校長的領導方式勢須揚棄傳統的科層體制,改採扁平化的領導系統。傳統的科層體制領導模式,重在層級節制及控制幅度之運用,雖有其優點,然而最大的缺失在於「下情難以上達」、「中間幹部成為決策核心」。扁平化領導強調領導人士適時與各階層代表互動溝通,基層的實況能夠直接反映上達最高領導人,「領導人→幹部→員工」不再是階層式排列。以學校為例,所謂扁平化領導系統係以校長為核心,校長定期諮詢主任、組長、教師、學生、家長、社區代表、學者專家、政府官員……等,校長在中間,這些諮詢的可能對象圍繞著校長,就像「變形蟲」圖像,互為消長,多元參與。

扁平化領導由於下情容易上達,最能鼓舞員工士氣,也最能夠激發同仁向心力及凝聚力,共同為實現學校願景而努力,有利於優質組織文化氣氛之孕育發展。

六、推行績效責任制度

學校行政具有「鬆散結構」之特質,組織本身的結構化與處理事務的標準模

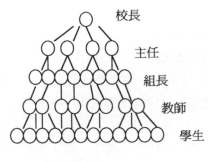

科層體制領導

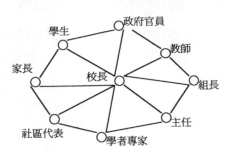

扁平化領導系統（變形蟲組織）

式及運作流程彈性頗大，是以學校行政人員之職責劃分與工作負擔難於平衡，如果領導階層長期未予關注處理，很容易因為職工之勞逸不均，交互推托而慢慢形成劣質文化。

　　為避免可能之負面發展，學校可以運用目標管理上的學理，逐次建立各處室行政事務工作標準，設定績效指標及標準作業流程，並推動績效責任制度，促使教職員工權責更明確化，並鼓勵職工早日達成績效，更進一步為學校擔負更多更大的服務性工作。推行績效責任制度，努力的教職員工、能力好的教職員工容易獲得肯定，容易得到正面的激勵，也可以帶動其他同仁的「努力跟進」，對於校園組織文化的孕育也將產生積極正面之功能。

● 七、實施職工輪調制度

　　學校行政事務依據處室系所分工，大部分工作單純且挑戰性不高，同一種工作做久之後，意義度或成就感會逐漸減低，是以學校職工及兼任學校行政之老師有必要在三至五年內輪調其他職務，學校應訂定職工輪調辦法，實施輪調制度，適時讓教師及職工面對不同事務，迎接新的挑戰，活化組織生命力。

● 八、增進同仁健康，提高身心效能

　　健康的身體是成就事業的重要基礎，學校教職員工生的身心效能決定學校整體的競爭力。具有健康的組織成員，充分發揮每個人的身心效能才能落實達成組織目標，進而提高競爭力。學校應設計各項休閒育樂競賽活動，鼓勵教職員工生

參加，為了參加這些競賽活動，平時多加練習，即能達到促進身心健康之目的。學校主管亦應適時教導所屬職工時間管理技巧，以時間管理技巧結合事務處理進程，減少時間上的浪費，增益行政工作績效。

　　學校是專業服務機構，行政組織又屬於鬆散結構型態，優質之學校組織文化不易建立，前述之意見必須由領導者——校長統合運用，並且以身作則，確實帶領同仁務實執行，始能漸有績效。

（本文原刊載於：《北縣教育》43 期，2002 年 9 月，頁 30-33。）

教育的著力點

47

論二十一世紀新台灣教育的四大根基五大政策

——新台灣之子教育策略的實踐

壹、新台灣之子的意涵與處境

「新台灣之子」已經成為流行名詞，引致教育界人士的關切與討論。「新台灣之子」有狹義及廣義兩種意涵，狹義上的解釋出現在 2003 年末「全國教育發展會議」，游錫堃院長在閉幕典禮上的用詞。游院長為強調外籍配偶日益增加之後所形成教育上的新課題，將「外籍配偶所生之子女」喻為「新台灣之子」。

教育界人士對於「新台灣之子」採取廣義的看法，指「新台灣人所生的子女」，「新台灣人」指當前已經在台灣定居的人（不分省籍與族群），因此，「新台灣之子」指這一代新台灣人所生的所有子女。也就是今後台灣學校教育所要面對的所有學生。

本文探討「新台灣之子的教育策略」採廣義的觀點與立場，唯在策略的分析與推論上，則兼顧狹義意涵的存在。

邁入二十一世紀前後，台灣的整體教育環境產生了巨幅的變化，教育改革伴隨著政經體制的轉型、社會法治的重塑（王秀玲、林新發，2004）、人口結構的改變、產業人力的調整、本土化與國際化的媒合、精緻卓越的要求、改革理念的融合等多重因素長期折衝，一路走來紛紛擾擾、跌跌撞撞，績效難能彰顯，成果不如預期，也一直未能為大眾所滿意。

教育部於 2005 年初舉辦全國教育博覽會，杜正勝部長發表專文「創意台灣、全球佈局」，頒布教育部未來四年施政主軸及行動方案（教育部，2005b），強調施政四大主軸——「培育現代國民」、「深耕台灣本土」、「接軌國際脈絡」、「關懷社會弱勢」及 33 個行動方案。或許為今後的教育政策產

生了實質的聚焦作用，讓國人較為清楚了解今後的努力方向，而不再產生瞎子摸象的窘境。唯實際的成果，尚待觀察。

筆者深入研讀杜部長專文及四大施政主軸行動方案，更參與了 2005 年元月 22 日、23 日、24 日三天北區教育博覽會，協助規畫「教育大家談」的九大主題，更負責主持部分場次，全程參與各場次討論。對於此次教育博覽會的辦理（尤其是北區）給與高度的評價，相信教育人員對於當前教育政策的體認與發展，具有相當深入的導引作用，也為教育施政的積極作為建構了嶄新的典範。

就教育部頒布之四大施政主軸及其行動方案觀之，筆者仍覺得教育部主管人員低估了後現代社會對於教育對象（教師及學生）影響所產生的轉變，並且在四大主軸及行動方案受限於現有教育政策的整合，「創新」與「階層系統」策略較為不足，本文之分析闡述希能對此有所補益。

貳、時代挑戰與教育轉型的衝擊

教育係百年大業，隨著時代脈動與社會變遷，往往展現不同的風貌。從積極的面向看教育，教育具有傳承文化，引導社會持續發展的功能，教育是社會脈動的領航者。從消極的面向看教育，教育實質內涵又須受制於大環境政治、經濟及社會價值觀的發展，執政者的意識形態、社經需求的轉變均將直接影響教育內容（課程改變）。因此，教育也是國家社會文化的次文化之一。

二十一世紀的新台灣，受到社會變遷（後現代社會）、政黨輪替、少子化、教育改革、外籍配偶、外籍勞工、產業外移、加入 WTO、國際化、數位化、科技化與民主化等多空交戰的影響，實質的教育型態面臨下列轉型的衝擊。

☛ 一、學生人數持續減少，起點行為落差大，適應困難比例增加

過去，台灣每一年齡層的人口（出生數），在 1981 年前後最高峰，每年在 40 萬人上下，1986 年至 1997 年間維持在 32 萬人至 35 萬人之間，1998 年降至 30 萬人以下，近年來受到少子化的影響，2003 年已降至不到 23 萬人，根據內政部的統計預估，可能持續降至每年 20 萬人以下（內政部，2004）。從量的觀察，今後五年至十年間，從小學開始，學生人數約僅目前的三分之二，將直接對師資培育數量、班級學生數、校數規畫與教學型態產生影響。

另一方面，根據內政部統計，2003年外籍配偶所生的子女約佔該年齡層新生人數的八分之一，隨著外籍配偶人數的累增，及本土婦女「不婚」、「不生」的

前衛思潮帶動，「少子化」相對嚴重結果，外籍配偶所生子女有可能逐年提高至佔每年新生兒的四分之一，而後成為常態。

再者世界衛生組織（WHO）多次提醒世人，迄公元 2020 年，世界文明國家將有 20%人口有憂鬱傾向，台灣社會正面臨巨幅轉型，國民所得持續增加，各層面的客觀條件，均在波濤洶湧中發展成長，2020年或許已真正進入「已開發」文明國家之林，對於新台灣人來說是福也有些許不幸。台灣人從此在國際舞台上享有「文明人」的尊嚴，也相對的背負著「文明人的壓力」，有部分的人憂鬱忡忡，適應困難的比例不斷提高。

外籍配偶原本文化不同，來到台灣之後形成了新的弱勢族群，其所生之子女，由於背景不同，受教育的起點行為落差加大，這些學生以及學習上、生活上適應困難學生的增加，對於台灣整體教育功能的維護，產生極為嚴峻的挑戰。

☞ 二、基本教育需求愈形殷切，後期中等教育幾近全民就學，卻反映社會階層的不公平

根據教育部（2005a）教育統計，近年來16歲至18歲學齡人口就學率已高達95%以上，此一現象顯示了幾項教育上之意涵：㈠中等教育後段已接近全民就學，不管國民中學實際學習結果如何？家庭背景如何？每一個人均希望接受完整的十二年基本教育；㈡全民就讀高級中等教育的型態多元並存，從公立高中、公立高職、私立高中、私立高職；五專或夜間補校依序（成績及志願）選讀，具有多元適性教育之實；㈢公私立高中職之間師資及設備水準落差極大，然因就讀學生期望受限，尚能相安無事；㈣私校（尤其高職）學費約為公立學校之三至五倍，唯就讀之學生成績較差，家庭亦多為弱勢族群，形成最弱勢基層，為了讓子女接受十二年教育，必須負擔高額學費而僅能享受最低品質之教育。此一現象嚴重地違背社會正義，不符合社會公平，亟待政府予以面對設法解決。

☞ 三、師資年輕化，教育素養薄弱，不再以天下為己任

長期教育改革的結果，對於教師們的直接影響是：壓力增加、適應困難，不如提早退休。又由於國內公教人員退休制度的優渥條件（例如 18%優惠利率制度），國際利率走低及政黨輪替、財經政策不穩定之推波助瀾，最近十年間中小學教師掀起了退休風潮，凡服務滿二十五年以上或 50 歲以上者大都申請退休，學校教師年資相對普遍年輕化。

現有中小學年輕化之師資，多數來自 1994 年《師資培育法》頒行之後，傳

統師範校院培育之師資不及半數，一般大學教育學程及師資班培育之師資反而佔多數，由於培育課程限制，教育專業知能十分薄弱，又因受到整個社會功利化、市場化、商品化影響，教師角色與社會地位偏向文化創意派（Ray & Anderson, 2001），失去了以往「教育愛的傳承與實踐」的風範，不再以天下為己任，關切自身，而非學生。

四、教育人員社會聲望式微，士氣低落，教育資源亦相對萎縮

長期推動教育改革，代表台灣人對於現有的教育不滿意，也代表著大家對於目前教育人員的總體表現不滿意，在改革初期教育人員並不如此自覺，是以維持緘默，未予普遍唱和，相繼投入有關論戰與活動而未反躬自勵，長久而往，造成教育人員社會聲望日趨滑落，尊嚴不再，甚至「人人喊打」士氣極為低落。

教育之所以需要改革，部分的原因來自投資不足所致，從教育改革的發展脈絡觀察，1998年林清江部長任內，向行政院研提教育改革十二行動方案，爭取五年一千五百億元的「外加投資」是一有利的成功契機。後任之部長遇九二一大地震及政黨輪替等之影響，原本設定之「外加」一千五百億元，被行政院解讀為內含於教育部總預算之內，等於以十二個教改行動方案為主軸，重新調整教育部門總體計畫及經費預算，實際上之教育投資，非但未相對增加，反而在國家保留之特別預算（如部分之國防經費及交通經費）大幅增加之下，教育經費占國家總預算比例相對萎縮。

五、學制多軌多支發展，學力與學歷難以等量齊觀

在《教育基本法》頒布之前，我國之學制具有「單軌多支」之精神，（國中小為基本教育，係屬單軌，高中職以上則以三條教育國道為主，呈現多支型態）。1999年《教育基本法》頒布，鼓勵私人興學，私人興學之範圍包括國小及國中基本教育階段，且強調學生具有教育選擇權，必要時得申請「在家自行教育」或選擇非公立學校，因此，我國學制進入了多軌多支的時代。

過去「學歷」是觀察一個人「學力」的基礎，學歷就是社會地位的一種象徵，也是「師」、「士」、「員」人力的基本考量對象，（例如大學畢業以上為師級、專科畢業為士級、高中畢業以下屬員級）。然而今日各層級教育日益普及又受學制多軌多支影響所及，同一階層「學歷」的學生，本身的「學力」落差逐漸擴大，依據研究者與目前碩博班學生們多次討論結果（碩博班學生多為辦學績優，經驗豐碩的中小學校長、主任），中小學生約有 10%～15%未達基本要求，

而大學生及研究生也約有 3%～5%未達應有水準。是以,對於一般學生的學習成就,除了「學歷」之外,應進一步觀察其實際的「學力」。

☞ 六、參與自主與績效責任之管理訴求,挑戰學校領導者角色功能的發揮與轉變

企業經營與行政管理理念伴隨著教改歷程,持續引進學校,現代的學校經營逐漸強調「學校本位管理」、「多元參與」、「專業自主」、「全面品質管理」、「總量管制」、「績效責任」等觀念的宣導與實際的作為。

在學校中最明顯的現象即家長會與教師會的發展,家長會代表及教師會代表擁有合法參與決策權責,學校校務運作有關會議,均須家長會、教師會代表參加,諸如校本課程之發展,教師、學生之申訴案件、職工之考核、獎懲之決定,校務發展計畫……等,均須有合理的民意程序基礎,實現了所謂多元參與或參與式決策的理念。

在教師教學方面,依據「九年一貫課程綱要」之精神,強調教師必須依據領域實施統整教學,透過班群設計及主題式教學形態,教給學生完整而不流於零碎之知識。此一要求之基本前提在於「每位教師均享有專業自主」之職能,有能力規畫並進行合於學生需要之主題統整教學,老師們的課程教學實施由其自主決定。教師之專業素養,學校及家長均應予以尊重。

然而教育改革的真正訴求在「教育的總體競爭力」,教師個別表現的總和,必須比起以前更讓大眾滿意,學校領導者必須在前述環境轉變的同時,肩負起提升學校效能的改革使命。因此,學校領導者、校長及行政主管,在學校中所扮演的角色功能,加重了「專業示範」、「溝通協調」、「實踐力行」等成分,而非往昔「法定職權」足矣!

☞ 七、多元價值體系併存,衝擊著五育均衡發展及全人格教育的目標

當前的社會複雜多變,價值觀多元發展,同時併存,單一性的價值追求,均只能視為多元價值體系中的一部分,而非全部;欲以單一價值闡述人類整體生命面向的共同價值者,均難以通過時代考驗。

在教育領域中,多元智慧理論(The theory of multiple intelligence)近年來受到較大的關注,其主要論點有四:㈠學生的智慧來源具有多重因子(至少七至九種);㈡學生的智能具有多重結構(每一個人的每一智慧因子能量均不相同);㈢學生優

勢智慧明朗化對學生產生最大價值之教育效果；㈣學校應輔導學生依據優勢智慧（性向興趣）選讀大學科系及選擇職業，追求適配生涯（鄭崇趁，2001a）。

依據多元智慧理論的觀點，多元價值社會體系存在的事實，不禁讓我們回想到近代教育大師杜威「教育無目的論」的主張，杜威曾說教育本身就是目的，沒有外在的目的。我國法定教育目標強調「培育五育均衡發展的現代國民為宗旨」，並且以全人格教育作為最高校務經營旨趣，似乎均已不切實際，超越了多元智慧理論的基本精神。是以，「五育均衡發展」勢須調整為「五育適性發展」，而「全人格教育」似應更加重視「情緒→情感→情操」教育之歷程目標。

參、新台灣教育的根基與政策

二十一世紀的台灣正是衝擊、轉型、蛻變、成長與定型發展的時代，進入二十一世紀之初，雖然政治、經濟與社會發展，面臨前所未有的混亂現象，「教育」仍然是一股清流，扮演著「中流砥柱」、「引導轉型」的吃重角色。全民明顯期待，只要教育不亂，新世紀的台灣仍有希望。

二十一世紀的台灣人我們稱為「新台灣人」，二十一世紀的學生我們稱為「新台灣之子」，二十一世紀我們在教育上應有的作為稱之為「新台灣教育」。

新台灣教育面對的挑戰與衝擊已概如前述，處境十分嚴峻，變革與發展難度甚高，唯有喚起各階層教育人員（教師、學校領導人、教育政策規畫者）普遍覺醒，強化內在的「根基」，並推動符合需求的「政策」，始足以成功的扮演當前社會賦予的時代角色功能。新台灣教育如何能扮演成功的時代角色功能？研究者基於數十年對於台灣教育的觀察與體會，主張經營新台灣教育應強化四大根基——教育愛、關照能、支持網與競爭力；規畫推動五大政策：㈠實施十二年國民基本教育；㈡訂頒學生輔導法；㈢推動教師分級制；㈣全面普及選替性教育措施；㈤研訂 1～12 年級基本學力檢定制度。其整體結構如下頁圖 47-1。其中「教育愛」與「關照能」係針對教師而言的因應策略；「支持網」與「競爭力」則是針對學校經營而言的發展策略；「五大政策」則是以教育部、教育局行政人員而言的積極帶動策略。

茲再從「教師主體的教育策略」、「學校主體的教育策略」以及「政策主體的教育策略」三個面向，論述四大根基、五大教育政策的意涵及其與前述七種挑戰的連結，並嘗試分析每項主張的具體做法，提供同好或共鳴者實踐上參考。

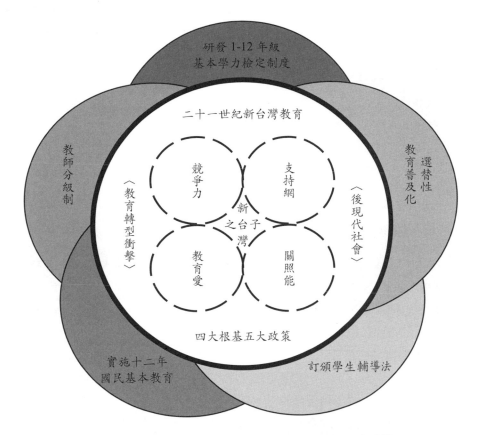

研發 1-12 年級
基本學力檢定制度

二十一世紀新台灣教育

教師分級制

〈教育轉型衝擊〉

競爭力

支持網

新
之台子
灣

教育愛

關照能

〈後現代社會〉

選替性
教育普及化

四大根基五大政策

實施十二年
國民基本教育

訂頒學生輔導法

圖 47-1　二十一世紀新台灣教育的四大根基五大政策

肆、教師主體的教育策略

　　教師是決定學生素質的最重要關鍵，教師也是彰顯教育效能的最核心人物，我們可以說：有怎樣的老師就有怎樣的學生；有怎樣的老師就可以看到怎樣的教育實際。社會環境再複雜，教育的處境再嚴峻，祇要教師的專業素養與觀念態度維持在一定的水準，有卓越的表現，教育界永遠是混雜社會中的一股清流，教育永遠是百業之基，教育是社會脈動的啟導者，教育是經濟發展的基石，教育是無形的國防，教育人員永遠受到愛戴與尊崇。

　　當代的教師正在轉型，大幅年輕化、功利化，關切自身權益，不再以天下為

己任，如此內涵的教師如何面對當代的學生，起點行為落差加大，弱勢族群及適應困難學生大幅增加，確為教育界最為嚴肅的課題。筆者以為目前各級學校之教師待遇仍屬中高所得，只要政府施政面有適度的規畫（如教師分級制、教師評鑑……等），能夠引導激勵教師服務士氣，持續進修，增進其專業素養、專業行為，教育事業仍大有可為。

針對教師本身而言，則最需強化兩種能量——「教育愛」與「關照能」，以教育愛的傳承與實踐，來維護師道的尊嚴；以關照能的培育與篤行，來提升教育的效能，讓一般學生與弱勢族群學生均得致妥適的照顧，令教育的實質內涵，邁入「精緻、卓越」的基本運作形態下，最為重要，茲分述如次。

☛一、「教育愛」的傳承與實踐

父母子女之愛、夫妻男女之愛、師生教育之愛為人間三種大愛，三種大愛的本質與動源不同，父子之愛來自血緣之必然，夫妻之愛來自尊重的需求，教育之愛則來自價值的體認。人生有幸成為父母子女，因為身體中流著彼此遺傳基因的血液，血濃於水，必然父慈子孝，展現人間大愛。男女之間的愛，儘管相互吸引的條件不盡相同，最終能成為夫妻伴侶、白頭偕老者，皆建立在彼此的激賞尊重，是以中國古訓告訴我們，夫妻之道必須相敬如賓。教育愛最為特別，教師從事教育工作歷程中，體認到愛護學生、關心學生、教導學生，協助學生成長，是他畢生最有價值的志業，願意無條件的關照學生，是以又稱為教師的大愛。血緣之愛以「情緒」為基礎，尊重之愛乃「情感」的表達，價值之愛則提升為「情操」的彰顯（鄭崇趁，2004c）。

教育愛是教育界最為可貴的文化遺產，古今中外成千上萬的教師，之所以樂為教師，將教育學生當作一輩子志業，默默耕耘，長期奉獻，實乃教育愛的傳承與實踐。傳承教育愛必先了解其內涵特質，「教育愛」具有下列四大特質。

♠(一)接納包容之愛

教育活動是一種具有價值取向的活動，教學歷程是一種特殊的人際互動過程，成功的教與學，教師與學生均有責任，教師要能有效教學，學生也要具有受教性。然而當前中小學，學生本身受教性程度不一，適應困難、行為偏差者有一定的比例，教師首要發揮的教育愛，即接納包容這些學生。

♠(二)積極關注之愛

教育愛的另一個內涵特質為，能對學生表現主動積極的關懷。依據以往的調查研究顯示，學生遇到困難或挫折時，通常先找同學或朋友討論，或任由問題惡化不處理；家人與教師反而是最後不得已才告知。身為教師者，如能提升辨識學生行為問題的能力，積極主動關注學生，給與必要的支持，協助突破或紓緩困境，即為教育愛的發揮。

♠(三)沒有差別之愛

教育愛的施予不會因為學生的背景不同而有差別，「有教無類，因材施教」為教育愛作了最好的註解，父子、男女之愛會因親疏有別，而需「等差之愛」，惟獨教育愛沒有差別，教師對教育價值的體認愈深，教育愛的程度就愈濃，並且對每個學生都一視同仁，雨露均霑。

♠(四)不求回報之愛

教師對學生的關愛照顧是不求回報的，教師能看到自己的學生順利成長發展，日有所成，對國家社會有貢獻，就是最大的回報。因此，教師實踐教育愛時，內心並未期盼將來學生能夠回報他什麼，是一種但求耕耘，不問收穫的大愛。

實踐教育愛必須找到具體著力點，教師可從下述工作實踐。

♠(一)提升教學效果

把書教好是身為教師的本分職責，本來不容置疑，每位稱職的教師均會把書教得很好，讓學生很快學會該學的東西。然而就如前述，有部分的學生受教性較低或者學習過程中「失神」，並不是教師正常教學，學生就都可以成功學習的。因此，教師必須不斷經營班級，將輔導理念融入教學，提升教學效果，不讓學生因學習落後問題而衍生其他問題，此為實踐教育愛的第一步。

♠(二)擔任認輔教師

教育部推動教訓輔三合一方案，積極鼓勵中小學教師全面參與認輔學生，認輔制度是學校中每個教師均可以參與的助人愛人工作，也是學校個別輔導工作的主要形態。教師擔任認輔教師，是實踐教育愛的第二個著力點。

♠㈢關照特殊學生

社會變遷繁鉅，時代的巨輪考驗著人類，人生際遇變化莫測，特殊境遇的學生，如單親子女、外籍配偶子女、家逢巨變學生等，需要教師適時覺察，並給與相對必要的支持或協助，關照特殊需求的學生可為實踐教育愛的第三個著力點。

♠㈣增益學生能量

「幫忙釣魚，不如教他釣魚的方法。」在教育活動歷程中，只要能夠增益學生發展能量者，諸如知識、技巧、方法、適應等的累積，都有助於學生成長發展，也是實踐教育愛的著力點。

教育人員扮演著多重角色，三種人間大愛都予以力行方稱圓滿，尤其是教育愛的傳承與實踐，透過價值的體認與堅持，散發其他行業不可取代的情操，創發生命崇高的意涵，豐富人間大愛。

☛二、「關照能」的培育與篤行

「關照能」指教師或教育人員具備關懷、照顧、協助、幫忙學生處理困難、跳脫困境的素養與技術。也就是「有能力的愛」或者教師能夠操作（使用得上）的輔導態度與技術（鄭崇趁，2005a）。

用輔導與諮商的術語，「關照能」的重要內涵應包括教師（輔導員）的基本態度與諮商初階技術。基本態度如溫暖、真誠、接納、尊重、支持等；諮商初階技術如同理心、回饋、引導、自我表露、問題解決等。

關照能的培育確為教師照護學生的重要根基，而全面提升教師輔導知能乃培育關照能的不二法門。全面提升教師輔導知能的必要措施，包括：㈠持續辦理教師基礎及進階輔導知能研習；㈡推動教師輔導主題工作坊研習；㈢規範中小學教師學程必修輔導原理與實務兩學分；㈣鼓勵中小學教師進行輔導主題行動研究；㈤開設輔導學分班及輔導教學碩士班；㈥積極辦理輔導學術研討會及行動研究發表會。

關照能的篤行則有下列指標可循：㈠能夠同理每位學生的處境與困難；㈡有效執行特殊學生的認輔工作；㈢能夠進行班級輔導，帶動經營優質班風；㈣了解掌握校內外輔導網路系統資源，能為學生搭建及時需要的有效協助網絡。

伍、學校主體的教育策略

學校本身是社會的縮影，行政管理學者把學校當作一般企業公司來經營，講

究的是一個企業經營體效能與效率的提升。推動教育改革以來，配合國家總體競爭力的競逐，其對於學校主體的訴求，在於教育總體競爭力的提升（效能），以及學校教育品質滿意度的增進（效率）。

處於當代社會大環境中的學校，校務經營更不容易，必須面對「新新人類的學生」、「文化創意的教師」，在多元價值體系中，透過參與式領導，達成崇高的教育績效與品質，惟有專業素質與經驗豐富的領導者，始能達成使命。

校務經營必須依法行政，必須結合政府政策與學校資源、師生專長、辦學理念等統整考量，整合規畫，逐年為學校策定年度實施計畫，經過審議程序確定之後，即帶動全校師生，依所訂各項計畫時程，實踐篤行，教師有效教學，學生快樂學習，學生依時序學到最合適的知識與情意發展，教師也從教學成就中的自我實現，各項大型的教師活動能適時地統合學生學習進程，得到正式課程與潛在課程最佳的融合。

此一理想歷程中，兼顧教育改革對學校的兩大訴求——效能與效率；校務經營更須厚植兩大根基——「支持網」與「競爭力」。以支持網的建立與運作，活化教育效率，以競爭力的追求與實現，提高教育效能。茲分別闡述如次。

➤ 一、「支持網」的建立與運作

「支持網」植基於教訓輔三合一方案所強調的「學校輔導網絡」，學校教師及輔導專業人員結合社區與輔導有關的資源人力，共同來協助學生，稱之為輔導網絡。網絡含有「系統」及「絡繹不絕」之意。教訓輔三合一方案要求各學校必須建立學校輔導網絡，等同於要求學校要為學生建構一個明確的「支持網」。

「支持網」所要結合的主要對象，允宜包括學校教師、訓輔人員、社輔單位社工人員、衛生單位公共衛生人員、醫療單位心理諮商人員、法務警政單位警察司法人員、公益組織團體或個人、退休教師或各種志工、家長以及社區人士等，從「支持性」到「矯治性」，網絡越綿密越能有效支持學校帶好每位學生。

「支持網」的建立應該畫分等級，教育部要建立全國的支持網絡系統，縣市也要建立全縣的支持網絡系統，學校則需個別為學生建立學校支持網，全國的支持網絡系統應該以電腦系統資料庫為之，建置輔導人力系統、輔導設施系統、輔導課程系統、輔導活動系統、輔導測驗系統、輔導個案系統並定期（按季或半年）維修，提供學校規畫辦理輔導工作的豐沛資源。

縣市的支持網絡系統應以全縣的社輔資源的蒐集為主，每年編印手冊發送學校參酌，也可以透過電腦系統，傳送各校使用。

學校支持網呈現的最佳狀態宜用「摺頁」，將學校鄰近可行結合的社輔單位及人力繪製成系統圖，提列單位、名稱、電話負責人或聯絡人，印發給所有教師及家長，備以必要時啟動網絡系統資源，即時協助需要之師生。

學校支持網絡建立後更需要運作與活用，否則這些原本串連的人力與單位不會主動進入學校為全校師生服務。運作活絡支持網的方法包括：㈠學校領導人（校長、主任）平時能以電話與資源單位負責人或業務人員有所聯繫；㈡學校重要活動（如教學日、運動會、校慶活動等）能夠邀請這些單位人員共襄盛舉；㈢這些單位重要慶典活動時，學校能由首長或主管人員到場祝賀；㈣擬定必要的演練計畫（含危機事項）邀請相關單位配合實施，確保支持網絡能夠靈活運作。

☞ 二、「競爭力」的追求與實現

競爭力近來受到企業界以及政府的關注。企業界關心公司的永續經營，必須評估「市場競爭力」；政府受到國際指標——國際競爭力評比的壓力，國家競爭力名次的起伏象徵施政績效的優劣。是以近年來總統、縣市長、立委等主要之選舉多以提高「國家競爭力」為重要政見，執政黨與在野黨均強調競爭力的重要，也都直接或間接要求政府各部門施政必須提高競爭力。

教育的競爭力到底在哪裡？有無具體的指標可循？教育單位的人（如部長、局長、校長、老師們）強化哪些事項可以提高教育的競爭力？尤其在學校的經營上如何運作才是競爭力的實現？實是教育界應予優先考量的課題。

衡量教育競爭力的指標，必須參照國際化量的「比較指標」，教育實施過程的「歷程指標」以及教育成果的「學生表現指標」（鄭崇趁，2005b）。

在國際化量的「比較指標」方面，包括：㈠國家總預算投資在教育上的比率；㈡各階層教育師生人數比；㈢各階層教育學生單位成本；㈣各階層教育普及化情形；㈤師生學術成就在國際間的相對地位與流通情形。

在「歷程指標」方面，包括：㈠師資的條件規範與素質；㈡師生關係與校園組織文化的優劣；㈢教育設施的均衡配置與高度的使用率；㈣學生能夠適性快樂學習；以及㈤學生輟學率與選替性教育措施的發展。

在學生的「表現指標」方面，包括：㈠一般學生基本能力素養與文明國家之間的比較；㈡菁英卓越的學生能否在各種國際競賽中獲致名次；㈢弱勢族群學生能否得致必要的照顧（沒有落後的學生）；㈣學生的多元智能均有啟發明朗化的機會；㈤學生實際就讀大專院校的系所以及畢業後職業選擇有否符合其優勢智能（性向興趣）的發展。

就前述的國際比較指標、歷程指標以及表現指標統整觀察，如欲提高我國的教育競爭力，下列五項措施最為重要：「提高合理的教育投資」、「獎勵優質的人才投入教師行列」、「強化多元智能教育歷程」、「增進教育人員校務經營管理的能力」、以及「提升教師教學績效」（鄭崇趁，2005b）。其中前兩項措施屬於國家政策層次，學校能夠著力者有限，後三項則與學校主體的校務經營攸關，屬於學校提升教育競爭力策略內涵，簡要分析如次。

♠(一)強化多元智能教育歷程

依據多元智慧理論的啟示，今後的中小學教育應依據課程標準（綱要），實施正常化教學，俾使多元智能均有刺激發展的機會；而大專以上教育則應針對學生優勢智能（性向興趣）給與適性發展（明朗化）的機會，是以大學院校宜普設第二專長學程及設置豐富多元社團，提供學生定向、深耕之機會。

♠(二)增進教育人員校務經營管理的能力

如若客觀條件難以配合，投資經費未能有效改善情形下，競爭力之提升則更賴於歷程指標之強化，教育行政人員有責任在有限的資源下，透過經營管理運作，提高效能與效率。因此，全面增進教育人員校務經營管理的能力，也是提升教育競爭力的重要基礎。

♠(三)提升教師教學績效

在另一方面，就教師本身而言，如果每位教師均能有效教學，學生能夠順利學習，每位學生基本能力普遍提高，也是教育競爭力的另一表現。是以學校有必要規畫教師評鑑、教學評鑑，並積極配合政府規畫教師分級制度等配套措施，全面提升教師教學績效，為教育競爭力奠定更為深厚的基礎。

陸、政策主體的教育策略

本文已從「教師」主體及「學校」主體兩大介面論述新台灣教育的四大根基——教育愛、關照能、支持網與競爭力。四大根基能否厚植深化？除教師及學校教育領導者的體認、覺知、反躬自省與意志力之堅持之外，更需要相對教育政策改革的規畫與導引，以合理妥適的政策，宣示政府施政方向，以實質激勵的政策內涵，帶動所有教師及教育人員就就業業，持續為厚植深化此四大根基而努

力，台灣教育的前途始能真正發光發亮。

鑑於前述七大環境挑戰，結合教育愛、關照能、支持網、競爭力四大根基的需求，筆者建議政府即早規畫推動下列五大教育政策，以整合引導二十一世紀台灣新教育的發展，為萬千學子與教師建置更為優質的教育環境。這五大教育政策包括：㈠實施十二年國民基本教育；㈡訂頒《學生輔導法》；㈢推動教師分級制；㈣全面普及選替性教育以及㈤研發一至十二年級基本學力檢定制度。茲將其主要理由與政策要領闡述如次。

一、實施十二年國民基本教育

延長十二年國民基本教育，政府已有多次努力，唯尚未看到真正實施，最後一次在 2003 年全國教育發展會議上提出，由於教育部規畫的版本中優先保留百分之十的菁英學生（明星學校），先行考試分發後，其他學生再依志願及學區畫分，實施十二年國民基本教育，違背了普遍基本教育的前提，禁不起參加會議人士的質疑而沒形成共識。

《教育基本法》第 11 條已明確提示：國民基本教育，應視社會發展需要延長其年限，其實施另以法律定之。只要政府規畫的延長基本教育年限方案，以法律之條例訂定，陳送立法院審議，以立法途徑來延長基本教育方式，已有充足的法源基礎，且各項客觀條件足以配合，應無阻力才對。今日之所以尚無明確進展，在於為政者沒有掌握到關鍵理由，以及實施策略之規畫誤用菁英主義教育所致。

實施十二年國民基本教育之理由，關鍵在㈠ 16 歲到 18 歲學齡兒童已有高就學率（95%以上），幾近全民就學，全民就學的中等教育後段應視同為基本教育；㈡國內中等教育後段之學制分為公立高中、公立高職、私立高中、私立高職及夜間部補校等多元存在，然師資及設備落差極大；㈢私立學校之學費平均為公立學校之三至五倍，而就讀私立職校之學生，其家庭社經背景平均而言，大不如公立學校學生，存在著極大社會不公平現象；㈣我國平均國民所得已超過一萬美元多年，規畫繳交基本學費的十二年國民基本教育，已能為全民所接受，也是進入已開發文明國家之林的主要表徵。

筆者曾於 2001 年接受「國家政策研究基金會」委託，規畫研訂「實施十二年國民基本教育」方案，並發表於國立台北師範學院學報上（第 14 期），已設定完整的實施目標、五大策略以及十七項具體措施。主要內涵如下表 47-1。

表 47-1 「實施十二年國民基本教育」策略分析綱要結構表

目 標	策 略	方 法
自九十八學年度起，六歲至十八歲兒童及青少年實施十二年國民基本教育，培養具有國家意識及國際視野之現代化國民，提昇全民素質，增進國家競爭力。	一、經費標準化	■政府規畫設置「十二年國民教育基金」或設定每年「國民教育基本經費」，支持推動延長國教方案。 ■就讀高中教育階段學生不分公私立及高中、高職一律繳納基本定額學費。 ■高中教育階段學生基本學費以公立高中職近三年學雜費之平均數為原則。 ■政府補助私立學校學雜費差額（教育代金制度，逐年檢討標準）。 ■政府每年之國民教育基本經費補助私立學校學雜費差額後之餘額，用於研訂中長期計畫，逐年均衡中小學公私立學校教育設施。
	二、學校社區化	■加強宣導高中高職多元入學方案，貫徹免試升學。 ■推動高級中學學校社區化方案，鼓勵學生就近就學。 ■增設教育資源不足地區社區高級中學，均衡城鄉就學機會。
	三、設施均等化	■加強培育中等教育師資及人力，齊一公私立學校師資水準。 ■訂頒中小學基本設備標準。 ■依據基本設備標準充實公立私立中小學。
	四、內涵優質化	■規畫十二年國民基本教育一貫課程綱要。 ■訂頒增進中學教師有效教學方案。 ■擴大辦理高中教育階段國民基本教育回流班。 ■策定中小學實施另類教育（alternative education）方案。 ■提供原住民及身心障礙學生零拒絕中等教育。
	五、方案法制化	■教育部成立十二年國民基本教育推動委員會及執行小組，負責規畫延長十二年國民基本教育實施方案及實施要點。 ■依《教育基本法》第十一條規定，將十二年國民基本教育實施方案以法案型態，由行政院送請立法院審議。包括下列三項： 1.十二年國民基本教育實施條例。 2.設置十二年國民基本教育基金條例。 3.補助私立學校實施國民基本教育經費條例。 ■配合研議修訂國民教育法令及實施辦法。

資料來源：修改自鄭崇趁（2001a：282）。

表 47-2　「實施十二年國民基本教育」建議規畫時程表

時程	完成事項
2005 年 6 月	■教育部成立「十二年國民基本教育推動委員會」及執行小組
2006 年 6 月	■教育部完成「十二年國民基本教育實施方案」及實施要點，並以法案型態送請立法院審議。
2007 年 6 月	■「十二年國民基本教育實施方案」及實施要點完成立法程序，頒行週知。 ■直轄市、縣市成立「十二年國民基本教育執行小組」。 ■教育部委託教育學術單位進行下列研究（配套措施）：㈠中小學基本設備標準㈡教育資源不足地區社區高中需求調查㈢十二年國民基本教育一貫課程綱要㈣國民教育階段教育代金（券）㈤高中基本學費標準㈥高級中等學校基本學費標準（計算模式）之研究。
2007 年 8 月 至 2009 年 6 月	■加強宣導十二年國民基本教育實施方案。
2008 年 6 月	■教育部完成相關配套措施之研究專案。
2008 年 8 月	■教育部策定「發展與改進中小學教育設施中程計畫」以及「教育資源不足地區增設高級中等學校計畫」。
2009 年 1 月 至 2012 年 12 月	■執行「發展與改進中小學教育設施中程計畫」以及「教育資源不足地區增設高級中等學校計畫」。
2009 年 6 月	■教育部完成《國民教育法》相關法令及實施辦法之修訂。
2009 年 8 月	■高一以下正式實施十二年國民基本教育。
2010 年 8 月	■高二以下實施十二年國民基本教育。
2011 年 8 月	■全面實施十二年國民基本教育。

資料來源：修改自鄭崇趁（2001a：280-281）。

如若實施十二年國民基本教育自 98 學年度起逐年實施，94 學年度至 96 學年度則為規畫研議方案時期，其規畫作業時程可依表 47-2 內涵執行。

● 二、訂頒學生輔導法

為配合「組織再造」與「總員額法」之規畫，《國民教育法》不再詳細規定每一學校的所有一級及二級單位，由學校依經營規模及個殊需求自主決定，學校可在總員額法頒布後進行本位管理，自主決定合理的組織名稱及員額編制。

在組織再造、精簡人力的前提下，教育界對於輔導組織人力的精簡以及適應

困難學生比率增加的事實，陷入兩難困境，不知如何以對，針對此一現象及將來教育的整體需求，筆者積極建議：中國輔導學會應可藉此機會結合民意代表、專家學者以及行政官員共同催生《學生輔導法》，以學生輔導法規範各級學校專業助人機制，為一般學生之心理健康，以及適應困難、行為偏差學生之專業協助，建構合宜的輔導網絡系統（鄭崇趁，2003a）。

　　《學生輔導法》原為「教育部輔導工作六年計畫」（1991 年至 1997 年間執行）預定重點工作之一，後來因為三個原因以致延遲至今尚未完成：㈠配合《教師法》第七條規定，教育部於 1997 年頒布《教師輔導與管教學生辦法》；㈡國內高階及中階輔導人力不足，僅能執行六年計畫設定三分之一強工作；㈢對於學校輔導工作應先普及化或專業化，輔導專業人員與行政人員見解有所落差。

　　目前客觀環境有明顯改變：㈠《教師法》修正後，教育部於 2003 年函示停用《教師輔導與管教學生辦法》，法令競合問題已不存在；㈡經過「教育部輔導工作六年計畫」、「青少年輔導計畫」、「教訓輔三合一方案」、「性別平等教育實施方案」、「中輟生通報及復學輔導方案」之長期實施，中小學輔導基礎已十分渾厚；㈢「為弱勢學生建構完整的輔助系統，帶好每一位學生」已形成教育人員的共識，同時也是各界人士對於教育界的期待。因此，國教法修正案對於學校組織的簡化趨勢，同時也為學校輔導工作專業立法留存更大空間，輔導界人士應能體會此一難得之契機，順勢積極而為。

　　《學校輔導法》應以規範下列七大事項為優先考量：㈠教師輔導學生的責任與輔導知能素養。例如所有教師均應參與學生輔導工作，擔任導師、認輔教師並注意教學中輔導；每位教師均應參與三十六小時（二學分）以上輔導知能研習；㈡學校輔導學生系統化機制。例如輔導行政組織，處理學生問題三級預防的單位與程序；㈢依學校規模（師生人數）規定專業輔導人員（心理諮商師、臨床心理師、社工師）駐校輪值之基本時數；㈣建置學生之測驗與輔導完整資料；㈤逐年訂定學校三級預防輔導工作計畫以及完整的評鑑檢核機制；㈥建立學校輔導網絡；結合社區資源共同輔導學生；㈦成立校園危機處理小組；有效因應緊急突發狀況。

　　《學生輔導法》的立法過程不會太容易，《社工師法》立法的成功經驗值得學習，中國輔導學會可扮演最佳策動單位，推派熱心會員及學者專家、學校輔導實務人員組成「《學生輔導法》推動小組」，負責條文草案的擬定，宣導代言，並由專人與立委、行政官員專責互動，直至完成立法，公布實施為止。

　　《學生輔導法》乃教育部「教訓輔三合一方案」、「青少年輔導計畫」及當

前「友善校園總體營造」之具體實踐，也是將「計畫性」輔導工作轉化為學校「經常性」輔導工作之主要媒介，《學生輔導法》更可以作為學校組織再造，以及經營優質校園文化的法源基礎，面對當前憂鬱傾向學生大幅增加，自我傷害學生花樣百出的窘境，教育部的主管人員應有所體認，有必要以三至五年的時間，予以促成。

☞ 三、實施教師分級制

依據大學法規定，大學師資分為四級——講師、助理教授、副教授、教授四級。而小學師資則依年資並參考學歷敘薪，不分級。中小學教師是否需要分級已討論過多次，尤其 2000 年政黨輪替之後更為積極，教育部正式委請國立高雄師範大學蔡培村副校長進行專案規畫，整個實施方案已經完成，準備推動實施。唯在辦理公聽會歷程中，發現有幾項重大爭議未能解決，是以教育部再將實施方案草案交由國立教育研究院繼續研議。

筆者詳細研讀方案報告及分級制之有關設計，發現其中尚未有共識之處為：㈠分級的名稱似未臻完善，初任教師、高級教師、顧問教師、諮詢教師之名稱可再研議；㈡分級之後，薪水的差異不大，與原本按年資升級之結構十分接近，分級之原意不夠明確；㈢每一大級之升遷需要八年以上，時限太長對於努力之老師，回饋不能及時；㈣分級之後與目前兼任行政人員之制度沒有進一步整合，將來性稍有不足；㈤教育部希望方案公布後，新進教師及現有教師均適用，以畢其功於一役，引起資深教師定位上的恐慌，表態反對。

教師分級制可以激勵教師持續努力於教育事業，提高當前教師整體競爭力，是學校組織再造之重要策略之一，也是改變教師心態，積極任事之不二法門，如將實施方案酌予調整，再配合修正相關法源，應大有可為，成為二十一世紀國家重要教育改革策略之一。

筆者認為實施方案依據下列原則調整，其可行性應大為提高：㈠分級之名稱或可採用梅、蘭、竹、菊四級（四君子本即教師代稱，並可收圈內人清楚，圈外人模糊效果）；㈡每一層級研究費拉大為一萬元以上（具體的做法，在不影響國家教師薪資總額前提下，第一級教師移五分之一薪資至第四級教師，第二級教師移十分之一薪資至第三級教師）鼓勵教師努力升級；㈢四年至八年可以升一大級，並規定第一級及第二級教師十二年未升級者強迫資遣；㈣依據教學、輔導、服務、進修、研究五個指標考評其能否升級；㈤第一級教師為純教師，免兼行政，第二級教師得聘兼組長，第三級教師得經教育局甄選後聘兼主任，第四級教

師兩年以上，且具有主任兩年以上資歷者，得經教育局甄選培育後聘為校長，校長任期屆滿得回任第四級教師；㈥方案公布一年後，由新進教師適用，實施十年以上，已有三級教師之分級後，再交互檢討新舊制，訂定辦法，提供舊制教師檢核為新制之管道，不願改為新制者，依舊制至退休為止。

☛ 四、全面普及選替性教育

選替性教育（alternative education）又稱另類教育，係指學校應為中途離校就學或一些不適應正規學程之學生，安排適合其需要之中介教育課程，以收「過渡」、「銜接」、「補救」之教育功能，在先進國家已至為普及（吳芝儀，2000），在國內則有廣義與狹義的使用，狹義的解釋指所謂的中途學校或中途班的教育，係指對中輟學生返校就學，不幸少女返校就學，或者部分家庭功能失調者的中介教育措施。廣義的解釋則擴大為正規課程之外，專為「特殊需要學生」設計的中介教育課程方案，包括補救教學、特殊教育資源班、矯正學校教育及所有的中途班（校）等等。

本文所主張的選替性教育措施，採廣義的立場，但鑑於特殊教育法以及少年矯正學校實施條例，已對於特殊學生教育及犯罪少年矯正教育有明確規範，免再強調外，集中焦點於低成就學生的補救教學，以及適應困難學生的中介教育措施方案。

美國於 2001 年由布希總統頒布「沒有落後的孩子」法案（No Child Left Behind Act of 2001）針對弱勢族群學生，強調各類型輔導計畫（補救教學）及選替性教育措施，顯示邁入二十一世紀之後，選替性教育普及化已成為文明國家的基本教育政策，值得我們迎頭趕上，即早規畫準備（U.S. Department of Education, 2001）。

選替性教育在台灣的實施已有好的開始，如嘉義民和國中、花蓮善牧學園的中介教育課程，及部分收容不幸少女機構與國中學校的合作模式等等。在補救教學方面，配合九年一貫課程的實施，各國民中小學均有課後輔導計畫，大體上已差強人意。雖距離「精緻卓越」的教育理想，以及「沒有落後孩子」的精神指標，尚屬遙遠，惟有全面普及選替性教育措施，才能為台灣的新世代教育帶來「內涵優質化」的進程。

全面普及選替性教育的方法首先要增加教育投資，訂定辦法比照特殊教育的實施，充實各級學校必要的選替性教育設施，獎助學校教師優先充任選替性教育師資，鼓勵選替性課程方案之設計與相關教材之編製，協助縣市政府教育局及所

屬學校達到下列指標：

・每校均有各學科〔領域〕補救教學措施。

・每校均有多元中介教育班級。

・每一中介教育班級均有個別性〔選替性〕課程方案。

・每一縣市有一所獨立式中途學校。

・每一中介教育班級教師比照特教師資聘用。

・每校沒有落後的學生。

➡ 五、研發 1～12 年級基本學力檢定制度

《教育基本法》保障學生（家長）的教育選擇權，也鼓勵私人興學（包括國民教育階段），也適度地維護教師專業自主的權責，迫使我國的學制由單軌多支逐漸發展成多軌多支。我們宣稱當代的學生為新新人類的學生，起點行為與背景，學習興趣與動機落差加大，多元而紛歧；我們也宣稱當代的教師為文化創意的教師，受到市場化、功利化的影響，重視己身利益，不再以天下為己任。如此的教育環境，教育效果最難考評，每一個學校的每個班級在教師專業自主的情形下，學生使用不同的教科書及教學方法，是否每一位學生應學習到的基本能力真的已經具備？有待進一步的檢核。

當前國內的「基本學力測驗」已經成了替代傳統高中聯考的工具，也是在尚未實施延長十二年國民基本教育前必須留存的「教育魔戒」（基本學理與實務應用矛盾對立，卻必須持續發展）。筆者建議政府再進一步研訂 1～12 年級基本學力檢定制定，以基本學力檢定措施提供學生檢測每一學年真正學習結果之用。其具體的做法約略如次：

・設置常設機構，建立題庫。

（國立教育研究院或學術單位接受委託專案執行）

・以 85%通過率為試題常模難度。

（配合學生基本能力指標設計）

・提供學生家長適時申請檢定學力年級

（每一中小學均設專人接受家長申請及執行檢定，檢定結果通知家長，未通過者協助研訂輔導計畫）

・國小、國中、高中畢業前一個月一定參加檢定

（實施畢業檢核制度，每年題目適時更新）

・畢業證書雙軌（學歷＆學力）證明

（例如：〇〇高中畢業，基本學力 11 年級；〇〇國中畢業，基本學力 9 年級）

　　基本學力檢定制度可以讓一般學生家長了解自己孩子真正的學力年級，協助孩子作務實的規畫，也可以列為校務評鑑參照指標之一，驗證學校教師及校務管理具體之辦學成果，更可以找出真正落後，需要進一步協助的學生，透過合適的輔導計畫，把每個學生都帶上來。

柒、結語──四大根基五大政策建構新台灣教育

　　二十一世紀的台灣大環境，進入了轉型確立時期，後現代社會的特質，持續影響著教育的發展（黃訓慶譯，1996），十數年來的教育改革將逐漸聚焦，或者再假以十年，新台灣教育可望誕生，為台灣創造第二次的台灣奇蹟。

　　「新台灣之子」受到當前政府的關注，乃教育發展的重要契機，從其狹義到廣義之意涵，從教師自身到學校經營之策略探討，本文主張強化四大根基──教育愛、關照能、支持網與競爭力。從個殊到統整政策之分析，本文主張推動五大政策，包括㈠實施十二年國民基本教育；㈡訂頒《學生輔導法》；㈢推動教師分級制；㈣全面普及選替性教育措施；㈤研發 1～12 年級基本學力檢定制度。四大根基與五大政策之間，具有「相互依存、交互催化」之功能，四大根基之強化，有助於五大政策之實踐；五大政策之推動可以誘發四大根基之增能。我們期待教育人員能夠普遍體認，教師與學校領導者均能找到具體的著力點；我們更期待透過五大政策之引導，持續強化四大根基，建構新台灣教育，把每一位「新台灣之子」教育成真正的新新人類（即有品味、自主、融合代差、沒有落後的現代國民），肩負開創台灣成為二十一世紀具有尊嚴的已開發國家。

（本文發表於：2005 台灣教育學術論文研討會，國立台東大學主辦，2005 年 10 月，光碟版）

教育的著力點

彩繪生命篇

常與無常相遇

綻放出　豐富多彩的生命旋律

油桐與相思結合

譜寫了　雪白與金黃的教育對話

生命的謳歌

需要　教育　永遠地傳唱

48

生命教育的目標與策略

壹、生命教育的意涵

教育部重視生命教育，準備將 2000 年定為生命教育年，全力推動生命教育，主要緣由在於目前青少年呈現一種不健康的行為取向——不知愛惜自己、頹廢、消極，常有踐踏生命的偏差行為。而整體社會環境而言，也由於變遷快速，e 世代的來臨，適應困難的人普遍增加，尤其是「憂鬱傾向」人口急速累增，自殺率提高。從大環境（社會）到小環境（學校），皆充滿鄙視生命價值、尊嚴與意義的文化。人的生命是發展與創造文化的動力，也是教育歷程唯一的對象，人的生命存在，教育的實施即可創化各種可能，展現豐沛績效；人的生命不存在，教育即沒有舞台，無用武之地。鄙視生命的文化，也將大幅降低教育應有的功能與績效。是以，有必要從學校教育及社會教育著力，強調積極、正向的生命意涵，強化此一基礎工作。

貳、生命教育的目標

學校實施生命教育，對學生個人而言，在達成下列三個階層的教育目標。

自我實現	—— 理想與現實吻合，闡揚生命光輝
發展生涯	—— 建構生命願景，彩繪亮麗人生
珍愛生命	—— 體悟人性，活得尊嚴

生命教育的最基礎目標，在培養學生珍愛生命：學生在整個教育歷程中能夠體悟身為人類的意義與價值，重視生死大事，珍愛自己，保護生命，了解生命來之不易，也體驗生命成長的艱辛與苦難，是以能夠化為更積極正向的行動，認真生活，闡揚生命的光與熱，活得尊嚴。

生命教育的第二階層目標，在增進學生發展生涯：學生在整個教育歷程中，能夠體悟人性，活得尊嚴之後，更進一步能夠建構生命願景，從個人的「自我」、「志業」、「休閒」、「人際」等層面，設定明確努力的指標意涵，並使之發揚光大，彩繪亮麗人生。

生命教育的最高目標與教育及輔導工作目標一致，均在促進學生自我實現：學生在整體的教育歷程中，學習到適時建構自己理想，並努力做到使現實與理想吻合，達成自我實現。在生命成長與發展歷程中，能夠累增無數的「理想與現實吻合」之自我實現，闡揚生命光輝。

參、生命教育的策略

學校中推動生命教育，必須從「環境設施」、「課程教學」、「教師素養」以及「學生文化」著力，其策略指標概述如下。

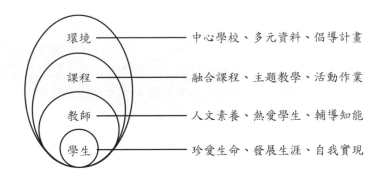

肆、生命教育的重點措施

➤一、在環境設施方面（實現「中心學校、多元資料、倡導計畫」之策略指標）

・成立生命教育推動組織。
・成立各級學校生命教育中心學校。
・規畫發展生命教育軟體資源。
・督導各級學校成立生命教育執行組織。

・策訂生命教育倡導計畫。

・訂頒各級學校生命教育實施要點。

☞二、在課程教學方面（實現「融合課程、主題教學、活動作業」之策略指標）

・融合九年一貫課程規畫發展生命教育課程綱要。

・規畫發展各年級生命教育教學主題。

・配合主題教學發展生命教育教學活動單。

・實施生命體驗週活動（上學期）。

・推動生涯發展週活動（下學期）。

・定期舉辦生命教育教學研究會及教學觀摩會。

☞三、在教師素養方面（實現「人文素養、熱愛學生、輔導知能」之策略指標）

・全面提升教師人文素養與輔導知能。

・倡導人性化教學（輔導理念融入教學）。

・協助導師經營優質班風。

・鼓勵教師認輔適應困難及行為偏差學生。

・增進教師辨識學生行為問題能力。

・定期辦理教師運用生命教育資源網路觀摩研習。

☞四、在學生文化方面（實現「珍愛生命、發展生涯、自我實現」之策略指標）

・促進學生身心健康倡導巔峰效能。

・協助學生規畫適配生涯追求職業原鄉。

・協助學生適時調整「抱負水準」增益自我實現。

・培養學生健康安全多元休閒習慣。

・加強學生人際技巧增益和諧共榮文化。

・強化學生（體察情緒、表達情感、涵養情操）全人格教育之實施。

伍、生命教育的願景

生命教育可以從環境、課程、教師、學生四大層面著力規畫，其策略指標與重點措施概要如前述。生命教育的實施，最後要落實在學生整體生涯之上始為正辦，因此，謹就學生個人而言，承續前述之目標與策略，闡明發展與學生在接受生命教育之後，其所期待之願景（vision）如下。

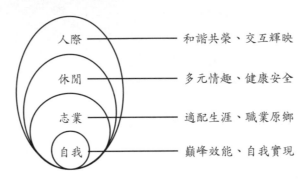

👉一、在自我發展層面

我們期待生命教育的實施，能夠喚醒學生重視身體的健康以及心理的健康，身心兩方面的機能均能長期維持在「巔峰狀態」，面對當前複雜的社會情況，知識經濟時代的來臨，有最充裕的體力及心理效能（感覺、知覺、記憶、思考、判斷、推理、歸納、創造之心智運作能力）以為因應。在具體行為表現上，熱愛生命，積極拓展生命意涵，在滿意與成功的學習歷程上，不斷累積「理想與現實吻合」的生活內涵，過著「自我實現」的生涯。

👉二、在志業發展層面

我們期待生命教育的實施，能夠加強學生對於自己性向興趣的發現與了解，以自己的性向興趣為基礎，規畫自己生涯進路，選讀適合自己性向興趣的科系，學業完成之後，也能發展（選擇）適合自己性向興趣的工作，使志業的工作性質與自己的性向興趣吻合，過著「適配生涯」。找到的工作職場就好像回到自己的故鄉一般，感覺這裡最溫暖、最沒有壓力、最有意思、願意長期在這裡努力、奉獻，也看到了成功與希望，每一個人都找到了自己一輩子最適合的工作，追尋到「職業原鄉」。

☛ 三、在休閒發展層面

我們期待生命教育的實施，能帶給學生發展多元的休閒生活，所謂「行有餘力則以學文」，靜態的與動態的休閒活動能夠均衡發展，琴、棋、詩、畫、集郵、影片欣賞、閱讀……等靜態休閒通常有其一、二；跑步、球類、爬山、跳舞、散步……等動態休閒活動能夠達到教育部三三三體適能的要求指標（每週運動三次、每次三十分鐘以上、心跳每分鐘達到一百三十次以上），在符合「健康安全」之前提下發展「多元情趣」的休閒生涯。

☛ 四、在人際發展層面

我們期待生命教育的實施，能帶給學生重視人際關係的經營，也學會了經營人際關係的技巧，在為學的歷程上會尊重其他學生、會與同學合作、會參與同儕共學、會欣賞同學的優點、會輔助同學的缺點或不足之處，讓群體產生更大更好的功能。營造一種「和諧共榮」的學習型社會，人人不斷成長發展，個個發揮其專長與貢獻，呈現一種「交互輝映」的人文世界。

陸、結語──生命教育實施方案應有系統思考

生命教育、人格教育與輔導工作，三者從不同的立場教育輔導學生，其相通而共同的著力點即為推動生命教育最為關鍵的重點措施。是以從生命教育的「目標」與「策略」探討發現，教育部推動生命教育，擬定生命教育實施方案及各級學校生命教育實施要點，宜統整考量當前輔導計畫有關方案的內涵與做法；諸如青少年輔導計畫、性別平等教育實施方案、中輟學生通報及復學輔導方案、提升學生健康四年計畫、災後教學輔導與心理復健計畫、小班教學精神計畫以及教訓輔三合一整合實驗方案等。再以經過系統思考的「校務計畫」，整合貫串教改理念與做法，直接帶動教師在班級經營與實務教學上的改善與成長，始可克竟其功。

（本文原刊載於：《生命教育論叢》，何福田主編，2001 年 4 月，頁 11-19。）

教育的著力點

49

青少年人格教育
——從教育部輔導工作六年計畫談起

壹、緒言——輔導是青少年人格教育的核心工作之一

教育的目的在「發展人性提升人格，改善生活創造文化」（賈馥茗，1983）。人格教育是整體教育最重要範疇，就其內涵而言，包括從「情緒的體認」到「情感的表達」到「情操的培養」，概要如圖49-1之三大階段。

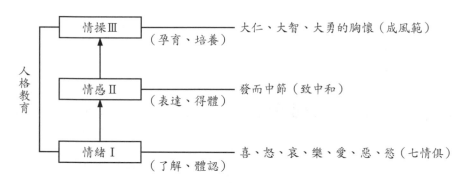

圖 49-1　人格教育三大階段

教育領域的輔導工作，主要目的也在協助每位學生「了解自己」→「適應成長」→「規畫發展」以及「自我實現」，概要如圖 49-2，與「情緒、情感、情操之人格教育內涵」，具有相屬及相輔相成之關係。

因此，學校輔導工作乃透過「適應」、「分配」、「調整」的功能（McDaniel, 1957）來增進人格教育的實施，輔導也是青少年人格教育的核心工作之一。

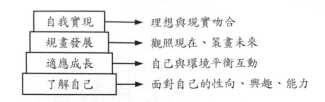

圖 49-2　輔導的目的

資料來源：鄭崇趁（1999：65）。

貳、輔導計畫導引國內輔導政策之發展

　　國內輔導政策之發展，可畫分為三個時期（鄭崇趁，1998b：233-244）此三個時期之政策內涵，與教育部策動的輔導計畫攸關，可謂輔導計畫導引國內輔導政策之發展。

　　這三個時期的輔導政策概要如次。

☞ 一、輔導計畫之前的輔導政策（1991 年以前）

　　㈠輔導工作列為中小學正式課程。

　　㈡所有教師均負有輔導學生權責。

　　㈢學校輔導行政與輔導專業合流。

☞ 二、輔導工作六年計畫所呈現的輔導政策（1991～1997 年）

　　㈠培育輔導人才

　　㈡充實輔導設施

　　㈢整合輔導活動

　　㈣修訂輔導法規

　　㈤擴展輔導層面

　　㈥實施輔導評鑑

　　（建立全面輔導體制，統合發展輔導效能。）

☞ 三、青少年輔導計畫所呈現的輔導政策導向（1997 年以後）

　　㈠兼顧專業化與普及化發展。

　　㈡加強正式課程與潛在課程之配合。

㈢發展輔導網絡系統服務。

㈣促使核心業務落實發展。

　　為實現輔導政策目標，「教育部輔導工作六年計畫」以及「青少年輔導計畫」均設定執行十八項子計畫，其計畫項目與計畫目標及計畫策略結構如表 49-1 及表 49-2。

表 49-1　教育部輔導工作六年計畫結構表

策略		計畫項目	時程		目的	
建立全面輔導體制	培育輔導人才	一、培育輔導人才計畫 二、設置輔導研習中心計畫	第一階段	第三階段	厚植輔導基礎	統合發展輔導效能
	充實輔導設施	三、充實輔導室及諮商室計畫 四、整編心理與教育測驗計畫 五、充實輔導活動經費計畫				
	整合輔導活動	六、規畫建立輔導網路計畫 七、規畫辦理輔導知能宣導計畫 八、加強心理衛生教育計畫 九、推動問題家庭輔導計畫 十、實施璞玉專案（國三不升學學生輔導）計畫 十一、加強生活及生涯輔導計畫 十二、實施朝陽方案（問題行為學生輔導）計畫				
	修訂輔導法規	十三、整編修訂輔導法規計畫 十四、規畫修訂學校輔導課程計畫	第二階段		落實輔導工作	
	擴展輔導層面	十五、規畫建立全國輔導體制計畫 十六、設置青少年輔導中心計畫				
	實施輔導評鑑	十七、建立輔導專業人員證照制度計畫 十八、建立輔導評鑑制度計畫				

資料來源：鄭崇趁（1999：56）。

　　輔導計畫之實施，希望產生兩大功能指標：㈠有效紓緩青少年問題嚴重的程度；㈡豐厚輔導資源，逐步建立輔導體制。探究其內涵，實係青少年人格教育的重要焦點，以因應性措施補救青少年人格發展上之偏失；運用發展性措施，豐厚健全人格教育之意涵。輔導計畫之因應性措施，以專案輔導活動為主，包括朝陽方案、璞玉專案、春暉專案、攜手計畫、自我傷害防治小組以及認輔制度等，其類別、對象與方法，主要者如下頁表 49-3。

　　至於發展性措施，主要者有六：㈠全面增進教師輔導知能（如基礎輔導知能研習、主題輔導工作坊、輔導學分班、教育專業科目列有輔導原理學科）；㈡策動學校「生涯輔導」活動；㈢規畫建立輔導網絡系統；㈣推動性別平等教育；㈤

表 49-2　青少年輔導計畫結構表

目標	策略	計畫項目
結合整體輔導資源，落實輔導工作，陶冶現代社會適應能力。以促進學生自由、適性的發展，以促進學生自由、	推廣輔導活動	一、加強情緒教育及心理衛生教育 二、防制青少年犯罪與校園暴力 三、推動認輔制度 四、輔導中途輟學學生復學與安置 五、推動性別平等教育及性教育 六、加強學生家長親職教育 七、推動學校生涯輔導及生活教育工作
	提升輔導效能	八、全面辦理教師輔導知能進修研習 九、提升導師輔導知能 十、規畫整合輔導活動科輔導及教學活動 十一、執行「國民中學試辦專業輔導人員實施計畫」 十二、建立學生輔導新體制
	發展輔導資源	十三、建立青少年文化與心理態度指標 十四、推廣輔導資訊網路系統服務 十五、開發及整編心理與教育測驗 十六、重視休閒教育增設活動設施 十七、建立訓輔工作諮詢服務網絡 十八、實施學校輔導工作評鑑

資料來源：教育部（1997）。

表 49-3　專案輔導活動的對象與方法

名稱	輔導對象	輔導方法
朝陽方案	1.犯罪有案返校就學學生 2.嚴重行為偏差學生	1.個別輔導 2.團體輔導 3.成長營活動
璞玉專案	國中畢業未升學、未就業之青少年（最可能犯罪青少年）	1.主要—追蹤輔導（畢業後） 2.次要—「生涯輔導」（畢業前加強）
攜手計畫	國中、國小適應困難學生	同儕輔導—以年齡、文化相近之大學生協助國中適應困難學生攜手走過人生狂飆期
春暉專案	校園中用藥成癮之學生	1.組織春暉小組協助勒戒 2.濫用藥物防治之宣導 3.各級學校學生尿液篩檢
自我傷害防制小組	自我傷害傾向之學生	1.印送「防制校園自我傷害處理手冊」提供教師輔導參考 2.發展「高危險群徵候量表」有效甄別學生 3.成立「諮詢小組」支援各校
認輔制度	適應困難及行為偏差之學生（1996 年起全面實施，整合專案輔導活動）	1.個別輔導 2.團體輔導

資料來源：鄭崇趁（1998b：241）。

推動生命教育；㈥促成輔導體制法制化（擬訂輔導法）。

　　教育行政單位以施政措施，帶動學校教師執行重點工作，來教導化育學生。然學校行政規畫有其一貫性與自主性，教師教學實務，又為極端「專業自主」取向工作。行政機關實際上的政策與措施，如欲產生實效，顯現其功能，必須具備兩項條件：一為建立豐沛之資源與機制，使學校行政人員及教師取之不盡，用之不竭。另一則為明確的提示「焦點」核心工作，要求學校從「關鍵」做起。

　　就此兩大條件而言，兩期之輔導計畫積極致力於普遍提升所有教師之輔導觀念與知能，營造學生行為輔導之優質環境，以回應第一個條件要求。針對第二個條件要求，將來學校輔導工作最基礎者有三——「認輔制度」、「生涯輔導」及「輔導網絡」，筆者名之為「將來學校輔導工作金三角」，其結構如圖49-3。

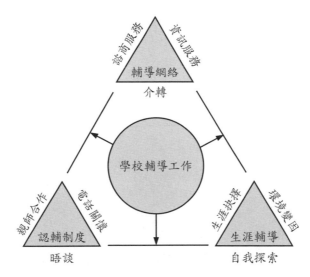

圖49-3　將來學校輔導工作金三角

資料來源：鄭崇趁（1998b：153）。

　　「認輔制度」每位老師均可參與，係今後學校個別輔導工作之主要形態；「生涯輔導」乃學校團體輔導的主流；「輔導網絡」為個輔及團輔工作最重要之工具。

　　「認輔制度」在鼓勵教師志願認輔適應困難及行為偏差學生，以增進學生「受教性」，充分發揮輔導的教育功能。三角形的三個邊包括晤談、電話關懷、親師合作等重要方法。

　　「生涯輔導」在協助一個人觀照現在，策畫未來。三角形的三個邊包括協助

學生設定生涯目標之三大向度——自我探索、環境變因以及生涯抉擇等重要研究層面。

「輔導網絡」在結合整體的社會輔導資源，幫助學校教師共同負擔學生輔導工作責任。三角形的三個邊包括資訊服務、諮商服務以及轉介服務等重要網絡功能。

參、輔導工作六年計畫整體評估之發現與建議

筆者 1999 年 7 月完成之博士論文，係以「整合導向評估模式」針對「教育部輔導工作六年計畫」進行整體評估，主要目的在運用較為多元而完整的面向，對輔導工作六年計畫給與充分了解、分析優劣以及應有的論斷評價。

此一整體評估之發現與建議，可以作為改善輔導工作之參考，以及人格教育將來實施上之參據。摘述其大要如下。

☛ 一、重要發現

㈠整合導向評估模式具有目標模式、CIPP 模式及理論導向評估模式之優點，能有效客觀評估中長程行政計畫之優劣。

㈡依據整合導向評估模式，總評「教育部輔導工作六年計畫」認同百分率為 72.1，依五大層面優劣排序為：⑴計畫內容層面（77.2）；⑵規畫作業層面（76.8）；⑶計畫策略層面（76.6）；⑷執行過程層面（70.3）；⑸執行績效層面（59.7）。執行績效認同百分率未達 60，主要原因在輔導工作六年計畫經費縮編，實際執行量僅計畫預估執行量三分之一強。

㈢依據整合導向評估模式二十個向度得分排比，輔導工作六年計畫之「規畫作業程序」、「方案架構」、「方法策略」及「目標策略」四個估評向度上具有中長程計畫之優點與特色，在「量的績效」、「成果績效」、「質的績效」及「專業支援」四個向度上，則呈現了不足與缺失。

㈣各類不同人員對於輔導工作六年計畫之評價不一，以性別而言，男性認同度高於女性；以職務而言，輔導室主任、校長認同度較高；以服務單位而言，國中、國小人員認同度極顯著高於大專校院人員；以服務年資而言，呈現服務年資愈長認同度愈高之明顯趨勢；以輔導專業背景而言，計畫直接受益者（修畢二十學分或十學分者，知能研習 36 小時以上者）認同度較高。

㈤教育部輔導工作六年計畫總目標達成度約四成，第一階段目標達成度約六

表 49-4　教育部輔導工作六年計畫總評摘要表（整合導向評估模式之運用）

評估向度		題號	認同程度	認同程度	平均	
規畫作業層面	政策決定歷程	D21	15.3%	67.5%	82.8%	79.1%
		D22	11.7%	63.6%	75.3%	
	規畫作業程序	D23	23.5%	63.1%	86.6%	83.2%
		D24	18.4%	61.3%	79.7%	
	年度作業計畫	D25	12.8%	60.0%	72.8%	76.1%
		D26	14.5%	64.8%	79.3%	
	行政配合措施	D27	11.7%	60.4%	72.1%	69.1%
		D28	8.2%	57.9%	66.1%	
						76.8%
計畫內容層面	方案架構	D29	18.6%	64.5%	83.1%	82.1%
		D30	18.0%	63.1%	81.1%	
	執行項目	D31	15.0%	62.39%	77.3%	77.3%
		D32	12.7%	64.6%	77.3%	
	執行內容	D33	11.6%	66.59%	78.1%	75.6%
		D34	11.5%	61.5%	73.0%	
	經費籌措	D35	24.4%	54.2%	78.6%	73.8%
		D36	28.5%	40.4%	68.9%	
						77.2%
計畫策略層面	目標策略	D37	14.7%	65.4%	80.1%	79.8%
		D38	14.0%	65.4%	79.4%	
	方法策略	D39	15.4%	65.7%	81.1%	79.9%
		D40	17.8%	60.8%	78.6%	
	組織策略	D41	17.7%	53.7%	71.4%	74.0%
		D42	14.5%	62.0%	76.5%	
	應變策略	D43	12.9%	56.9%	69.8%	72.8%
		D44	17.1%	58.6%	75.7%	
						76.6%
執行過程層面	行政協調	D45	11.5%	59.0%	70.5%	72.0%
		D46	15.0%	58.5%	73.5%	
	督導考評	D47	12.7%	60.5%	72.3%	70.4%
		D48	12.3%	55.3%	67.6%	
	專業支援	D49	11.1%	58.2%	69.3%	65.5%
		D50	8.5%	53.1%	61.6%	
	彈性措施	D51	10.8%	59.5%	70.3%	73.3%
		D52	10.9%	65.4%	76.3%	
						70.3%
執行績效層面	量的績效	D53	3.2%	39.4%	42.6%	51.6%
		D54	9.6%	50.9%	60.5%	
	質的績效	D55	6.0%	57.8%	63.8%	63.1%
		D56	6.5%	55.8%	62.3%	
	成果績效	D57	6.7%	52.2%	58.9%	58.8%
		D58	8.6%	50.0%	58.6%	
	潛在績效	D59	8.1%	56.7%	64.8%	65.6%
		D60	10.7%	55.6%	66.3%	
						59.7%
平均			13.3%	58.8%	72.1%	72.1%

資料來源：鄭崇趁（1999：252-283）。

成，第二階段目標達成度約五成，第三階段目標達成度約僅三成。

㈥教育部輔導工作六年計畫重點工作中，由計畫性輔導工作轉化為學校經常性輔導工作，多數需三至五年，建立輔導專業人員證照制度則需六至十年。

二、對輔導工作的建議

㈠設置青少年問題與輔導研究中心。

㈡建立青少年文化與心理態度指標。

㈢推展學校本位教師進修（輔導知能）制度。

㈣發行教師輔導知能護照。

㈤系統規畫教師輔導學生職責。

㈥建置階層式輔導網絡系統。

㈦全面推動認輔制度及生涯輔導。

㈧規畫問題家庭扶助支援系統。

㈨推動學校訓輔整合，規畫教學、訓導、輔導人員最佳互動模式與內涵。

㈩推展選替性（另類）教育方案。

㈣建立輔導專業人員證照制度。

肆、教訓輔三合一方案的主要精神與實施策略

教育部配合建立學生行為輔導新體制及「帶好每位學生」的教改需求，1998年 5 月頒布「教育改革十二行動方案」，提示當前教育改革具體措施總行動綱領。復於 1998 年 8 月函頒「建立學生輔導新體制——教學、訓導、輔導三合一整合實驗方案」，其計畫目標、策略、方法結構如前表 8-1（頁 118）。

方案以四大核心工作為主軸：㈠激勵教師善盡輔導學生職責；㈡增進學校教師有效教學措施；㈢整合學校訓輔組織運作模式；㈣建構學校輔導網絡。採取逐步擴大推廣策略，逐年遴選實驗學校，依學校特色與需要試辦十七項方法（具體措施）的可能性，驗證其結果，經評估調整後作為擴大之依據。

筆者直接參與督導第一年二十八個實驗學校執行本方案，整理本方案之「主要精神」與「實施策略」如圖 8-4，見前文（頁 125）。

就「主要精神」層面而言，包括四個由外而內的層次，教訓輔三合一方案第一個精神在「帶好每位學生」，也就是要實現帶好每位學生的教改願景。要帶好每位學生，則要有第二個精神前提存在——「發揮學校教訓輔功能」，也就是學

校必須結合社區資源，讓教訓輔功能充分發揮。要充分發揮學校教訓輔功能必須要有第三個精神前提存在——「最佳互動模式」，也就是學校之內師生之間呈現了最佳互動模式與內涵。學校有最佳互動模式產生，則要有第四個精神前提存在——「闡揚教師大愛」，也就是說，每位教師皆善盡其有效教學及輔導學生職責，闡揚教師大愛。再從裡層往外圍看，每位教師善盡其教學輔導職責，教師大愛得以闡揚，則學校師生之間，教師之間最佳互動模式與內涵能夠展現，學校內有最佳互動關係，教訓輔功能則能夠充分發揮，社區資源結合學校充分發揮了教訓輔功能，要達成帶好每位學生之教改願景，則指日可待。

就「實施策略」層面而言，本方案實際上策動了四大策略：系統策略、網絡策略、本分策略及交互作用策略。系統策略旨在「有系統」地提列「一般教師」及「訓輔人員」配合輔導工作「三級預防」的主要職責。網絡策略旨在提示如何結合校內及校外輔導資源，建構可以交互支援教育輔導網絡。本分策略強調本方案之實施在激勵教育人員善盡其本分職責，不增加額外負擔，方案的策動旨在明確引導其善盡本分之途徑與著力點，增進應有功能而非消極負擔。交互作用策略強調教訓輔人員、社區與學校人員如何交互激勵建構累加與乘積的工作效能，以最佳互動模式與內涵來帶好每位學生。

茲以「系統規畫教師輔導學生職責與三級預防」說明四大策略關係（參閱表8-2，頁123）。

當前教師的兩大職責為「有效教學」與「輔導學生」，本方案係以輔導工作為核心，歸納教師的重點工作有六項：「有效教學」、「教學中輔導」、「導師」、「認輔教師」、「了解網絡」及「危機處理」。這六項，既是教師之「本分」，亦是經過系統分析結果的產物，前四者（有效教學、教學中輔導、導師、認輔教師）屬「個別功能」，教師本身即可做到。後二者（了解網絡及危機處理）則屬「整合功能」，必須依賴學校實際輔導網絡及危機小組的確實運作，產生交互作用，整合發展的效果，才能做到。

是以本方案的實施，實係整合性輔導工作的結晶，兩期「輔導計畫」為「三合一方案」奠定基礎，「三合一方案」為兩期「輔導計畫」整體工作進一步確立具體指標。教訓輔三合一方案實際結合了輔導工作的「理論」與「實務」，也為「青少年人格教育」開闢另一探討途徑。

伍、結語——青少年人格教育的省思

　　輔導工作是青少年人格教育重要核心之一，由國內輔導政策的發展，與輔導計畫的實施，可以反映人格教育「輔導」層面軌跡，探尋此一軌跡所呈現的發展脈絡，今後人格教育的著力點有兩大方向可之依循：㈠教師的榜樣作用應再被強調（例如三合一方案激勵教師善盡本分職責，闡揚教師大愛）；㈡行政單位的統整規畫與創發帶動，將影響人格教育實際運作（例如三合一方案透過系統、網絡及交互作用策略來推動輔導工作內涵）。

　　（本文原刊載於：《學生輔導》67 期，2000 年 3 月，頁 6-17。）

教育的著力點

50

建構生命願景，彩繪亮麗人生

——談青少年的志業與工作世界

青少年工作的選擇與生涯規畫，決定青少年一生之發展。國家應從教育的途徑，教給青少年「志業」的觀念，讓所有青少年接觸工作世界的同時，能夠逐次找到適合其性向興趣的工作，以「志業」為基石，搭配生命階層「願景」之建構，彩繪亮麗人生。

壹、生命願景的四大階層

「建立共同願景」來自學習型組織理論，為建立學習型組織文化五項修練之一（Senge, 1994; 引自郭進隆譯，1994）。教育部 2000 年頒布「國民中小學九年一貫課程綱要」，鼓勵國民中小學發展學校本位課程，而各校發展學校本位課程均以「建立學校願景」為首要工作（教育部，2000b）。

「願景」的意涵，在企業組織層面必須兼顧兩個要件：「達成組織目標」與「反映成員心聲」，並且必須「由下而上」討論形成（鄭崇趁，1998d）。發展學校本位課程，建構學校願景，宜遵循此一程序脈絡。在個人生涯層面，生命願景之建構，乃個人關照己身本質、條件、性向、興趣以及忖度客觀環境之後，為自己「最期待」的生命指標，所進行的「主觀設定」。因此，每個人之生命願景受到個人價值觀、生活態度、抱負水準以及人生理想所影響。

就個人的生涯層面而言，生命願景之設定，宜包括下列四個階層：(1)自我：生命要活得有意義，對自己必須充分了解，掌握性向、興趣及能力，讓自身的潛能得致充分發揮；(2)志業：生命的光輝，來自每個人在工作上的傑出表現，個人的成功與平淡也大多決定於一生志業的選擇及發展；(3)休閒：年齡漸長之後，生命意涵除了工作本身的豐富化之外，休閒生活的安排日益重要，其深度與廣度有時超越工作世界之範疇；(4)人際：人是「群性」的動物，生命的價值建立在對人類社會的貢獻，建立在「個人表現」造福「與己有關」的大眾。是以，與他人互

動，人際之經營也是展現生命光輝的重要層次。

貳、彩繪人生的願景指標

鄭崇趁（2001c）為文撰述「生命教育的目標與策略」時，曾依前述生命四大階層，建構生命願景之指標如次。

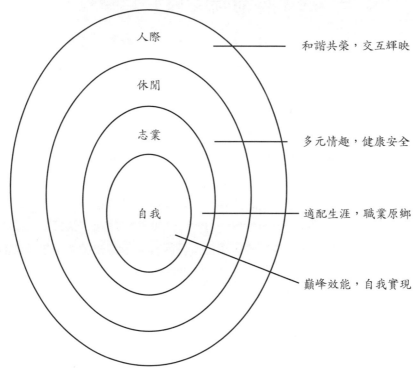

和諧共榮，交互輝映

多元情趣，健康安全

適配生涯，職業原鄉

巔峰效能，自我實現

圖 50-1　四大階層的生命願景

資料來源：鄭崇趁（2001c）。

在自我發展層面，我們期待青少年學生接受生命教育之後，在生理及心理功能上均能有「最佳狀態」的產出，達到「理想」與現實吻合的自我實現。在志業發展層面，我們期待生命教育實施之後，青少年學生均能找到與其性向興趣符合的工作，找到成功快樂的職業原鄉。在休閒發展層面，我們期待青少年學生發展動靜態多元情趣休閒活動之同時，能夠充分兼顧安全與健康的最高準則。在人際關係發展層面，我們期待由於青少年學生經過情緒教育、情感教育、情操教育的

歷程，得到全人格教育的實施與啟發，讓「和諧共榮，交互輝映」的人文世界早日到來。

參、規畫適配生涯的意涵

「適配」的觀念主要來自何倫（Holland, 1973）生涯類型論的主張，何倫將當前的工作世界分為六大類型（實際型、研究型、藝術型、社會型、企業型、事物型），而人格的性向興趣也可以呈現此六大類型，一個人所選擇的工作與自己的性向興趣同一類型，代表「適配性高」，工作起來較能夠得心應手，也較能夠成功而「出人頭地」。反之，一個人所選擇的工作與其人格類型不一致，甚至差距更遠，則代表「適配性低」，工作起來往往格格不入，也得不到工作上的樂趣與成就感，「適配性低」的組合，對個人及工作均得不到好的結果，何倫鼓勵每個人均能夠找到「適配性高」的工作。

經過國內生涯輔導學者（如林幸台、金樹人、陳清平等）的努力，何倫生涯類型論在國內的發展十分完整，尤其是大學入學考試中心編製完成「興趣量表」之後，已可提供青少年至成年人透過測驗，了解自己的性向興趣類型，再參照後續發展的「學類圖」與「職業類圖」，更可以提供學生選擇大學系所志願及志業工作指標，貢獻匪淺。

「適配生涯」的意涵亦逐漸豐富化，約略而言有四個指標：
・工作性質與性向興趣吻合。
・依據優勢智慧選擇的科系與職業。
・就讀的科系有快樂的感覺以及成功的希望。
・找到「職業原鄉」。

其中，第二個指標「依據優勢智慧選擇科系及工作」，來自「多元智慧理論」（Gardner, 1983）。多元智慧理論用在教育上有四個重點：㈠每一個人都有一個智慧餅，有的人大些，有的人小些，然大多數的人大小差異不大；㈡每個人的智慧餅分為七塊（後來主張八塊）：包括語文、數字、空間（繪畫）、肢體、音樂、人際、自省及自然觀察者智慧，唯此七塊的面積不一樣大，是以每個人的智能結構不一樣，影響其性向興趣；㈢在每一個人的智能結構中最大的一塊即為個人的優勢智慧。教育的歷程中教師及其父母應協助學生發展個人的優勢智慧；㈣個人的優勢智慧「明朗化」之後，其成就與表現，往往超越其他一般人做同樣或類似工作的一般水準，是以行行可以出狀元（李平譯，1997）。

第四個指標「找到職業原鄉」，係根據陳清平先生（1997）《職業原鄉論》而來，陳清平先生為輔導台北市建國高中學生合理選讀大學科系，綜合生涯輔導學者何倫生涯類型論、舒伯（Super）生命彩虹圖觀念以及史旺（Swain）生涯規畫金三角模式之主張，撰寫「職業原鄉論」，發給該校高二要升高三的學生。由於運用新詩型態撰文，文筆清新，情感豐富，言簡意賅，引導性強，迴響頗巨，效果甚佳。約略而言，「職業原鄉」係指：每一個人，在這個世界上，三百六十五行之中，一定有一份工作是最適合他個人的，如果找到了這樣的一份工作，他在職場上就好似回到了自己的故鄉一般，覺得它好溫暖、最沒壓力、最願意在這兒久待、也願意無條件的奉獻、能夠找到快樂、也同時看到成功的希望。人人找到這樣的工作，即找到自己的「職業原鄉」。

因此，「適配生涯」與「職業原鄉」構成了青少年「志業」及「工作世界」的兩大生命願景指標。

肆、追尋職業原鄉的可行策略

社會上每個人都能找到自己的職業原鄉，過著適配生涯，實乃當前教育與輔導工作之主要目的一，如何協助青少年學生追尋職業原鄉？下列八個可行策略，提供參考。

☛一、實施正常化教學，啟發學生多元智慧

依據 Gardner 多元智慧理論，每一個人的智慧餅大小均差不多，唯每一個人智慧餅內七、八塊發展的份量皆不均等，只要能促使最大面積的那一塊優勢智慧明朗化，每一個人均能由於自己優勢智慧明朗化之後的成就，在工作職場表現比其他人卓越。優勢發展也就是找到每個人職業原鄉的方法之一。

多元智慧的原理容易了解，但在教育及輔導工作上之著力卻頗為不易，因為教師及輔導人員不容易掌握到青少年學生之優勢智慧，深怕強化不正確的明朗化途徑。目前中小學的課程設計，實際上係以全人格教育為核心設計，符合多元智慧的原理原則，按照各年級課程及日課表實施正常教學，最能夠啟發學生的多元智慧，老師及父母也才能夠從其「多元學習表現」觀察，並發現其優勢智慧，再針對觀察到的優勢傾向，嘗試給與豐富資源，促其明朗化。

☞ 二、規畫「性向興趣」最小測驗計畫，協助學生充分了解自我

從多元智慧的學理，融合人格理論來解釋，一個人的「優勢智慧」，事實上與「性向興趣」近似，甚至我們可以大膽地假設，一個人的「優勢智慧」必然等於個人的「性向興趣」傾向，每個人的性向興趣可以多元發展，有的有偏向（如偏向某一類型），有的均衡地統合發展（沒有偏向），然而其最主要的偏向，應為多元智慧原理中的「優勢智慧」。因此，找到符合一個人性向興趣的工作，也是追尋職業原鄉的重要途徑。

教育單位（學校）應針對學生生涯進路的關鍵點，給與學生檢核性向興趣的機會，再輔導學生依據性向興趣規畫其發展進路。學生至少在高二下學期、大三下學期，以及就業之後二至三年期間，三個生涯進路關鍵時期，實施性向興趣有關測驗，形成一個「最小測驗計畫」，協助學生充分了解自我本質。高二下的檢核可以作為選擇類組及申請大學就讀科系之參據；大三下的檢核，可以當作「繼續升學或就業」及畢業後職種選擇之參據；就業後二至三年期間的檢核，則可以作為檢討確認生涯「志業」之參據。「性向興趣」之最小測驗計畫，在當前變遷急邃的社會中，需求日益殷切，學校及教育單位允宜重視。

☞ 三、鼓勵學生選讀「適配科系」及發展「適配志業」，追求自我實現

當前青少年學生升讀大學，仍然受到升學主義的影響，多數學生申請選讀名校，再考量科系，且選讀之名校與科系受「明星學校」及「明星科系」排名影響，很少參照學生本身之「性向興趣」需求，是以，仍然有相當多比率大學生「學非所願」，沒有得到「適性教育」。

大學畢業青年，選擇職業易受功利主義之影響，追求高薪的工作，未必考量與其所學及性向興趣的問題，是以，職場上充斥著「用非所學」，也沒有發展終身志業的意圖。

我們希望在高二及高三階段，學校師長能夠鼓勵學生選讀「適配科系」，不斷提供例證，說明選讀適合自己性向興趣的科系，最得心應手，最容易有成就感，發展潛能最大，也較容易成功，也是每個人自我實現的基礎。

我們也希望在大三及大四階段，學校能策畫生涯輔導週或生涯輔導月活動，帶動全校師生共同探討生涯志業問題，尤其為即將畢業將入職場之同學預作準備，以「觀照現在、策畫未來」的態度，積極思考人生願景與終生志業，選擇發

建構生命願景，彩繪亮麗人生

展適合性向興趣的工作，追求人生理想與現實情境的吻合，邁向自我實現。

☛四、鼓勵青少年勇於再次選擇，找到真正符合志趣的工作

近年師範教育體制產生很大變革，中小學師資培育方式多元化，各大學均可設教育學程，與傳統的師範校院共同培育中小學師資，就青少年的職業選擇而言，更具彈性，也更符合人性，優點多於缺點。就以十年前師範學院開設「國民小學師資班」為例，因為小學師資嚴重不足，政府要求師院招收一般大學生，加修規定之教育專業學分及必要的教育實習後，取得正式的國小教師資格。報考者眾，錄取機會不易，其中有相當多「轉換跑道」之學生表白：「從小就立志要當教師，但因為因緣不足，就讀了普通大學，畢業後也配合專長任事，總覺得不是終生想要從事的工作，感謝政府德政，讓我有機會轉換跑道，實現從小迄今未變的理想」。

青少年學生從小到大的夢想與志業，當前的教育體制與客觀職場環境很難完全順勢規畫，我們應鼓勵青少年學生勇於再次選擇，只要「忠誠於自己」，應該為自己找到符合志趣的工作世界，不管這是第幾次選擇，也不必太在乎年齡問題。畢竟在有生之年找到自己「職業原鄉」，此生方不致白跑一趟。

☛五、增進青少年國際語文及資訊處理能力，符應全球化趨勢

由於科技文明、知識爆炸，今日之世界已無國界，全世界形成一個「地球村」，人類之生活內涵逐漸邁向「全球化」趨勢，各領域之工作世界需要與來自不同國家的人員（工作夥伴）溝通，需要使用電腦或資訊媒體迅速處理龐雜資訊，青少年如果未能精熟國際語文以及強化資訊處理能力，職場上之發展將受到相當之限制，工作選擇受限及狹隘化之後，不利個人志業之拓展，是以，學校及公私立職訓單位，應加強增進青少年國際語文之教育，以及強化資訊處理能力，以符應全球化趨勢，促使青少年志業發展與社會脈動一致。

☛六、建立生涯資訊服務系統，豐厚青少年生涯發展資源

維格斯基（Vygotsky, 1978）曾提出「近側發展區」（Zone of proximal development, ZPD）理論，並進一步發展成「鷹架理論」（scaffolding），強調社會支持力量影響學生學習的成果，社會支持力量愈豐沛的學生其 ZPD 的發展愈有利（引自林清山等，1997）。依此理念考量整個青少年的工作世界與志業發展，政府（例如教育部、青輔會、勞委會合作）應委託學術單位配合職訓機構，建立生

涯資訊服務系統，提供青少年完整而豐富的生涯探索、工作世界、就業訊息、職訓機會、學術研討、性向興趣檢核、生涯團體以及生涯個別諮商服務工作……等生涯資訊，並由專業小組定期（每週）維修。以生涯資訊服務作為青少年職業選擇及發展志業的重要資源，有效引進社會支持力量。

☞ 七、發展生涯規畫檢核機制，持續協助青少年掌握人生方向

從發展的觀念看人生，一個人的性向興趣也是發展而成的，一個人的職業原鄉到底在哪裡？也需要不斷地檢核考驗。人與工作之關係，有時十分類似夫妻關係，彼此建立關係時必須「慎始」，尋找終身的伴侶要衡量「適配」的對象。結婚之後，亦需不斷的經營，務期「適配的內涵」豐富而持久，最好「白頭偕老」。

青少年學生在為學與工作的場域奮進，也需要持續地、定期地經營（檢核）各階段之「適配內涵」，進行「觀照現在，策畫未來」的檢討。政府單位應結合學校及職訓系統，發展生涯規畫檢核機制，持續協助青少年掌握人生方向。

☞ 八、培養青少年職場 EQ，促進和諧共榮社會

當前青少年挫折容忍力低，也不見得有崇高的志業願景，有不少比例青少年從學校畢業後，即進入就業市場，得過且過，貪圖「錢多事少離家近，睡覺睡到自然醒」，並不在意職場工作表現與經營，遇到老闆要求及挫折困難，常常輕易放棄不幹，以致形成「一年換二十四個頭家」現象，目前失業率攀升也與之有關。

我們在教育輔導青少年追求適配生涯之同時，亦應加強青少年職場 EQ 教育，提升其處理情緒，表達情感能力，培養其工作情操，珍惜工作機會，積極任事，注意人際互動技巧，經營伙伴認同與支持，適時反躬自省，追求自我實現，也能兼顧團體共同產能，促進和諧共榮的人文社會。

伍、結語──提高國家競爭力，
應從協助青少年生涯規畫做起

「建構生命願景，彩繪亮麗人生」是我們對青少年的深切期待，也是當前重視生命教育、全人格教育、輔導工作的重要方向。本文強調青少年「志業」的願

建構生命願景，彩繪亮麗人生

景指標在於「適配生涯」與「職業原鄉」，並提供「追尋職業原鄉」的八個可行策略，希望這些策略轉化成具體行動措施之後，能夠有效協助青少年，每一個人都找到符合其性向興趣的職業原鄉，過著適配生涯。

從理論上分析，社會上每一個人找到職業原鄉時，由於人才得所，人盡其才，才盡其用，國家的總生產力應為最高，國家競爭力最強。是以，政府呼籲提高國家競爭力，應從協助青少年的生涯規畫做起。

（本文原刊載於：《教育資料集刊》26輯，2001年12月，頁265-274。）

51

中輟學生教育的理論基礎與具體措施

壹、緒言──不信春風喚不回

一個國家能夠關切中途輟學學生,是進步與文明的象徵,唯有社會經濟發展到一定程度,國家才有能力延長國民教育年限到九至十二年,也唯有具備文明內涵的人民,才會超越常態化教育,進一步關心到中途輟學、不適應常態教育的學生。

學生所以會中途輟學,到底是他個人的因素、家庭的因素或者是學校因素、大環境不利因素所造成?已經困難釐清,中輟學生本身應負最大的責任雖不容置疑,而「環境不利」影響到他個人的因素,卻值得「有教養的國民」們共同為他們思考、體諒與包容,進而給與必要的協助。

中輟學生的教育與輔導,國內教育界已持續關注二十年,成效起起落落,中輟學生的統計時有高低,教育部已結合內政部、警政署建立了更為綿密精準的通報系統,國民中小學也已經發展較為精緻的輔導機制。就資源整合、有效協助的立場而言,已具初步成果;就「把每位學生帶上來」或「沒有落後的孩子」立場觀之,似乎尚有甚多努力的空間。

本文之目的,希能以筆者長年關切中輟學生教育的經驗,闡述說明中輟學生教育的理論基礎與具體措施,提供學校實務工作者執行「中輟學生教育」時參照,以回應教育部中輟學生輔導手冊上部長的序言──「不信春風喚不回」。

貳、中輟學生教育的理論基礎

中途輟學學生在教育上的定位,已逐漸由「被遺棄的教育包袱」發展成「優先照顧的弱勢族群」,關懷弱勢族群學生的教育,其理論基礎建立在「人文主義教育」、「多元智慧理論」以及「教育機會均等理念」,扼要申明如次。

➤ 一、闡揚人文主義教育精神

人文主義教育強調「以人為本」的教育，主張任何教育活動及教育措施均應以人（學生）的最大價值考量，學生（人）本身的尊嚴與價值高於一切。人文主義的教育思想，興起於希臘羅馬時期，中世紀長眠，文藝復興之後再被重新關注，更逐漸成為自然主義教育、兒童本位教育、科學實證主義教育、理性主義教育、民主主義教育……等現代主要教育理念之共同基礎。

人文主義教育的具體教育主張，以 1982 年美國人文主義大師 M. J. Adler 為首，出版之「派迪亞報告」（The Paideia Proposal）為代表。派迪亞報告主張：只要是人，均有能力接受十二年完整的基本教育，政府有責任為全體國民規畫妥適的十二年國民教育體制，人民順利接受完整的十二年基本教育為基本人權之一。

基於人文主義教育精神，每一個人均有責任，也有能力完成十二年的基本教育。中途輟學學生在學齡階段因故停學，無論原因為何，對於政府及學校而言，有責任補救其未學習的空檔；對於輟學學生個人而言，也應享有「復學及輔導」的基本人權。政府及學校關注中輟學生之教育，中輟學生復學後接受「另類教育」（alternative education）及輔導措施安排，均在闡揚人文主義教育精神。

➤ 二、 發展多元智慧理論教育

「多元智慧理論」自 1983 年 Howard Gardner 提出以來，影響國民教育及技職教育的發展至為深遠。多元智慧理論強調四個重點：㈠學生的智慧因子具有多種來源（七至九種）；㈡學生的智慧因子個別成為「多重結構」（各種因子關係強弱不一）；㈢促進學生優勢智慧明朗化是教育最重要的功能；㈣協助學生依性向興趣（優勢智慧）選讀大學科系及將來職業是教育最重要前提。

對於中途輟學學生而言，其所以會中途停學，有可能是現行學校體制與課程設計不符合其個人「多元智能結構」，得不到「適性教育」，學習成果不如預期，成績逐漸落後，進而厭學、拒學、輟學。

再就已經輔導復學成功的個案而言，部分復學中輟學生之所以必須實施中介教育措施（如中途學校、中途班、各領域補救教學等），肇因於中途輟學後再復學學生基本學能有所落差外，有必要針對這些復學而不適應常態教育之學生，考量其「優勢智能」而另予設計課程方案，實施「適性教育」及必要的輔導措施。是以另類教育課程充滿著實用導向、操作導向及生活導向，並且搭配有心理輔導

措施及可能的住宿。多元智慧理論的主張及具體實踐在中輟學生教育上頗為明顯。

☞ 三、實踐教育機會均等理想

教育機會均等理想的實踐，是二次世界大戰後，各國共同追求的教育理想，也是教育社會學對於文明國家教育的最大貢獻。就學理而言，教育機會均等具有三大意涵：「入學機會的均等」、「受教過程的均等」以及「適性發展的均等」。「入學機會的均等」在追求「全民教育」，只要是學齡兒童，就應該有百分之百的就學機會，學生因環境、家庭背景，身心障礙等因素不利其就學時，政府應予協助排除阻礙，充分就學。「受教過程的均等」在追求「標準教育」，學生在學校接受教育之過程，必須要有同樣標準合格的師資，以及達到同樣標準以上的設施。「適性發展的均等」則在追求「多元教育」與「卓越教育」的實施，期待教育的內涵能夠因應個別化、適性化以及多元價值的需求，而有「非單一性」的設計，更期待實際教育的歷程，能夠提供每一個學生最大價值之引導，非旦沒有落後，還能邁向「卓越」表現。

中途輟學學生之教育所以受到大家的關注，也是教育機會均等理想實踐的一環。尤其在「入學機會均等」、「全民教育」的追求上，可為「為什麼我們要費盡千辛萬苦，找回這些原本不願意讀書的小孩」，找到較合理的理由。小孩在未成年之前，任何輟學原因，政府均有責任協助排除。另外在「適性發展的均等」、「多元教育」與「卓越教育」的追求上，也可作為中輟學生「中介教育」設施及配置「輔導機制」的學理基礎，因為這些學生的「本質」與「需求」有別於一般學生，雖然他們還不是《特殊教育法》服務的對象，然而政府也有責任提供其多元而卓越的教育環境。為中輟學生提供加倍的服務，其主要精神在實踐教育機會均等的理想。

參、 中輟學生教育的具體措施

中輟學生的教育與輔導，需要關照到「預防輟學」、「有效輔導復學」以及「導入常態教育」三大功能，其重要而具體的措施允宜包括下列七項，分析如次。

一、 建立缺課通報系統

中輟學生通報系統已建置十餘年，將中輟學生的定義，界定在「三天未經請假沒上學」學生，由學校通報到「強迫入學委員會」、「縣市中輟學生通報中心」，再由縣市中輟學生通報中心串聯教育部與內政部，共同協助輔導中輟學生復學，在電腦資訊科技日益發達之今日，確已發揮相當程度之效果，宜持續強化，綿密增能。

為了有效預防學生可能中途輟學，學校應運用現代資訊科技，在校內建立「學生缺課通報系統」，責由各班導師督導班級幹部，通報每日缺課同學（上午十時，下午三時各按鍵通報一次，依節次通報缺課學生姓名），各校學生事務處每日專人匯處未到課學生之處理：知會導師，聯絡家長，登錄原因，以及必要之追蹤輔導，遇有重要個案，則及時簽報主任及校長。

學校學生缺課通報系統之建立，不僅可以讓全校教師職工掌握全校學生學習狀況，更可以及時了解未到校學生原因，給與必要協助，有效預防輟學，對於潛在可能中輟學生具有最大價值。

二、 實施領域補救教學

學校對於中途輟學學生的法定責任在「通報」與「協尋」，至於「道義責任」，則不能因為「教育因素」而造成學生輟學。學校如果因為教師教學不利，或教育措施失當，學生沒有學到應該學會的知識或技能，成就感降低，以至厭學、拒學，進而輟學，學校難辭其咎。

學校教育功能要徹底發揮，「補救教學」常態化，已是國民教育階段每一個學校應予實施的必要措施。針對平常考（隨堂考）沒有跟上來的學生而言，及時的「領域補救教學」才可以彌補其落差，不致因落後太多而放棄學習。「領域補救教學」是預防學生中輟以及中輟學生復學後的重要教育措施，對於中輟學生具有實質意涵。

三、 普及中介教育方案

以前，中輟學生復學後，對於不適應一般常態化教育課程者，教育部推動「中途學校」來加以因應、收容，後來由於需求擴增，以及「不幸少女」安置問題上之爭議（部分社福人士主張中途學校應為收容不幸少女專用）。教育部再發展為補助各縣市設五個「中途班」，以彈性收容這些復學學生，給與「另類教育

課程」，並強化配套輔導措施，希望留住學生。2000年以後，進一步界定這些提供中輟復學之中途學校（包括獨立式、半獨立式、合作式、學園式等）及中途班（資源班式）統稱為中介教育措施，這些中介教育措施所提供的課程設計，稱之為中介教育方案。

為有效預防中途輟學學生之增加，政府應比照特殊教育的實施方式，補助每一所國中及每一鄉鎮的一所中心國小，普及設置中介教育班級。收容之對象，除了中輟復學學生之外，尚可包括前述經常缺課，或潛在可能中輟之學生，提供其適性銜接之教育課程。每一縣市亦應由教育部補助，籌設一所獨立或半獨立式之中途學校，提供學生住宿，以收容家庭變故、失能而需要特別照顧學生，以及行為嚴重偏差需要集中管教學生。

實施領域補救教學以及普及中介教育方案，係針對常態化教育規畫之彈性多元教育措施之一，也是廣義「另類教育」（alternative education）的一種，從「適性」、「中介」、「銜接」之基礎，協助中輟學生能夠持續接受教育，發揮教育功能。

☛ 四、 推動教師認輔制度

台灣中小學的認輔制度從 1995 年開始，當時「教育部輔導工作六年計畫」推動的專案輔導活動包括「璞玉專案」、「朝陽方案」、「攜手計畫」以及「春暉專案」，立意雖好，也博得了「璞玉映朝陽、攜手迎春暉」之美譽，然而各種專案輔導的對象有別，方法也有所不同，中小學教師經常混淆，張冠李戴，也引致不少「笑話」，是以教育部訓育委員會才進一步整合，以「認輔制度」來統整四大專案輔導活動，鼓勵中小學教師及社會志工，認輔「適應困難及偏差行為」學生，透過晤談、電話關懷、家庭訪問等方法，給與受輔學生「個別關懷、愛心陪伴」。

1998年教育部頒布「國民中小學中途輟學學生復學輔導方案」，規定中小學中途輟學學生經輔導復學後，一律列為優先認輔對象，目前各校均已執行，且整體績效而言，成果差強人意，至少每一位中輟復學學生，均有一位教師就近關懷照顧，無論在「課業銜接」以及「避免再度中輟」功能上，均有其正面意涵。

當前社會環境日益複雜，可能中輟以及中輟復學學生有潛在擴增趨勢，一般學生之適應困難、行為偏差比例亦呈現大幅遞增，唯有全面動員教師職工，全面參與認輔制度，方能糾合教育人員全體力量，透過簡易輔導學生途徑，有效抑制中輟學生在量上的滋長。

中輟學生教育的理論基礎與具體措施

🖙 五、 增進教師關照能量

中小學教師全面參與認輔制度，每一位教師均認輔一至二為適應困難、行為偏差，或者中輟復學學生，始能有效留住學生不使之再度中輟。唯一般教師往往卻步，直以為輔導學生是十分專業的工作，唯有輔導教師或專業諮商人員才能完成使命。殊不知當前適應困難（含中輟學生）學生之需求這般龐鉅，沒有動員全部的教師共同參與，就近協助輔導，情況勢必更加艱難。

筆者曾為文強調「教育愛」、「關照能」、「支持網」、「競爭力」乃二十一世紀新台灣教育的四大根基，所謂「關照能」係指一般教師具有關懷、照顧、協助學生面對困難，跳脫困境的能力或技術，也就是輔導諮商專業人員所強調的「諮商員基本態度及諮商初階技巧」。增進教師關照能量的不二法門，即全面提升教師輔導知能，教育部宜結合直轄市及各縣市政府教育局，持續辦理教師輔導知能研習、輔導主題工作坊，鼓勵教師修讀輔導學分班、輔導教學碩士班，進行輔導主題之行動研究，參與輔導學術研討會及行動研究發表會，全面提高教師輔導知能，增進教師關照學生能量，促使「認輔制度」及簡易的學生輔導工作，全校教師均能共同投入，建構校內綿密之網絡，有效協助任何需要之學生。

🖙 六、 追蹤長期中輟學生

長期中輟學生每年約僅 3000 名，卻是學校及教育行政單位永遠的痛，這些長期中輟學生教育單位無力協尋，也找不到，沒有立場強迫其入學，然而卻是青少年犯罪的最大來源，依據警政單位的資料，18歲以下的少年犯罪，有80%以上與學生中輟有關。因此，設法追蹤長期中輟學生輔導復學，將其留在學校之內，將是降低青少年犯罪的有效策略。

追蹤長期中輟學生，應用到現代的電腦資訊通報系統，以及替代役人力之投入，由學校學生之缺課系統找出可能輟學學生再進一步規畫預防措施，更由已經輟學學生資料分析，建立長期輟學學生基本資料，再將這些資料交由各縣市替代役男執行追蹤、輔導復學，初輟學者每週追蹤一次，輟學半年者每雙週追蹤輔導一次，輟學一年以上者每月追蹤輔導一次，每月學管課長應在教育局局務會報中，報告一個月以來中輟學生追蹤輔導之成果。學生中途輟學無法完全避免，教育行政單位及學校仍應盡可能整合資源協助其復學。

✎ 七、 串聯社福服務機制

　　中途輟學學生之教育與輔導，單靠教育行政單位及學校教師人力實力有未逮，教育部推動教訓輔三合一方案時，曾要求學校結合臨近社會輔導有關資源建立學校輔導網絡系統，共同來協助輔導適應困難學生，這僅是初步而基本的運作形態。針對中輟學生的需求而言，此一基本輔導網絡系統更應串聯當前設置的社會福利措施，例如社工員、家暴防治中心、菸害防治中心、救國團諮商中心、中途之家等單位，串聯多元多軌的輔導支援措施，有效協助學生排除輟學障礙，接受復學輔導。

　　教育單位串聯社福服務機制，必須以縣市政府為單位，以專案會報方式定期執行中輟學生教育與輔導任務，由縣長或副縣長主持，局處首長為當然委員，每雙月定期專案會報，檢討各項重點工作之執行成果，落實績效，直至中輟學生降至最低，或全部尋獲復學，已進行妥勢的教育與輔導為止。

肆、 結語──中輟學生的教育有賴政府加倍投資

　　關注中途輟學學生，為其安排妥適的教育與輔導措施，是國家進步的象徵，唯有真正文明的國家，才能在做好常態教育之餘，還要為這些較為弱勢的族群，設計實施另類教育。

　　中途輟學學生教育的理論基礎，來自「人文主義教育」、「多元智慧理論」以及「教育機會均等」，本文分析其學理主張與重視中輟學生教育之聯結，建立中輟學生教育之必要性與可行性。

　　本文進一步指出中輟學生教育的七大具體措施，包括㈠建立缺課通報系統；㈡實施領域補救教學；㈢普及中介教育方案；㈣推動教師認輔制度；㈤增進教師關照能量；㈥追蹤長期中輟學生；㈦串聯社福服務機制等，希望發揮「預防輟學」、「有效輔導復學」、「導入常態教育」三大功能。這些措施能否具體實踐，端賴中央及縣市政府加倍的教育投資，始能有效促成。

（本文原刊載於：《教師天地》137期，2005年8月，頁22-27。）

52

教育孩子的著力點

　　父母愛自己的孩子，老師愛護他的學生乃天經地義之事，把孩子教好，協助他們適應成長、快樂學習、以至於功成名就，實在是為人父母者以及老師們的天職。然而，放眼社會實況，仍有很多父母以及部分教師，長期受到「不知如何教育孩子」所苦，形成當前文明社會的普遍課題。本文之旨趣，試圖從理論結合實務的觀點，提供給家長及老師們一些具體的建議，找到教育孩子的著力點。

壹、了解孩子的多元智慧

　　美國教育學家 Howard Gardner 於 1983 年提出了多元智慧理論，對於如何教育孩子具有深遠影響，我們要把孩子教好，首先即要了解什麼是多元智慧理論，正確解讀多元智慧理論的要點，以及如何運用在教育孩子的具體作為上。當然我們不必像學術研究般解析理論的內涵，事實上也沒有必要。我們要掌握的是此一理論經過教育學者及心理學家不斷闡釋解析運用之後，其核心概念及普遍可用在大部分孩子身上的做法。

　　多元智慧理論十分重要，我們分兩大段落來闡明，先了解其核心概念（智慧結構論），下一部分再闡述其運用部分。

　　Howard Gardner 認為每一個孩子均有一個智慧餅如圖 52-1，智慧餅有大有小，特別聰明的人大些、智能不足者小些，而一般人的智慧餅大小差不多，不會有明顯差距。

　　迦納先生主張的智慧餅有七個主要成分（後來主張再增加一個為八個及九個）。這七種智慧包括：(1)語文智慧；(2)數學智慧；(3)空間（繪畫）智慧；(4)音樂智慧；(5)肢體（運動）智慧；(6)人際智慧；(7)自省智慧（Gardner, 1983）。後來再增加一個(8)自然觀察者智慧及(9)生存者智慧。

　　多元智慧理論的核心概念有四：

　　(一)智慧餅的大小主要來自遺傳，孩子一生下來即已確定，後天的教育能夠改

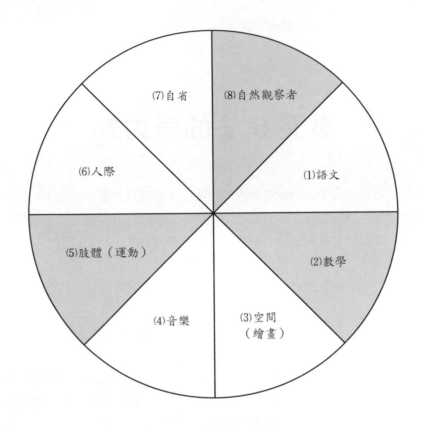

圖 52-1　多元智慧餅

變者十分有限，意義度不大。

　　㈡智慧餅內的七種（八種）智慧結構不一，有的語文智慧大些、有的音樂智慧大些，每人均不一樣，智慧內涵結構不一，正是後天教育可以著力的地方。

　　㈢每一個小孩智慧結構中最大的那一塊，即個人的優勢智慧，優勢智慧充分發揮之後，無論在學科表現或職場表現，相較於其他孩子均可產生相對優勢效果，在此一領域出類拔萃。

　　㈣智慧餅中的人際智慧、自省智慧為前人未曾有之主張，乃多元智慧理論的特點之一，此兩者合起來十分類似一般人所說的情緒智慧（Emotional Intelligence），愈來愈被重視。至於自然觀察者智慧實乃人際智慧衍生後的變形，因為有的人對人敏銳，有的人對物（自然）敏銳。

教育的著力點

貳、提供孩子喜歡的資源

　　從前述多元智慧理論的說明，我們可以清楚的了解，要教好孩子，必先配合孩子的優勢智慧，讓孩子的優勢智慧明朗化，避免其優勢智慧受到壓抑而麻痺化，孩子的學習歷程才會得心應手，才會快樂，才容易成功也才容易出人頭地。

　　語文、數學、空間（繪畫）、音樂、肢體（運動）、人際、自省以及自然觀察者等七至八種智慧中，哪一種才是自己孩子的優勢智慧？為人父母者必須透過長期觀察，才能正確掌握。一般父母最大迷失是以自己的價值取向來決定孩子的學習方向，父母親本人認為學音樂好，從小就給孩子學習音樂，花再多的補習費也在所不惜；認為英文重要，幼稚園階段就送雙語幼稚園；相同的，認為繪畫很有品味，就要孩子從小學習書法、繪畫。萬一自己的價值觀中，認為運動競技不能餬口，且以頭腦簡單、四肢發達看待運動選手，往往一輩子都不要他的小孩參加學校各類球隊的練習。

　　以父母親的價值取向來決定孩子學習的方向，最可能的缺失在誤判孩子的優勢智慧，孩子真正的優勢智慧如果與父母的期待不一致，他的優勢智慧就得不到明朗化的發揮，甚至必須加倍努力於其他非性向專長領域，優勢智能永遠麻痺不得彰顯。

　　從學理上分析：㈠孩子喜歡的事物代表他的性向興趣；㈡有性向興趣的領域潛藏著孩子的優勢智慧。是以提供孩子喜歡的資源，順著孩子性向興趣而發展，可以促進孩子優勢智慧明朗化。我們把孩子七種優勢智慧的思考工具、喜歡的事物以及需求資源表列如表 52-1（李平譯，1997），為人父母者，老師們應長期觀察自己的孩子（學生）喜歡些什麼，盡可能提供孩子喜歡的需求資源，對孩子的幫助最大，也對孩子最有價值。

　　優勢智慧的明朗化與麻痺化對於孩子的影響深遠，我們再舉實例並用圖 52-2 來說明他的重要性。

　　筆者夫婦長期服務教育界，在同一個學校中，發現兩個實際案例，孩子在二年級、三年級時明顯地喜歡繪畫，而且均表現優越，作品傳頌滿校園，師生們皆刮目相看。然而兩個孩子的父母親處理不同，造成了目前兩個孩子截然不同的發展。甲生是女生，其母親也是學校老師，眼見孩子有繪畫的性向與潛能，喜歡繪畫，就鼓勵孩子盡量地往喜歡的路上發展，買最好的繪筆、文具、水彩、訂閱雜誌給他，提供孩子喜歡的需求資源，並且登門造訪其級任老師，共同認同孩子的

表 52-1　七種優勢智慧喜好事物與需求資源

優勢智慧	思考方式	喜歡事物	需求資源
(1)語文	用文字	閱讀、寫作、講故事、玩文字遊戲等	書籍、錄音帶、寫作工具、紙、日記、對話、討論、辯論、故事等
(2)數學─邏輯	靠推理	實驗、提問、解決邏輯難題、計算等	可探索和思考的事物、科學資料、操作、參觀天文館、科技館等
(3)空間─繪畫	用意象及圖像	設計、繪畫、想像、隨手塗畫等	藝術、樂高積木、錄影帶、電影、幻燈片、想像遊戲、迷宮、智力測驗、圖畫書、參觀藝術博物館等
(4)音樂	透過節奏旋律	唱歌、吹口哨、哼唱、手腳打節拍、聽等	唱遊時間、聽音樂會、在家和學校彈奏樂器等
(5)肢體─運動	透過身體感覺	跳舞、跑、跳、觸摸、建造、手勢等	演戲、動作、建造、體育和肢體遊戲、觸覺經驗、動手學習等
(6)人際	靠他人回饋	領導、組織、聯繫、操作、調停、聚會等	朋友、群體活動、社交聚會、社區活動、俱樂部、老師／學徒制
(7)自省	深入自我	設立目標、冥想、夢想、安靜、計畫	秘密處所、獨處時間、自我調整、選擇等

資料來源：李平譯（1997）。

優點，盡量給孩子表現的機會。結果孩子不但在校內有優異表現，也參加了很多的校外寫生及繪畫比賽，均有不錯的成果。目前已在國立台灣藝術學院美術類科就讀，相信這位孩子終其一生，可以美術設計、裝潢設計之類工作立足在這多元競爭的社會，並且由於表現出類拔萃，別人很難取代，過著豐富而有尊嚴的生活。

　　另一個孩子（乙生）是個男孩，他的父母屬於較基層工作者，尤其父親並不認同「繪畫好」是一件可喜的事情，認為「繪畫不能當飯吃」，要求孩子的國語、數學好比較重要，非但不願意多提供孩子繪畫方面的資源，還拜訪老師，認為孩子在繪畫上花太多時間，影響學科學習，期待老師配合督導改進孩子不當的作為。如此一來，乙生五、六年級之後就少碰繪畫，現在也上了一所私立大學的財經學系，我們很難評斷這個小孩是否學習得順手，將來的生涯是否就往財經領域發展。

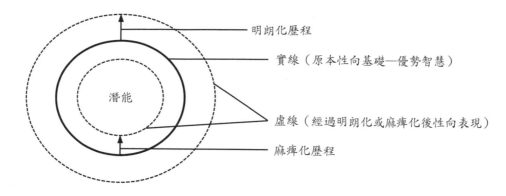

圖 52-2　優勢智慧的明朗化與麻痺化

圖中文字說明：
- 明朗化歷程
- 實線（原本性向基礎—優勢智慧）
- 潛能
- 虛線（經過明朗化或麻痺化後性向表現）
- 麻痺化歷程

　　我們對照圖52-2來看，甲生及乙生或許原來都具有足夠的繪畫潛能（優勢智慧），也就是圖中實線的部分，甲生的父母及學校均提供了她在這方面的需求資源，所以得到明朗化的發展，她在這方面的性向表現就如外圍的虛線，是一般人難以望其項背的。乙生的父母及學校相對的不再提供其發展資源，原有的潛能逐次麻痺化，就如內圍的虛線，其規模已與一般人沒啥兩樣。我們要為乙生擔心的有兩個層面：㈠乙生的繪畫優勢智慧沒得到發展十分可惜；㈡乙生勢必要努力發展其他智慧潛能，以立足於當前複雜社會，而這些智慧潛能未必優勢，是以他會更辛苦。

參、督導孩子自我生活管理

　　只要父母親提供給孩子具體的引導，孩子的受教性通常很高，尤其在日常生活管理方面，父母親的要求與提示，只要是合理、簡明、不違背常態，且父母之間一致，孩子均會配合，並且自我管理，達到父母親的要求，也可以快樂地安排學習生活。

　　在孩子的生活管理方面，筆者認為「基本需求」、「研讀功課」以及「運動休閒」三者要兼顧最為重要，逐一說明如次：

➤ 一、滿足孩子基本需求

　　所謂「基本需求」包括孩子的食、衣、住、行、睡眠及心理狀態。其要項與需求指標如表52-2。

表 52-2　孩子基本需求內涵

項次	需求指標
食	三餐定時
衣	舒適、乾淨
住	舒適、有自己房間最好
行	走路上學（不越區就讀）
睡眠	小學八小時，中學七小時以上
心理狀態	家庭氣氛和諧

　　在「食」的方面，三餐是正餐，提供給孩子固定時間進餐頗為重要，因為正餐吃的好，就可以減少孩子吃零嘴，少吃垃圾食物，維護孩子的健康。現代社會由於雙親忙碌於工作，且上下班常與孩子上下學時間不一致，往往困難為孩子準備早餐，交由孩子「自理」，孩子常常早午餐混著吃，無形中省掉一餐，久而久之，非但有害健康，也將降低孩子上午學習效率。是以父母親應當設法確定孩子有吃早餐才讓他上學。

　　在「住」的方面，我們的理想是每個孩子有自己的房間最好，萬一環境不許可，當父母的人，也不用過於自責，為孩子提供可以生活、可以做功課、可以安穩睡覺的環境即可，做不到更好時，可以直接告訴孩子家裡的「限制」，並且將此一理想寄託給孩子，期待孩子比父母更為爭氣，孫子就可以享受到。

　　在「行」的方面特別要強調，「越區就讀」對孩子並沒有好處，孩子走路上學可達，不必花額外的通學時間對孩子的整體價值最大。高明的父母親應堅持讓孩子按學區就讀國小及國中。

　　在「心理狀態」的方面也要特別指出，當前青少年學生最擔心的是：家裡父母親失和，經常吵架，不知道何時離婚。孩子心理安全，才能專心學習，也才有所謂快樂幸福的感覺，是以筆者要呼籲天下父母親，如果您真的愛自己的孩子，送給孩子最好的禮物是夫妻和樂、避免爭吵與離異，而不是有形的金錢與物質。

➤ 二、合理要求孩子研讀課業時間

　　所謂「研讀功課」時間，係指孩子放學回家後，父母親要求孩子完成學校教師指定的作業或預習、複習課業所花的時間長短。筆者長年從事教育工作，歸納各級學校學生研讀功課的合理時間如表 52-3，請諸位參考。

　　在「幼稚園」階段是否需要家庭作業？曾有一則真實的故事值得與大家分

表 52-3　研讀功課合理時間

◎幼稚園：（不應有家庭功課）
◎小學 1-3 年級：家庭作業做完即可（0-30 分鐘）
　　　4-6 年級：家庭作業做完優先
　　　　　　　　參酌興趣接觸課外讀物（30-60 分鐘）
◎國中：1 小時至 2 小時
◎高中：1 小時至 3 小時
◎大學：2 小時至 4 小時

享；一對遠親夫婦，孩子正好 4 至 5 歲，特別帶到我家來，請教我們，如何幫他們的孩子選擇好的幼稚園。其謂他們家附近有三種幼稚園，甲種幼稚園為一般幼稚園，白天上課只看到老師帶著孩子唱遊、遊戲，沒有正規語文與數學的教學，放學回家也沒有任何功課（言下之意，此種幼稚園並不好）。乙種幼稚園也是一般幼稚園，唯教學內容除了唱遊、遊戲之外，增加了語文與數學的教學，放學回家也有家庭作業。丙種幼稚園更進一步，標榜雙語教學，除了教學語文、數學之外，特別強調英語教學（言下之意，此種幼稚園最好）。為了不讓孩子輸在起跑點上，這一對夫婦直接請教，為孩子選擇丙種雙語幼稚園好不好？害我苦思良久，不知如何以對。

　　最後我採取了蘇格拉底對話上的產婆法，我回問這對遠親夫婦：「幼稚」兩個字從字面來看是什麼意思？然後引導到「幼稚就是代表不適合正式學習」，幼稚園的課程設計本就應以遊戲及刺激兒童感官活動為主，不應有正式的語文及數學的教學，放學回家，不宜有紙筆作業，理論上也不允許雙語教學，所以最好的選擇應該是甲種幼稚園。

　　藉此機會，附帶向各位說明一個教育史上的事件，也可以印證「幼稚教育階段，並不適合正式的學習」的觀點。在 1983、1984 年間，教育部曾經很正式地研究學制改革，當時有部分的學者與民眾均建議，是否國民小學直接從 5 歲開始，但從兒童發展的例證，尤其是認知心理學派（皮亞傑理論為主），證明 5 至 6 歲期間的兒童，超過一半以上其成熟度並不適合正式的學習。是以詳細研議之後，仍然維持滿 6 歲以上入學一年級，另增一彈性設計，5 歲半以上，經智力測驗結果，符合提早入學條件（IQ130 以上，適應良好）者，准許提早入學。

　　就國內實況而言，國中、高中到大學，孩子研讀功課的時間正好與合理時間相反，國中、高中階段太拼，每天大都花四、五個小時以上，影響孩子健康，等到拼上大學之後，反而「任你玩四年」，不太在意課業，努力不夠，是以有不少學生（每年約三千人），二分之一學分不及格，遭到學校退學，非常可惜。我們

要呼籲為人父母者，幫助孩子以合理的時間配置研習課業。

☞ 三、協助孩子養成多元運動休閒習慣

父母親及教師們應協助孩子（學生）建立優良的運動休閒習慣，以運動休閒搭配研習課業時間，來調節生活節奏，增進研習課業效率，也促進孩子身體健康。在「運動休閒」方面，提供三個建議給大家參考：

㈠在小學、國中、高中階段，體育、唱遊、工藝、美勞、童軍、輔導活動、團體活動等應正常教學，不應屈服於升學主義洪流而被配課不上。因為這些課均經過專家的研議，才會留在課程標準裡頭，符合孩子發展階段的整體需要，正常教學一方面可以持續孩子多元智慧之發展，另一方面可以維持孩子基本的運動活動水準，均衡身心效能。

㈡高中階段以後（含大學及成人）可以目前教育部推動的 333 體適能標準，來作為每一個人的運動休閒指標。所謂「333 體適能」指的是「每週至少有 3 次運動（第一個 3），每次運動至少 30 分鐘以上（第二個 3），每次運動強度至少讓心跳達到每分鐘 130 次以上（第三個 3）」。

㈢運動休閒活動通常包括動態的與靜態的，最好的設計是，配合孩子年齡的成長，至少養成兩種動態的休閒（如打網球、跑步、爬山等），及兩種靜態的休閒活動（如聽音樂、寫書法、下棋、看電影等），並以週及月的週期循環設計每個人的運動休閒活動。

肆、教給孩子有效管理時間的技巧

在「基本需求」、「研習功課」、「運動休閒」三者兼顧之後，還有一個重要層面與孩子的自我生活管理攸關，也就是「時間管理的技巧」，目前市面上的書籍闡述有關時間管理的理論，已經歷四代的發展（詹惠雪，1993），各有其理念與方法。在此我們僅介紹兩個非常實用的有效管理時間技巧——「時間切割」以及「80—20 原理」。

☞ 一、時間切割

「時間切割」是筆者從王淑俐老師所著「生涯計畫與時間管理」（1993）乙書上看到，印象最深刻的兩個實例，可用來與諸位分享，說明所謂「時間切割」的時間管理技術。書中舉的第一個例子是：日本有一家公司的董事長，做任何一

件事均以 4 分鐘為段落予以完成，以四分鐘作為切割生活時間的規準，例如接一通電話，一定在 4 分鐘之內結束（自動切掉）；見客人時，談話時間也以 4 分鐘為限，無論多重要的客人，第 4 分鐘時，董事長的秘書即會趨前致意說：「對不起，時間到了」，若有事情沒談完，一定要再談，則重新排隊。如此設計，員工或來賓見上董事長，大都會把握時間談論重點，在 4 分鐘之內讓意見表達完整。確為管理時間的有效方法，這位董事長如此經營事業，非常成功，也賺了很多錢。

第二個實例是王淑俐老師自己的時間切割要領，王老師以「15 分鐘」為切割規準，做任何事情均以 15 分鐘為單位，例如早上看報 15 分鐘即完成，15 分鐘後即做另一件事，閱讀書籍、研究報告或寫稿撰文等，均以 15 分鐘做轉換。王淑俐老師以 15 分鐘切割時間方式來進行有效時間管理，成就非凡。王老師以三年時間完成國家教育博士學位，目前教育輔導有關書籍已出版七、八本，教育溝通技巧、口語表達藝術等，頗獲各界好評，也是時間管理成功的典範之一。

筆者在 1993、1994 年期間也曾經篤行「時間切割」的時間管理，我使用的切割規準為「20 分鐘至 30 分鐘」，稍有彈性，20 分至 30 分是我這個年齡體力運作較佳的專注時限。筆者在 1989 年拿到碩士學位之後，對於「教育計畫」最有心得，有一本書之底稿留在腦海中，由於工作忙碌，儲存了五年，一直沒有著手完成。直到 1993 年至 1994 年間，立下決心每天一定以時間切割的方式，撰寫兩個時段，一週撰寫十個時段為原則，接近一年，終於完成了《教育計畫與評鑑》（1995，1998 修訂）乙書，這本書的完成為筆者建立了學術上的基礎，當年投考政大教育研究所博士班終獲錄取，也以這本書的修訂本通過副教授之審查，對筆者個人影響頗大，也是以「時間切割」來執行有效時間管理的例子。

如何運用「時間切割」方法來教導小孩比協助孩子有效管理時間更為重要。筆者曾在六、七年前運用「時間切割」來引導我的第三個小孩，提出來供大家參考。當時我的小孩剛從小學畢業升上國中一年級，在開學之初，我們就看著他按時上學、回家，並未介入他的新學習生活。然而孩子一上國中，由於學校的校風，每週各科都有評量（隨堂考試），並且成績都直接寫在聯絡簿上，做為教師與家長溝通的主要題材之一，聯絡簿均要家長簽名，筆者夫婦輪流做這項工作，觀察一兩個禮拜下來，總覺得孩子的成績表現與本身資質不相當、不搭調，並且生活安排似乎缺乏規律，沒有頭緒。於是筆者夫婦嘗試以時間切割的方式，介入輔導其生活管理，尤其是時間上的運用。由我的內人買了一本精緻的筆記本，我

找來孩子與之討論，要求孩子從放學回家之後到睡覺之前的整段時間，扣掉其基本需求之後（基本需求包括洗澡、吃晚餐、看卡通、打電動等），一定要撥出一個小時至二個小時，配合學校教學課程及作業規定研讀功課，用時間切割的方式排出當天真正研讀功課的時間，給他更大的彈性，短者可以 15 分鐘，長者可到 40 分鐘，真正研讀功課時間累加，只要超過一小時（60 分鐘）、二小時以內（120 分鐘），我們都可以接受。

孩子每天自我設定，給父母親一方同意以後即按設定時間執行，待其執行完竣，睡覺之前要進行檢核，效果佳者打圈、中等打三角、效果不好者打叉，要父母親簽名後才可以去睡覺，通常我們尊重其檢核結果，關懷其效果不佳的原因，如有困難，共同謀求解決也說些鼓勵的話，引導孩子過著規律而積極的生活。此一方法使用了兩三個星期即有明顯效果，孩子自我管理頗為理想，後來順利就讀高中，目前已是大學三年級學生。

☛ 二、80─20 原理

再介紹另一個有效管理時間的方法──「80─20 原理」，「80─20 原理」為義大利經濟學家巴雷多（Vilfredo Pareto）所提出，巴雷多認為，一個團體中重要因子常占少數，而不重要因子常佔多數，在一般自然現象中，能控制少數的重要因子，往往即能控制全局。其間重要因子約為 20%，而不重要因子約為 80%，亦即「80%的價值是來自群體中 20%的因子，其餘 20%的價值則來自另 80%的因子」。

「80─20 原理」存在於我們每個人的生活實際中，幾乎任何人都適用，例如：

80%的收入來自 20%的產品；

80%的收入也來自 20%的顧客；

80%的時間被 20%的對象所佔用；

80%的文章內容來自 20%的重要綱要；

善用 20%的專精時間，可以做完 80%的事務。

「80─20 原理」在時間管理上的運用，即前述最後「善用最專注的 20%時間，可以做完 80%的工作」，我們每天生活中真正可以工作的時間約八至十小時，我們人的生理及心理效能，並非十小時的產能均同樣好。依據「80─20 原理」可以得知，這十小時中最專心、注意力最集中、工作效率最佳的時間僅約 20%，亦即兩小時左右，如果我們充分掌握這兩小時，善用這兩小時，用這兩小

時來做最重要的事，我們幾乎可以完成每天工作的 80%，剩下 20% 的工作，我們還有 80% 的時間可以因應，我們就顯得猶有餘裕，工作效能也能不斷提升。

因此，從「80—20 原理」的了解，很多人之所以工作效率不佳，主要原因在其最專心致志的時候，沒有用來做最重要的工作，講電話、吃早餐、聊天耗掉精神最好的時段，精神不太好的時候才來做必須要做的工作，是以每天都很忙、很累，但成果總是不見得滿意。

筆者以自己的實例來說明「80—20 原理」的應用。筆者任職教育部 19 年，尤其後段 10 年在教育部訓委會服務，協助策定的中長期教育計畫包括「教育部輔導工作六年計畫」、「青少年輔導計畫」、「性別平等教育實施方案」、「中輟學生通報及復學輔導方案」、「教訓輔三合一整合實驗方案」至今仍在全國運作。工作績效十分卓著，學歷也由專科畢業生，透過在職進修，不斷提升至大學畢業、碩士及博士，尤其是國內碩博學位的攻讀，學校要求嚴謹，有看不完的資料及無數的報告要完成，如何兼顧工作表現及學校課業？一路走來必然十分艱辛，回首前塵，卻發現筆者在時間運用上頗為符合「80—20 原理」。筆者有一好習慣，從師專畢業後，就養成了早起的習慣，在小學服務階段，家在鄉下，每天均清晨五點即起床，當時約七點半上班，我每天皆有兩小時左右的「研讀課業」時間，經過四年的持續努力，所以能考上教育行政類科高考，分發到教育部服務。到教育部服務之後，筆者每天均六點即起床，在上班之前也有約兩小時的時間，筆者即充分運用這兩小時，用這兩小時擬定教育部長官交付的中長期教育計畫，也用這兩小時研讀碩士班、博士班必須閱讀的中英文資料，撰寫必須完成的各科報告。

由於這些重要的工作大都在清晨完成了，是以真正上班時間，即能猶有餘裕地參加會議、接聽電話、接待來賓，並完成公文的批閱。每一個人專心致志的時段並不一致，有的是清晨、有的是深夜（大多數學者專家），有的卻在午後（目前大專生暑期生活現象），只要善用這段最精華的時段來做最重要的工作，即能有效運用「80—20 原理」的時間管理。

伍、協助孩子舒緩考試壓力

現代的孩子並不快樂，尤其是國中及高中階段的孩子，他們要面對一連串的考試，形成生活上最大的壓力。假如有一天，孩子從學校拖著疲憊的身心回家，大聲嚷嚷：「媽媽！我明天要考三科，我根本不夠時間唸書，我會被考死

掉！」，請問我們身為家長的該怎麼辦？有一個媽媽曾做這樣的回應：「我的孩子一向很棒的，考三科算什麼！就是考五科，照樣應付得了！」請問，如此的回應能夠為孩子舒緩考試壓力嗎？

我們延續前述教導孩子日常生活管理的觀點，我們要是能夠協助孩子在考試壓力來臨時，教他如何來面對明天的考試，把今天晚上如何準備研讀的順序與步驟流程釐清，按部就班地執行，一定可以舒緩大半的焦慮與壓力。

1999 年我們台灣發生了九二一大地震，我們損失很大，已經兩年了，目前還受到它的影響，部分的復健還在進行中，這其間我們台灣也發生了很多可歌可泣的故事，台灣人團結一致，全力投入救災的精神力量，展現了台灣的另一股生命力。新竹科學工業園區也受到了影響，台積電的晶圓廠因停電而受損，有毒氣體有外洩之虞，必須立即進行復健。而台積電的員工幹部的救災表現，效率奇高，令受損的晶圓廠在 72 小時內復工生產，突破了不可能的任務，幾乎可列入金氏世界記錄，國外有多家企業、雜誌競相報導，認為台灣多年來之所以能夠有經濟奇蹟，主要在這群克盡職責、臨危不亂、能夠面對危機壓力而釐清處理步驟流程的員工幹部。國內中國時報也曾轉譯專欄介紹。

台積電晶圓廠能夠在 72 小時內順利復工生產，主要在於因應危機處理「步驟流程」完全「正確」、「及時」，其之所以達成不可能任務，有下列事件配合：

一、地震發生後 15 分鐘之內，晶圓廠的一級幹部通通到達現場。

二、確定員工沒有人傷亡之後，立即召開危機小組會議。

三、在約一小時的危機處理會議中，確定了整個復健復工的步驟流程。

四、第二個小時開始即有重要幹部向石英廠商訂購復健石英。

五、確定國內石英的供應量不足復健所需，第二天起即有國外幹部帶著購買的石英準備搭機返國一起投入修復受損的廠房。

六、透過高層協商，新竹科學園區優先復電數小時，提供修廠所需電力。

這些步驟準確而及時的執行，讓台積電晶圓廠損失最小，並且及早復工，繼續生產利率，是成功的處理危機舒緩壓力之典範。

表52-4是筆者運用「80—20原理」及台積電危機處理的這個例子，來嘗試協助孩子如何面對考試壓力。

這一個步驟流程隱藏了幾個觀念及技巧：

一、以孩子做得到的資源做規畫，例如不管明天考幾科，今天晚上總共的讀書準備時間不超過 3 小時。

表 52-4　紓解孩子考試壓力的步驟流程

＊釐清總壓力程度（例如明天要考三科）。
＊估算總壓力所需資源（例如準備好三科應考需要 5 個小時）。
＊衡量自己所能負擔的資源（例如只有 3 個小時準備時間）。
＊找出每一科 20%關鍵所需時間資源（例如國文 30 分鐘、英文 40 分鐘、歷史 20 分鐘）。
＊花時間少的先做，花時間多的後做。
＊追求 80%的成績即可。

　　二、運用「80—20 原理」法則，準備各科關鍵的 20%，而不鉅細靡遺的研讀。

　　三、先其易者後其櫛目。歷史先準備，再來讀國文，最後英文。

　　四、不要求孩子一定要考 100 分，因 20%的重要因子，僅能決定 80%的內涵。

　　是以，依此步驟流程教導孩子，孩子也照做了，明天他考試回來，聯絡簿上寫著國文 85 分、英文 80 分、歷史 75 分，我們做家長的，就不應該再有任何意見，因為，任何的不滿意，均是孩子壓力的來源。

陸、激勵孩子面對挑戰

　　接下來要和大家討論的層面是，如何讓我們的孩子表現更好，激勵他的潛能、有卓越的成就。筆者從一些教育心理學的研究中，篩選了三個頗為實用的方法，提供給諸位參考：

➤ 一、自我應驗的預言（比馬龍效應）

　　自我應驗的預言作用（self-fulfilling prophecy effect），指家長及教師對孩子的期待，會影響孩子的發展，孩子的某些行為表現，真的會應驗了我們大人原先的期待。例如有些家長一直把孩子當作「龍」來看待，久了之後，孩子真的有點像「龍」的模樣，有些家長常把孩子當「馬」看待，久了之後，孩子也真的有點「龍馬精神」，最近報上還報導一個八卦消息，說有一個家庭，父母親很喜歡罵他們的孩子是「豬」，動不動就是「你是豬！」、「你是豬！」，日子久了以後，他們的孩子還真的有點像豬，遇到了長輩的要求，他竟然回應「我本來就是豬嘛！」，奉豬八戒為聖賢老祖宗，這種效果也就是比馬龍（豬）效應。

　　自我應驗的預言來自兩位美國心理學家羅桑莎（Robert Rosenthal）與傑柯布

遜（Lenore Jacobson）1968 年出版的一本書「教室中的形象塑造」（Pygmalion in the classroom），是根據他們實際進行的實驗結果寫成的（郭為藩，1978）。他們的實驗內容約略如次：

㈠挑選數個班級，先對所有學生做一個測驗（前測）。

㈡邀集這些班級老師對他們說：根據測驗結果，每一個班級中，哪兩位學生是班上最有潛力的學生。

㈢八個月以後，這兩位心理學家再回到這個學校來，進行第二次測驗。

㈣第二次測驗為學習成就測驗，明顯地發現當時被認定的兩位最有潛力學生，果然出類拔萃，表現明顯比一般學生優異。

㈤再召集這些班級教師，告知原先指定之有潛力學生，乃隨機抽樣結果並非第一試成績表現。

㈥討論「教師期待」對學生的影響緣由。

這一個實驗明顯地告訴我們：教師對於學生的期待，影響學生的發展。雖然現代的教師均修讀過教育專業學分，應該有專業水準的工作表現，會公平的對待每位與他有緣的學生，但仍然難以跳脫自我應驗的效應。

這一個實驗用的是積極正面的期待，自我應驗的結果也是積極正面的（受實驗學生的潛能得到較為充分的發揮），也間接告訴我們，教師或家長對於他的學生（孩子）不應該有消極負面的角色期待或口頭禪（例如你好笨、小呆瓜、豬狗不如等），避免產生消極負面的自我應驗。

在日常生活中，有個故事可以用來激勵孩子。這個故事發生在印度，我們可以名之為「十頭牛新娘」。故事是這樣的：在印度，整體生活水準比我們還落後，有些地區還停留在以物易物的生活（金錢尚未流行），印度中北部的村落，有一對夫婦，年齡較大以後才生了一個寶貝女兒，十分珍愛，待女兒長大之後，這對夫婦就急著要為女兒找個婆家，嫁個如意郎君，然他們的女兒姿色中等，一時也沒有好的對象，日子一直過去，女兒日長，讓這對夫婦頗為焦急，請託鄰居、親戚大家幫忙，並且開出條件，只要哪個青年願出「三頭牛」的價碼，就可以娶到他們的女兒。

直等到有一天，一位遠地的青年經過此一村落，偶然的機會，見到這位姑娘，驚為天人，就像觸電一般，夢寐難忘，於是四處打聽，何家姑娘？嫁了沒有？如果願嫁，有何條件？結果揭曉之後大為心喜，立即約請媒人，以五頭牛的代價娶了這位姑娘。

女兒終於有了婆家，女婿又十分體面，這對夫婦高興不在話下，但是有一個

問題，就是嫁得太遠了，女兒想回娘家看爸爸媽媽或是爸爸媽媽想看一下女兒均不方便。隔了約近一年，直到女婿家欣逢大節慶（類似我們的過年或原住民的豐年祭），女婿稍來信函邀請這對夫婦作客，是以終於收拾行囊，跋山涉水來看女兒。

到達女婿的家裡，女兒出來接待，讓這對夫婦眼睛為之一亮，他們的女兒氣質非凡、應對進退落落大方，各種表現儼然為大家閨秀，如果以此條件轉換，應具有十頭牛以上的價值。這對夫婦高興之餘，心想：我女兒條件這麼好，我女婿才用了五頭牛就把我女兒娶走了，太便宜他了，總該討個功勞。於是，在女婿面前大肆誇讚女兒，大有要女婿磕頭謝恩之勢，沒想到這位女婿在大家喧嘩穩定之後，不疾不徐地向他岳父岳母說：「泰山、泰水大人，您們有所不知，我自從娶了您們的女兒之後，我就以十頭牛的待遇來對待您們的女兒，供給她吃的、穿的，請人來教她應對進退之禮，住、行、育、樂均以十頭牛價值標準來待她，您們看，接近一年，她有沒有像具有十頭牛價值的女主人？」。

真相終於大白，夫婦之間彼此的對待，父母對小孩的期待，久了之後就會產生自我應驗的預言作用。自我應驗的預言作用，是激發孩子潛能的有效方法之一。

✏️ 二、座右銘或生命願景

「座右銘」係摘取名人講過的話，而這簡短的話語非常適用自己長期努力的指標，例如經常遇到挫折的人，常用「失敗為成功之母」來激勵自己，勉勵自己持續耕耘，現代的教育專家在教學上常用「成功為成功之母」來勉勵自己應該盡量把學生教會，學生的學習是由小的成功累積成更大的成功，然後發展成具有結構性的知識，所以「成功為成功之母」。

筆者在 28 年前，曾經從當時的中央日報副刊剪下了三句話，當作我一輩子的座右銘，它們是：

- 最野蠻的身體。
- 最文明的頭腦。
- 永遠不可屈服的意志。

第一句話強調身體健康，要有足夠的體力，方能擔當大任；第二句話強調知識水準必需與時俱進，配合時代脈動追求新知；第三句話強調堅持到底的決心，只要目標確定，不可輕言放棄，未達目的絕不停止。這三句話對筆者個人而言，產生了莫大激勵作用，尤其是第三句話「永遠不可屈服的意志」，讓我原本平凡

的潛能，由於「築夢踏實」、「堅持到底」、「永不屈服」，得到了務實的發揮，是以高考、碩士班、博士班皆能在「多考幾次」之下達成目標，「永遠不可屈服的意志」對筆者一生影響深遠。

「生命願景」則借用當前企業管理上「建立共同願景」的方法，反觀運用到自己本身的生命個體，就自己個體生命主要層面，賦予願景指標，作為終身追求或奉行的準則。

筆者配合教育部重視生命教育之政策，融合學界強調的「生涯規畫」、「建立願景」的需求，嘗試將生命的主要內涵，分成「自我」、「志業」、「休閒」、「人際」四大層面，並設定其願景指標如圖 52-3（鄭崇趁，2001c，2001e）。

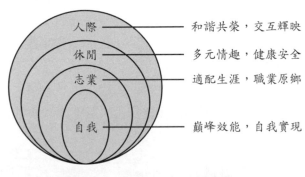

圖 52-3　生命願景的階層與內涵

生命願景的建構可以引導孩子系統思考，啟發其了解生命尊嚴與意涵，深入探索自己的性向興趣，進而規畫設定終身志業指標，從多元角度彩繪亮麗人生。

三、積極正面的人生態度（換個想法會更好）

我們都希望孩子有個快樂的童年，然平實而論，孩子有那麼多課業要學習，有那麼多父母的期待要完成，有那麼多考試（評量）要面對，他們成長學習的歷程要快樂也不容易。但是，我們也確實看到有些孩子真的過得很快樂，雖然蠻辛苦的，孩子到底快樂不快樂，與大人教給他的生活態度有絕對關係，採積極正面人生態度的家長，會用下列的話勉勵孩子：

・挫折也將為邁向成功奠基（例如孩子參加科展沒得到名次）。
・災難讓我們浴火重生（例如九二一地震受損的學校及學生）。
・機會永遠留給有準備的人（例如參加模範生選舉未被選上的人）。
・勝選是責任的開始（例如剛選上自治市市長或被徵選上校隊的學生）。

鄭石岩先生曾於 1999 年出版一本書「換個想法會更好」，係一本結合教育學、心理學及佛學觀點的好書，曾獲金石堂暢銷書第一名，全書最大的特點在將生活的瑣事、遭遇到的挫折、艱難，轉換為積極正面想法，所謂「換個想法會更好」，用積極正面的人生態度，不斷擴展生命的潛能，豐厚人生意涵，值得推薦給所有家長及教師，用來參考激勵孩子面對挑戰（鄭石岩，1999）。

柒、教給孩子經營人際的技巧

目前 EQ 大流行，強調教育孩子不只要他的智能好，還要他的情緒商數高，從多元智慧理論的結構來看，大家所謂的 EQ，近似「人際智慧」加上「自省智慧」。依此來看我們的孩子，如果我們的孩子功課很好，卻很少玩伴、十分孤僻，鄰居小孩不跟他玩，同學也不願意與之打成一片，則為人父母者更應該擔心，這代表孩子的人際關係不佳，嚴重的話，將影響其一生發展，在邁向成功的路上，不容易有朋友幫忙促成，很可能加倍努力而成就平平。

人際關係是可以經營的，為人父母者，如果能夠教給孩子一些實用的經營技巧，將可以大幅增進孩子的人際關係，累積將來事業的人際資源。經營人際的技巧是一種生活習慣，或者可說為一種生活態度，我們要教導小孩從小就培養別人喜歡或可以接受的生活習慣，從與人互動的歡喜來增進其人際關係。下列有三個技巧，提供大家參考：

一、說好話

法鼓山聖嚴大師倡導「存好心、說好話、做好事」，認為「說好話」可以增進一個人的佛性，對於邁向西方極樂世界是有幫助的。事實上，「說好話」是增進人際關係最重要的基礎，人與人見面，相處在一起，總希望與之互動的人好臉相向、好言相待，彼此能夠「說好話」，總是建立關係的第一步。如何教導孩子說好話呢？台東社會教育館曾在 1996 年編了一本《優雅語言》（台東社教館，1996），蒐集了一些要言不煩的好話，十分實用，摘述幾則供大家參考：

・你們家整理得很清爽，看起來好舒服。
・你好溫柔，難怪大家都喜歡和你作朋友。
・你已盡了最大的努力，孩子！我以你為榮！
・你進步，是我快樂的泉源。
・你真是爸媽的開心果。

二、見人減歲、見物加價

　　當我們與長輩在一起，適度地降低他的年齡，往往會增進長輩對我們的好印象，尤其是七、八十歲的長輩，如果我們說他五、六十歲，他總會呵呵大笑，直誇我們年輕人很棒，因為我們重新給他希望，老年人最大忌諱就是老而無用，我們說他看起來像五、六十歲，等於肯定他「還可以做很多事」，這是人生最樂的事，對我們印象當然很好，很願意幫忙，甚至提攜我們這些後進。

　　當我們遇到猜測商品價格的時候，適度地增加商品的價格，可以讓主人更高興，因為我們抬高商品價格以後，主人的感受是我很會買東西，我用比較少的錢（代價）買到物超所值的東西，是天底下最樂的事。如果這件商品已經穿戴在主人身上，更可以給主人另一種感受——「我很有品味」，普通價格的東西，穿戴在我身上就「價格倍增」，我是一個本質很好、很漂亮、很有品味的人，當然高興。我這位有品味的人是誰看出來的？是這位「見物加價」獨具慧眼的人看出來說出來的。「有品味的人」遇到「獨具慧眼的人」，往往一拍即合，有較佳的人際關係。

三、四分鐘的關注

　　「四分鐘的關注」來自社會心理學的研究報告。社會心理學家關心人際互動，發現當前的社會人際現象是：人與人交往頻繁，每天與好多人互動，但均未深交，存在著疏離感，形成了「交友滿天下，知己無一人」。透過社會心理學家的研究，如果人與人交往中，要突破疏離的現象，讓對方對我們留下好印象，願意進一步與我們交往，則在兩人剛碰面的時候，要專注地配合其行為語言與之互動，長度約四分鐘左右，往往有較佳的效果，此之謂「四分鐘的關注」。

　　我們舉個實例來說明，學校校長好意，為我們全校學生的家長及教師舉辦了一次親師雞尾酒會，讓大家有進一步彼此了解、交朋友、建立人際關係的機會，我們如何在此一情境下增進自己的人際關係？根據社會心理學家們的研究，這種聚會，最忌諱的是與人打招呼不專注，明明在向甲先生敬酒，眼睛卻從對方的肩上注視著其身後的帥哥、美女，這種招呼讓對方沒受到尊重，也直覺我們誠意不足，對我們不會有好印象，哈拉過了不會再有後續的交往。社會心理學家們的建議是：用很誠懇的態度與任何遇到的人互動，在第一次相遇的時候就專一地與之互動約四分鐘左右，在這一段時間內，談話的內容盡量配合對方的話題，走動與肢體動作也盡量順著對方的動向，如此對方比較有可能留下好印象，也比較有可

能有後續的聯絡。

「四分鐘的關注」不只適用於與陌生的人建立關係，家人、親密的人仍然適用。目前家長們大都雙薪家庭，夫婦兩人平時都在為工作忙碌，討生活相當辛苦，每天大都拖著疲憊的身心回家，回家以後又要面對家庭生活，柴米油鹽醬醋茶，吃飯、洗澡、洗衣、孩子，好比另一個戰場，夫婦兩人能否和諧相處，往往決定在兩個人回家碰面的四分鐘，這四分鐘處理得好，白天的辛苦很快煙消雲散，夫妻有個甜蜜的夜晚，明天大家又是生龍活虎；要是見面的四分鐘處理得不好，則是「山雨欲來風滿樓」，工作固然累人，很可能回家氣氛不對，反而更累人。是以，現代的夫妻應該注意兩人返家碰面的時刻，一見面應該先給對方「四分鐘的關注」，以此來經營彼此的情感與家庭的氣氛。

捌、鼓勵孩子規畫適配生涯

孩子逐漸長大以後，性向、興趣也會日益明顯，父母親或師長可以引用生活規畫的原理，鼓勵孩子規畫適配生涯。

「適配生涯」指的是「工作性質」與「性向興趣」吻合，其主要意涵有三：

㈠以孩子的性向興趣選校選系。

㈡找到職業原鄉。

㈢就讀的科系或選擇的職業有快樂的感覺以及成功的希望。

前文曾述及，依據孩子的性向興趣選讀學校及就讀科系，符合多元智慧理論，孩子的優勢智慧得到發揮，較能夠勝任愉快，也較能夠快樂、成功。

「職業原鄉」來自建國中學陳清平老師的「職業原鄉論」（1997），陳清平先生將生涯輔導的主要理論——Holland（1973）之生涯類型論、Super 之人生彩虹圖，以及 Swain 之生涯目標金三角模式等融合寫成「職業原鄉論」，認為：每一個人的秉性不一，性向興趣雖有不同，然而大環境中，365 行裡頭，一定有一份工作是最適合這個人的，找到了這一份工作，就好像回到了自己的故鄉一般，此之謂「職業原鄉」。每一個人找到故鄉的感覺是：很溫暖、很自由、沒有壓力、願意久待、願意多付出一些、希望長期經營、有快樂的感覺、有成功的希望。因此，職業原鄉是適配生涯的基礎，也是適配生涯最終的歸宿。

（本文原刊載於：《學生輔導》78 期及 79 期，2002 年 1 月及 3 月，頁 92-103；頁 114-123）

教育的著力點

參考文獻

中文部分

內政部（2004）。**中華民國出生人口統計**。台北市：內政部。

王如哲（2001）。**知識管理的理論與運用──以教育領域及其革新為例**。台北市：五南。

王秀玲、林新發（2004）。台灣小學教育改革政策：現況、內涵與評析。載於張明輝主編，**教育政策與教育革新**。台北市：心理。

王淑俐（1993）。**生涯計畫與時間管理**。台北市：南宏。

台東社教館（1996）。**優雅語言**。台東縣：台東社教館。

田耐青（1999）。**多元智慧理論：學習可以是快樂、成功的**。台北市：世紀領袖。

行政院（1996）。**教育改革總諮議報告書**。台北市：行政院。

余書麟（1979）。**國民教育原理**。台北市：台北教育文物。

吳芝儀（2000）。**中輟學生的危機與轉機**。嘉義市：濤石。

吳清山、林天祐、劉春榮、張明輝、蔡菁芝、魏利祝（2001）。「**國民中小學學校組織再造**」、「**國民中小學學校教職人力規畫研究計畫**」**專案研究報告**。台北市：台北市立師範學院。

吳毓琳（2001）。**國民中學學校行政運用知識管理之研究**。國立台灣師範大學教育學系碩士論文，未出版，台北市。

呂生源（2000）。**國民小學行政組織再造之研究**。國立台灣師範大學教育學系碩士論文，未出版，台北市。

李心瑩譯（2000）。**再建多元智慧──二十一世紀的發展前景與實際運用**。台北市：遠流。

李平譯（1997）。T. Armstrong 著。**經營多元智慧**。台北市：遠流。

杜正勝（2005）。**創意台灣，全球佈局──培育各盡其才新國民**。二〇〇五全國教育博覽會部長專文。台北市：教育部。

林水波、張世賢（1984）。**公共政策**。台北市：五南。

林明地（2002）。**校長學──工作分析與角色研究取向**。台北市：五南。

林海清（2005）。**知識經營與教育發展**。台北市：高等教育。

林清山等（1997）。**有效的學習方法**。台北市：教育部。

林清江（1991）。教育機會均等理想的實現㈠。載於林清江著，**文化發展與教育改革**（頁 127-133）。台北市：五南。

林新發（1998）。學習型組織與學習型學校。**國民教育，39**⑵，11-18。

林寶山（1988）。美國人文主義教育改革計畫及課程方案之分析。載於中國教育學會主編，**迎接二十一世紀的教育改革**（頁 99-129）。台北市：台灣書店。

秦夢群（1998）。**教育行政——理論部分**。台北市：五南。

張世賢（1982）。**政策分析的導師——林布隆**。台北市：允晨。

張玉成（2004）。新世紀優質教師應具備的能力及指標。**台英教育學術研討會論文集**（頁 56-71）。台北市：國立台北師範學院。

張明輝（1999）。**學校教育與行政革新研究**。台北市：師大書苑。

張明輝（2002）。**學校經營與管理研究——前瞻、整合、學習與革新**。台北市：學富。

張明輝（2004）。從後現代觀點看學校校長的關鍵能力。**現代教育論壇：從後現代看校長核心能力的轉變**（頁 11）。台北市：國立台北師範學院暨國立教育資料館。

教育部（1983）。**延長以職業教育為主的國民教育實施計畫**。台北市：教育部。

教育部（1990）。**延長國民教育初期計畫——國民中學畢業生自願就學高級中等學校方案**。台北市：教育部。

教育部（1992）。**延長以職業教育為主的國民教育實施計畫成果彙編**。台北市：教育部。

教育部（1993）。**發展與改進國中技藝教育方案—邁向十年國教目標**。台北市：教育部。

教育部（1997）。**青少年輔導計畫**。台北市：教育部。

教育部（1998a）。**建立學生輔導新體制——教學、輔導、訓導三合一整合實驗方案**。台北市：教育部訓育委員會。

教育部（1998b）。**邁向學習社會白皮書**。台北市：教育部社會教育司。

教育部（1999a）。**建立學生輔導新體制——教學、輔導、訓導三合一整合實驗方案申請試辦手冊**。台北市：教育部訓育委員會。

教育部（1999b）。《教育基本法》。**教育部公報，296**，45-46。台北市：教育部。

教育的著力點

教育部（1999c）。**教訓輔三合一發展脈絡**。教育部訓育委員會專案說明簡報投影片資料，未函頒。台北市：教育部。

教育部（2000a）。**建立學生輔導新體制——教學、輔導、訓導三合一整合實驗方案（教訓輔三合一的發展脈絡—投影片集）**。台北市：教育部訓育委員會。

教育部（2000b）。**國民中小學九年一貫課程暫行綱要**。台北市：教育部。

教育部（2000c）。教育經費編列與管理法。**教育部公報，313**，24-26。台北市：教育部。

教育部（2000d）。**中華民國教育統計**。台北市：教育部。

教育部（2001a）。**九十學年度多元入學方案**。台北市：教育部。

教育部（2001b）。**建立學生輔導新體制—教學、訓導、輔導三合一整合實驗方案實驗歷程專輯（國小組）**。台北市：教育部訓育委員會。

教育部（2001c）。**學校組織再造說帖**。台北市：教育部國民教育司。

教育部（2003）。教師法。**教育部公報，338**，34-35。台北市：教育部。

教育部（2004a）。**挑戰 2008 國家發展計畫——E 世代人才培育計畫**。台北市：教育部。

教育部（2004b）。《國民教育法》。**教育部公報，358**，12-13。台北市：教育部。

教育部（2005a）。**中華民國教育統計**。台北市：教育部統計處。

教育部（2005b）。**教育部未來四年施政主軸及行動方案**。台北市：教育部秘書室。

教育部國民教育司（1988）。**九年國民教育實施二十年**。台北市：教育部。

郭為藩（1978）。論「自我應驗的預言」。**台灣教育，329**。

郭為藩（1982）。特殊教育工作者的信念。載於郭為藩等著，**當代教育理論與實際**（頁 577-589）。台北市：五南。

郭進隆譯（1994）。P. M. Senge 著。**第五項修鍊——學習型組織的藝術與實務**。台北市：天下。

陳木金（2002）。**學校領導研究——從混沌理論研究彩繪學校經營的天空**。台北市：高等教育。

陳木金（2004）。校長專業套裝知識解構與現場經驗知識的復活。**現代教育論壇：從後現代看校長核心能力的轉變**（頁 12-20）。台北市：國立台北師範學院暨國立教育資料館。

陳玉峰（2004，11月20日）。後現代台灣。**中國時報 A4 版**，名家專論。

陳清平（1997）。**職業原鄉論**。台北市：台北市建國高中。

黃訓慶譯（1996）。**後現代主義**。台北縣：立緒文化。

楊亮功（1972）。**中西教育思想之演進與交流**。台北市：商務印書館。

詹惠雪（1993）。做時間的主人——淺談「時間管理」。**空大學訊，121**，
12-18。

賈馥茗（1983）。**教育哲學**。台北市：三民書局。

劉紀雯（1998）。**喧嘩繁衍大哉問：後現代主義簡介**。台北縣：輔仁大學英文
系。

蔡培村（2000）。教訓輔三合一方案的理論基礎。國立高雄師範大學主辦，**建立
學生輔導新體制學術研討會**（頁 8-16）。

鄭石岩（1999）。**換個想法會更好**。台北市：遠流。

鄭崇趁（1990）。如何延長十二年國民教育。**台灣教育，469**，17-21。

鄭崇趁（1991）。我國國民教育發展取向——再探「第六次全國教育會議」軌跡
之一。**教師天地雙月刊，52**，53-62。

鄭崇趁（1998a）。**教育計畫與評鑑**。台北市：心理。

鄭崇趁（1998b）。**教育與輔導的軌跡**。台北市：心理。

鄭崇趁（1998c）。教育機會均等的涵義及主要趨勢。載於鄭崇趁著，**教育與輔
導的軌跡**（頁 83-88）。台北市：心理。

鄭崇趁（1998d）。學習型組織理論對於教育行政的啟示。收錄於鄭崇趁著，**教
育與輔導的軌跡**。台北市：心理。

鄭崇趁（1999）。**整合導向評估模式之運用——以「教育部輔導工作六年計畫」
為例**。國立政治大學教育系博士論文，未出版，台北市。

鄭崇趁（2000a）。教訓輔三合一的主要精神與實施策略。**學生輔導雙月刊，
66**，14-25。

鄭崇趁（2000b）。訓輔整合的前提與做法。**學生輔導雙月刊，71**，7-11。

鄭崇趁（2000c）。經營一個具有輔導文化的學校——教訓輔三合一方案的時代
任務。**學生輔導雙月刊，70**，4-11。

鄭崇趁（2000d）。學校推動「教訓輔三合一方案」工作要領。載於國立台北師
範學院編印，**尊重與增能—邁向教訓輔三合一的境界**（頁 107-125）。

鄭崇趁（2001a）。「實施十二年國民基本教育」策略分析，**國立台北師範學院
學報，14**，261-286。台北市：國立台北師範學院。

鄭崇趁（2001b）。目標、願景與學校發展計畫。**教育研究，91**，45-51。

鄭崇趁（2001c）。生命教育的目標與策略。收錄於何福田策畫主編，**生命教育論叢**。台北市：心理。

鄭崇趁（2002）。交互作用，整合發展──教訓輔三合一方案的管理哲學。**九十一學年度師範院校教育學術論文發表會論文集**，59-75。嘉義市：國立嘉義大學。

鄭崇趁（2003a，11 月 10 日）。催生學生輔導法。**國語日報**，13 版，學者觀察站專論。

鄭崇趁（2003b，2 月 17 日）。學校組織再造，建立學校願景。**國語日報**，13版，學者觀察站專論。

鄭崇趁（2004c，4 月 5 日）。教育愛的傳承與實踐。**國語日報**，13 版，學者觀察站專論。

鄭崇趁（2004d，5 月 17 日）。從「再生」出發，探尋學校組織再造的著力點。**國語日報**，13 版，學者觀察站專論。

鄭崇趁（2005a，1 月 10 日）。關照能與支持網。**國語日報**，13 版，學者觀察站專論。

鄭崇趁（2005b，2 月 14 日）。教育的競爭力。**國語日報**，13 版，學者觀察站專論。

總統府（2005）。師資培育法。**總統府公報，6638**，2。台北市：總統府。

謝文全（2003）。**教育行政學**。台北市：高等教育。

英文部分

Adler, M. J. (1982). *The paideia proposal: An educational manifesto*. New York: Macmillan.

Anderson, C. A. (1967). The oretical considerations in educational planning. *The World Year Book of Education* (pp.17-19). London.

Elkind, D., & Kappan, P. D.(1995). School and family in the postmodern world. *Academic Search Premier, 77*, 8-14.

Gardner, H. (1983). *Frames of mind: The theory of multiple intelligence*. New York: Basic Books.

Holland, J. L. (1973). Making vocational choice: A theory of careers. Englewood Cliffs, NJ: Prentice-Hall.

Kochan, F. K., Reed, C. J., Twale, D. J., & Jones, V. C. (1999). *Restructuring an educational leadership program: A journey from organization to community*. Auburn University AL (ERIC Document Reproduction Service No. ED 427415)

Liebowitz, J. J. (1999). *Knowledge management handbook*. New York: CRC Press.

Lindblom, C. E. (1980). *The policy-making process* (2nd ed). Englewood Cliff, NJ: Prentice-Hall.

McDaniel, H. B. (1957). *Guidance in the Modern School* (3rd ed.). The Dryden Press.

Michaelis, R. B. (1998). *Restructuring in relation to the informal organization of an elementary school*. Paper presented to the American Education Research Association. San Diego, CA (ERIC Document Reproduction Service No. ED425503)

Ray, P. H., & Anderson, S. R. (2001). *The cultural creatives: how 50 million people are changing the world*. CA: Three Rivers Press.

Senge, P. (1990). *The fifth discipline: The art and practice of learning organization*. New York: Dubleday.

Scardamalia, C. B. M., Cassells, C., & Hewitt, J. (1997). Postmodernism, knowledge building, and elementary science. *The Elementary School Journal, 97,* 329-340.

Senge, P., et al. (2000). *Schools that learn: A fifth discipline fieldbook for educators, parents, and everyone who cares about education*. New York: Doubleday/ Currency.

Sugrue, C., & Furlong, C. (2002). The cosmologies of Irish primary principals' identities: between the modern and the postmodern? *Journal of Leadership in Education,5* , 189-210.

U. S. Department of Education (2001). *No Child Left Behind Act of 2001*. Washington, DC: Department of Education.

Usher, B., & Edwards, R. (1994). *Postmodernism and education*. London and NY: Routledge.

教育的著力點

國家圖書館出版品預行編目資料

教育的著力點／鄭崇趁著. -- 初版. --
臺北市：心理, 2006[民 95]
面；公分 --（教育願景系列；46026）

ISBN 978-957-702-880-8（平裝）

1. 教育 – 論文, 講詞等

520.7 95003348

教育願景系列 46026

教育的著力點

作　　者：鄭崇趁
責任編輯：郭佳玲
總 編 輯：林敬堯
發 行 人：洪有義
出 版 者：心理出版社股份有限公司
地　　址：台北市大安區和平東路一段 180 號 7 樓
電　　話：(02) 23671490
傳　　真：(02) 23671457
郵撥帳號：19293172　心理出版社股份有限公司
網　　址：http://www.psy.com.tw
電子信箱：psychoco@ms15.hinet.net
駐美代表：Lisa Wu（Tel: 973 546-5845）
排 版 者：辰皓國際出版製作有限公司
印 刷 者：辰皓國際出版製作有限公司
初版一刷：2006 年 3 月
初版三刷：2010 年 1 月
I S B N：978-957-702-880-8
定　　價：新台幣 350 元